Eine Wirklichkeit der Pädagogik des Nationalsozialismus:
Bildungspraxis unter dem Hakenkreuz an einer höheren
Schule in Nordrhein-Westfalen

ナチスの教育
ライン地方のあるギムナジウム

小峰 総一郎

学文社

現代のドイツ連邦共和国

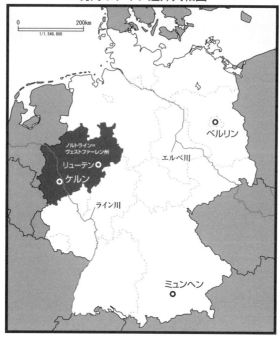

ワイマール共和国時代のプロイセン自由州（1920年初頭）

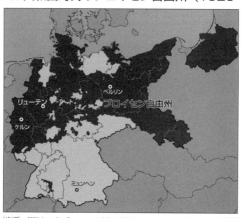

（出所：Wikimedia Commons, Map-WR-PrussiaProvs-1920.svg より作成）

まえがき

　はじめに本書の目的と概要を述べたいと思う。

　本書は「ナチスの教育」という大きなタイトルを掲げたけれども，実質は，ドイツ西部ライン地方における一ギムナジウム（当時は「上構学校」）の教育を究明したハンス＝ギュンター・ブラハトの研究書（パーダーボルン大学博士論文）の内容紹介を軸にして，これに，関連する周辺情報を織りこんだものにすぎない。

　　Bracht, Hans-Günther: Das höhere Schulwesen im Spannungsfeld von Demokratie und Nationalsozialismus: ein Beitrag zur Kontinuitätsdebatte am Beispiel der preußischen Aufbauschule. Bern: Peter Lang, 1998.
　　（＝Studien zur Bildungsreform: Bd. 31）
　　（ハンス＝ギュンター・ブラハト著：『民主主義とナチズムの緊張の場における中等学校制度：プロイセン上構学校事例に則した連続性問題論考』（「教育改革研究」第31巻），ベルン：ペーター＝ラング社，1998）

　私が出版を思い立ったのは，このようなものでも，わが国の「ナチス教育」研究に多少の意味はもつであろうと考えたからである。本文にも記したように，東西ドイツ統一を経てドイツのナチス教育研究は本格的に進みつつある。またわが国の歴史学界，政治学界においてはナチズム研究が相当に進んでいる（そして「ナチス教育」の研究も）。しかし教育学界・教育史学界における「ナチス教育」の研究は，いくつかのすぐれた研究はあるものの，総体としてはきわめて少数に留まっている。戦後70年余が経過する中で，ナチズムという「全体主義の教育」（「総力戦体制下の教育」）を究明する意義はきわめて大きいにもかかわらず，この部分はほとんど未解明に近い状態であった。そこで私は，ブラハトがカトリック地域の中等学校を対象とした一事例研究を紹介することはわが国のナチス教育研究に一石を投じる可能性があると判断したのである。

私はこれまで，ワイマール時代のドイツ・ベルリンにおける新教育運動を研究してきた。そして最近は，第二次世界大戦後，および第一次世界大戦後のドイツの民族教育問題に分け入っている。前者はドイツの中のデンマーク系住民の教育問題，後者は，第一次世界大戦後に「復活」成ったポーランド（＝ドイツの旧領土）に暮らす「ドイツ系少数民族」の，ドイツ語・ドイツ文化の教育要求をめぐる問題（＝「文化自治」問題）である。新教育研究，民族教育研究のいずれも十分に深めたわけではないが，ブラハトの研究は，それのいずれともかかわる形で私の前に出現したのであった。

　すなわち，「上構学校」（Aufbauschule）はワイマール時代のプロイセン邦に100校成立した6年制の短縮中等学校であり（ギムナジウム等の伝統的中等学校は9年制），ここに適用された教則大綱（日本流にいえば学習指導要領）は，教科の融合や生徒の探究的学習を認めており，新教育の自由な教育がまさに推奨されていたのである。他方，上構学校の大部分は，「ドイツ高等学校」（Deutsche Oberschule）というドイツ文化中心・生活主義カリキュラムの中等学校だった（ギムナジウム等のカリキュラムは，ギリシア語やラテン語を重視する教養主義カリキュラム）。そのドイツ高等学校は，ワイマール時代のドイツ主義運動，「失地回復」運動の温床となって，やがてナチスの台頭後は一層民族主義に傾斜していく。学校の授業，生徒の活動，教員・父母態勢が挙げてナチズムにグライヒシャルトゥング（Gleichschaltung: 一元化）していったのである。

　著者ブラハトは戦後このギムナジウムに学んだ卒業生であって，大学を了えて当校の教員となり，のち校長となった人物である。彼は，当校の文書館に保存されたワイマール時代末からナチス時代にかけてのアビトゥーア試験（ギムナジウム卒業試験＝大学入学資格）の記録を掘り起こして，当校の教育が，ワイマール時代の「民主主義」とナチス時代の「ファシズム」で断絶しているのか連続しているのかを問うた。その結果彼は，当校の教育はワイマール共和国とナチス第三帝国の間で断絶はなく，主観的にも客観的にも連続していると結論づけたのだった。そのアビトゥーア試験の詳細な内容（試験問題・試験テーマ，

はじめに

筆記解答・論述，口頭試問・解答，これらへの出題者のコメント，そしてアビトゥーア試験出願にあたっての生育歴作文），ならびに生徒集団の記録，教員団の記録は，ワイマール時代末からナチス時代にかけて行われた当校の教育をよく物語っている。

　今日「ナチス教育」の研究が困難な理由の一つに，大戦中の爆撃により資料が焼失・散逸したことが挙げられる。ブラハトは焼失・散逸を免れたそれら資料を駆使して，プロイセンの西端ライン地方リューテン町の中等学校（旧師範学校を母体として生まれた上構学校型式のドイツ高等学校）の教育，とくにナチス時代の教育をあぶり出したのである。

　そこで私は，この研究内容をできるだけ忠実に反映することに意を注いだ。ただし，膨大な記述であるので（全767ページ），これをいくつかにテーマ化して，多少なりとも「ナチス教育」像に迫ることを試みた。このような切り口がよいかどうか全く自信は無い。「ナチス教育」初学者の無謀である。ともあれ私は本書を六つの章で紹介しながら「ナチス教育」像を模索してみたのである。また，補論に「ラガー（Lager）――ナチス「キャンプと隊列の教育」の展開――」を入れた。これはブラハトの研究にはないものだが，これによって教育・学校を囲繞する「社会全体のナチ化」を考えるのに有効であるとともに，「ナチス教育」を，日本の「総力戦体制」下の教育と対比する契機にもなると考えたからである。（「社会のナチ化」，およびヒトラーとナチズム，ナチス運動全般につき石田勇治『ヒトラーとナチ・ドイツ』（講談社，2015）から俯瞰的視点を得たことを付記する。）

　私の扱い方，それに少なくないであろう誤り，誤解・誤訳等についてもご指摘をいただけると幸いである。

　私は，ブラハト氏には2005-2006年の在外研究のさい，同校（フリードリヒ・シュペー＝ギムナジウム）を訪問して話を伺うとともに，同校の文書館でいくつかアビトゥーア資料もコピーさせていただいた。それからはや10年の月日

が経ってしまったが，今回このような形で研究を紹介できることになった。氏のご援助とご協力に心より感謝を申し上げたい。

　本文の初出は次の通りである。出版にあたり，初出原稿を見直して誤りは修正し構成や表現を改めたところがあるが，内容的にはほとんど初出のままである。年表，索引等は今回新たに付したものである。

本書内容	原題・出所
第 1 章　上構学校	「ライン地方のあるギムナジウム（1）」『中京大学国際教養学部論叢』第 7 巻第 1 号，2014/11
第 2 章　カーレ姉弟（きょうだい）	「ライン地方のあるギムナジウム（2）」『中京大学国際教養学部論叢』第 7 巻第 2 号，2015/3
第 3 章　民族政治科実習	「ライン地方のあるギムナジウム（3）」『中京大学国際教養学部論叢』第 8 巻第 1 号，2015/9
第 4 章　人種科	「ライン地方のあるギムナジウム（4）」『中京大学国際教養学部論叢』第 8 巻第 2 号，2016/3
第 5 章　歴史，地政学	「ライン地方のあるギムナジウム（5）」『中京大学国際教養学部論叢』第 9 巻第 1 号，2016/10
第 6 章　ナチス教育学	「ライン地方のあるギムナジウム（6・完）」『中京大学国際教養学部論叢』第 9 巻第 2 号，2017/3
補論　ラガー（Lager）―ナチス「キャンプと隊列の教育」の展開―	「ラガー（Lager）―ナチス「キャンプと隊列の教育」の展開―」『中京大学国際教養学部論叢』第 10 巻第 1 号，2017/10

目　次

まえがき　i

第1章　上構学校 ·· 1
はじめに　1
1．ギムナジウムとブラハトのギムナジウム研究　2
2．リューテン上構学校の教育　8
3．まとめ　18

第2章　カーレ姉弟（きょうだい）···························· 20
1．序―カーレ姉弟（きょうだい）　20
2．1930年代の上構学校　23
3．上構学校の授業と教育――宗教，民族主義，ナチズム　30

第3章　民族政治科実習 ·· 40
はじめに　40
1．「民族政治科実習」（Nationalpolitische Lehrgänge）　41
2．生徒と教員―生徒の組織化，アビトゥーア判定取消事件　60
3．まとめ　65

第4章　人種科 ·· 70
はじめに　70
1．人種科――ナチスカリキュラムとその構造　72
2．「人種科」の授業　81

v

3．リューテン上構学校の「人種科」授業　93

　　4．まとめ

第5章　歴史，地政学··113

　　はじめに　113

　　1．ナチス歴史観　115

　　2．リューテン上構学校の歴史教育　125

　　3．地理，地政学教育　141

　　4．まとめ　150

第6章　ナチス教育学··158

　　はじめに　158

　　1．リューテン上構学校教学をめぐって　159

　　2．ドイツ学カリキュラムとの関係　163

　　3．ナチス体制下のリューテン上構学校　171

　　4．まとめ——ブラハト研究への書評，授業実践の教育史研究　182

補論　ラガー（Lager）——ナチス「キャンプと隊列の教育」——············192

　　1．緒言　192

　　2．アンドレアス・クラース：「ドイツ人というものを彼の親密な生活空間の中で
　　　 体得する——教育形態としてのラガー」大要　195

　　3．結語　209

文　献　218

あとがき　231

独文要約　233

リューテン・ナチス年表　234

索　引　239

第1章

上構学校

現在のフリードリヒ・シュペー＝ギムナジウム　　　ブラハト校長

（写真：ともに筆者撮影，2005.6）

はじめに

　教育改革論議が盛んである。なかでも，国際社会で活躍する「人材」，「エリート」養成へのニーズから，青年期の教育問題が，学校制度問題としては中等教育・大学教育をめぐる議論が活発である。そのとき引かれるのが，ドイツのギムナジウムである[1]。世界の教育ベスト10で「高校ならドイツ」と言われる[2]。

---

1) 文部科学省「我が国及び諸外国の学制について」（第14回教育再生実行会議資料2，2013年10月31日）http://www.kantei.go.jp/jp/singi/kyouikusaisei/dai14/siryou2.pdf（最終閲覧：2014年6月20日）；黒田多美子「ドイツにおける教育改革をめぐる論議と現状：ハンブルクの事例から」『獨協大学ドイツ学研究』62，2009.9），など。
2) 『ニューズウィーク日本版』TBSブリタニカ，1991年12月5日号，参照。

そこから，エリートと大衆の学校制度が截然と分かれたドイツの中等教育制度は，〈平等〉を推進してきた日本の戦後教育見直しに光明を投げかけるものと受け止められ，ギムナジウムをモデルにして，エリート学校としての中高一貫学校「中等教育学校」も創設された（1999（平成11）年）。だが，日本と異なり，ドイツでは学校教育制度と職業教育制度とがセットとして機能しているという社会的・産業的背景が存在しており，さらに，個々人に応じた多様な教育を保障するのが真の平等だとするキリスト教的教育権理解，ならびに教育制度に対する国民的了解，言うなれば文化的背景が厳然として存在するのである[3]。

ところで，ドイツのギムナジウムもまた，ドイツ社会のありようを反映してその相貌を変じてきた。そして，社会の変革期には従来のギムナジウム像を脱することが目指されもしたのであるが，それは真正の意味での変化であったのだろうか。この問題に関し，近年，ドイツで興味深い研究がなされたので，それを紹介検討しながら，社会と学校制度，中等学校制度との関わりを考えてみることにしたい[4]。

1. ギムナジウムとブラハトのギムナジウム研究

（1）ワイマール時代のギムナジウム

ギムナジウム（Gymnasium）とはドイツの伝統的な中等教育機関である。それは，日本流に言えば男子のみの中高一貫学校で，ラテン語，ギリシア語といった外国語や古典古代文化を主たる教育内容としたエリート学校である。3

3）二宮皓編『世界の学校』学事出版，2006，38ページ参照。
4）小峰総一郎「あるギムナジウム」（『中京大学教養論叢』第47巻第2号，2006.10）参照。筆者はこれまで，ベルリンやハンブルクなど北部ドイツのプロテスタント（福音派）の，都市における新教育を研究してきたが，2005年の在外研究においては，西部ドイツ，カトリックの農村地域の教育研究も課題に設定した。筆者は，本稿で扱う上構学校のあったリューテン町を訪れ，同校（戦後，「フリードリヒ・シュペー＝ギムナジウム」と改称）のハンス＝ギュンター・ブラハト校長と面談し，同校のアビトゥーア資料を参照することができた。

年制の予備学校を了えた教養市民層の子弟は，このギムナジウムで9年間（落第なき場合）学び，アビトゥーア（卒業試験）に合格すると，原則ドイツのどの大学にも自由に進学できた。彼らの大学卒業後には医者や裁判官，牧師や官吏，中等学校教師といったエリート職業が開けており，イギリスの**パブリックスクール**（public school）やフランスの**リセ**（lycée）と同様に，ギムナジウムは文化・教育を通して社会階層を再生産する装置として近代ドイツ社会で機能したのである[5]。

そのギムナジウムが，現代社会になると構造変化してきた。すでに19世紀の末葉から，教育内容に自然科学や技術学を重視すべきだという動きは時代の大きな要求となり，中等学校制度に占める人文ギムナジウムの優位が崩される。近代語，さらには理科・自然科学を主内容とする新しいタイプの中等教育機関が陸続として誕生するのである[6]。だが決定的な出来事はワイマール革命（1918年11月9日）であった。革命後の，「ワイマール憲法」（1919年8月11日制定，8月14日公布・施行）は，庶民のための学校とエリートのための全学校制度の分裂を克服して，「統一学校」（Einheitsschule）を創出するとした。つまり，それまでの複線型学校体系に代わり，すべての者に共通な初等学校〈基礎学校（Grundschule）〉の上に，中級および上級の学校を単線型の学校体系として創出すると宣言したのである（第146条）。併せてギムナジウムに直結する私立予備学校の廃止も謳っている（第147条）。第二次世界大戦後の，日本の戦後改革に匹敵するような，ドラスチックな教育改革がめざされたと言ってよい。それをいま，帝政期の学校とワイマール共和国の学校体系図で比較すると次の通りで

5）文化，教育が，社会的な不平等を再生産する装置として機能することについては，ブルデュー参照（ピエール・ブルデュー／ジャン＝クロード・パスロン著，宮島喬訳『再生産：教育・社会・文化』藤原書店，1991）。中等学校制度を通して，階層化されたドイツ社会を読み解こうとする仕事は，望田幸男の一連の研究が詳しい。望田幸男『ドイツ・エリート養成の社会史：ギムナジウムとアビトゥーアの世界』ミネルヴァ書房，1998，ほか。

6）Vgl. Lexis, W. (Hrsg.): Die Reform des höheren Schulwesens in Preussen. Halle a. S.: Verlag der Buchhandlung des Waisenhauses, 1902. また，日本では長尾十三二の研究が詳しい。長尾十三二ほか『中等教育史2〈世界教育史大系25〉』講談社，1976，参照。

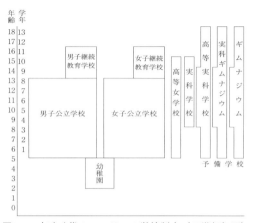

図1-1　帝政時代のベルリンの学校制度（20世紀初頭）
(出所：Lemm, 1987)

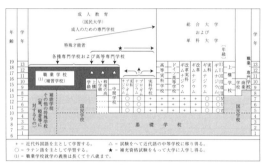

図1-2　ワイマール時代プロイセンの学校系統図（男子）
(出所：伏見猛彌, 1931)

ある[7]。

　図に見られるように，それまでの複線型の学校体系は，初等教育の段階から，将来ギムナジウムから大学への学習をめざしたエリートコースと，初等学校後は実社会に入ることをめざした大衆コースとに截然と分かれていたのである。それを，親の身分，財産にかかわらず全国民子弟が共通の初等学校に通うとし

---

7) Vgl. Lemm (Hrsg.): Schulgeschichte in Berlin, 1987, S. 86.；伏見猛彌「独逸の教育」『岩波講座教育科学』第一冊，岩波書店，1931。

たのである。これはまことに大きな変革であり、ワイマール共和国では教育を通しての民主主義社会の建設がめざされたと言ってよい[8]。

しかし、制度が民主主義的な学校体系になったからといって、ギムナジウムがエリート教育機関であることに変わりはなかったのである。ドイツの社会は「格差社会」である。初等学校修了後、ギムナジウムに9年間就学し、その後さらに4年以上に亘る大学就学に堪えられる家庭は、多くはない。また、その教育内容が、実際生活に役立つ知識・技術ではなく、死語であるラテン語を基本とした「学問のための学問」であっては、これは制度の入口は誰にも平等に開かれてはいるが、実際に、ここに就学を許されるのは特権階層だけである。ギムナジウムは、「教養」と「財産」を備えたそのような特定社会階層子弟に限られざるをえなかったのであった。

だが、ここにわずかの変化があった。ドイツ最大のラント、プロイセン邦では、図1-2の右端に位置する「上構学校（Aufbauschule）」と称される短縮型の中等学校を新たに創設して（約100校）、「大衆」学校と「エリート」学校との接続を実現したのである[9]。

8）「統一学校」を全ドイツ国（＝ライヒ）レベルで実現するのはまことに困難だった。そこで国は、本問題を検討するため、1920年6月11日-19日、首都ベルリンに国内の著名な教育学者、教師、教育行政官を集めて全国会議（全国学校会議，Reichsschulkonferenz）を開催した。ケルシェンシュタイナー、ガウディヒ、ナトルプ、エストライヒ、ペーターゼン、シュプランガーなど、当時の著名な教育家、新教育実践家を糾合して開かれたこの会議の結果は、大部な報告書として刊行されている。そこでの討議、報告には19世紀末から20世紀初頭にかけて展開された新教育 Reformpädagogik の思想を見ることができる。Vgl. Die Reichsschulkonferenz 1920: ihre Vorgeschichte und Vorbereitung und ihre Verhandlungen Amtlicher Bericht, erstattet vom Reichsministerium des Innern. Leipzig: Quelle & Meyer, 1921.（Neudruck. Glashütten: Auvermann, 1972）

9）「橋渡し機能」(Zubringerfunktion)。クーレマンによる。Vgl. Kuhlemann, Frank-Michael: „Niedere Schulen." In: Berg, Christa (Hrsg.): Handbuch der deutschen Bildungsgeschichte. Bd. IV. 1870-1918: Von der Reichsgründung bis zum Ende des Ersten Weltkriegs. München: Beck, 1991, S. 199.

（2）ブラハトとその研究書

　この上構学校の成立と変貌を，カトリックのライン地方リューテン町（Rüthen: Land Nordrhein-Westfalen, Kreis Soest, Regierungsbezirk Arnsberg）の一上構学校の事例を取り上げて究明したのが，本稿で検討する事例研究である。

　　　Bracht, Hans-Günther: Das höhere Schulwesen im Spannungsfeld von
　　　　Demokratie und Nationalsozialismus: ein Beitrag zur Kontinuitätsdebatte
　　　　am Beispiel der preußischen Aufbauschule. Bern: Peter Lang, 1998.
　　　　　　　　　　　　（＝Studien zur Bildungsreform: Bd. 31）
ハンス＝ギュンター・ブラハト著：『民主主義とナチズムの緊張の場における中等学校制度——プロイセン上構学校事例に則した連続性問題論考』（「教育改革研究」第31巻），ベルン：ペーター＝ラング社，1998

　著者ブラハト氏は，1946年生まれ。自身が，戦後，フリードリヒ・シュペー＝ギムナジウムと改称された同ギムナジウムの卒業生である。大学では社会科学とスポーツ学を修め，同ギムナジウムの教員，のち校長となった。教員生活の傍ら，パーダーボルン大学のヴォルフガング・カイム教授（Prof. Dr. Wolfgang Keim）のゼミナールに参加。同校の学校文書館に収められた膨大なアビトゥーア試験記録資料を分析して，ワイマール時代からナチズムの時代のギムナジウム教育史を解明，博士論文にまとめたのである。

　本博士論文は，カイム教授が編集するドイツで定評のある教育史研究叢書「教育改革研究」シリーズに収められ，1998年にこれの第31巻として刊行された。全767ページにわたる詳細な研究は，同シリーズの中でもひときわ光彩を放っている。筆者（小峰）は，それまで行ってきたドイツの新教育研究を発展させようとして本書に行き当たった。筆者はその研究内容に打たれ，2005年の在外研究の折に同校を訪れてブラハト氏と面談，研究の中心資料となったアビトゥーア資料も閲覧させていただいたのである[10]。

---

10) 遠い日本からの来訪であったので，地方紙が面談のことを記事にしてくれた（注４参照）。

（3）同書の構成と出色

同書の構成は次のごとくである。

まえがき
A．序論
　Ⅰ．本テーマに取り組んだ動機と個人的関心
　Ⅱ．ナチズム―ファシズム関係をめぐる基本的問題
　Ⅲ．特殊文献・資料論，問題設定の展開
B．ワイマール共和国並びに国家社会主義時代のプロイセン上構学校の設立と発展
　Ⅰ．上構学校運動
　Ⅱ．プロイセンにおける上構学校思想の転換
　Ⅲ．ワイマール共和国のプロイセン上構学校の発展
　Ⅳ．総括と評価
　Ⅴ．ナチズムへの移行の中のプロイセン上構学校，並びに1937年までのナチズム初期数年間のプロイセン上構学校
C．邦立リューテン上構型ドイツ高等学校
　Ⅰ．ワイマール共和国とナチズム初期の都市リューテンの経済・人間・社会構造とその展開
　Ⅱ．リューテン上構学校の設立
　　1．リューテン町・警察区・郡　2．カトリック主義
　　3．PSK〔州学務委員会〕と文部省
　Ⅲ．1932年の最初のアビトゥーアまでの上構学校の発展
　　1．建設期1926-1930　2．確立期1930-1932　〔3．総括と評価〕
　Ⅳ．ナチズムへの移行と1937年までのナチズム初期数年間
D．結論と展望
文献，索引

　ブラハトの研究の出色は，何よりも，カトリック地方の一上構学校の個別史であるという点にある。一般に**上構学校**（Aufbauschule）というと，それの多くを占める「**ドイツ高等学校**」（Deutsche Oberschule）［＝「文化科」Kulturfächer――宗教，ドイツ語，哲学概論，歴史，公民，地理の6科を「文化科」と一括したドイツ学中心のカリキュラム――を主内容とする新中等学校］と混同されたり，ドイツ学重視の教育内容のゆえに，また，これを主導したプロイセン文部参事官ハンス・リヒャート（Hans Richert, 1869-1940）の思想により，先験的に「国家主義的」と断じられたり，さらには，中等学校の経済合理化の側面に注目さ

れることが多い[11]。しかしその具体相を，個別学校史レベルで，それも，そこにおける教育実態に即して解明することはほとんどなかった。それに対しブラハトの本書は，ギムナジウム修了試験（＝大学入学資格）の論文ならびに筆記・口述試験記録を通して当代学校で行われた教育実態を再構成するという着眼点，ならびに，大戦（第二次世界大戦）でも失われずほぼ完全に保存された当校学校文書館資料および州文書館資料を駆使するという資料活用の点からも，まことにユニークなギムナジウム教育史である。これは当校関係者ならではの成果と言えるだろう。

2. リューテン上構学校の教育

　リューテンが位置するのは，北ライン・ウェストファーレン州ゾースト郡（Kreis Soest）である。郡の中心都市ゾースト市は，塩取引で栄えたかつてのハンザ同盟都市。城壁で市域が囲まれた伝統的中世都市で，今日その城壁は疎水沿いに市民の格好の遊歩道となっている。春には特産のアスパラガス料理が多くの観光客を引きつける。これに対し，郡の南端にあるリューテン町は農業の町。畑と山とに囲まれたのどかな地方都市である（同町も旧ハンザ同盟都市。人口は今日約1万人）。町の中心に役場や学校が集まり，ここが町民の精神的文化的拠り所である。ここに存在した師範学校が，ワイマール時代に上構学校に再編され，短縮の中等学校となって波瀾の歴史を刻むのである。

（1）上構学校の成立
①町の状況，町民層
　町は，ワイマール時代に人口2,400人，戸数444戸（1931年）という典型的

---

11) Vgl. Eilers, Rolf: Die nationalsozialistische Schulpolitik. Köln/Opladen: Westdeutscher Verlag, 1963; Müller, Sebastian F.: „Zur Sozialisationsfunktion der höheren Schule. »Die Neuordnung des preußischen höheren Schulwesens« im Jahre 1924/1925". In: Heinemann, Manfred（Hrsg.）: Sozialisation und Bildungswesen in der Weimarer Republik. Stuttgart: Ernst Klett Verlag, 1976.

な小農村であった。大農は少なく、ほとんどが小農家。304戸の農家の内訳は次の通りである[12]。

表1-1　リューテン町の農業規模（1931年）

農業規模	戸数	割合（％）	農地
小農（Kleinbauer）	240	79	〜20モルゲン
〔中農〕	〔52〕	〔17〕	〔20〜60モルゲン〕
大農（Landwirt）	12	4	60〜モルゲン
全体	304	100	

（出所：Bracht, S. 269より小峰作成。〔　〕は小峰）

②師範学校（1876）から上構学校（1926）へ

　リューテンはリップシュタット郡（Lippstadt——当時）南部の、文化の中心であった。それを象徴するのが、師範学校（Lehrerseminar、1876年設立）と付属小学校（Übungsschule）の存在である。大きな建物と校庭を擁するこのカトリックの師範学校に、1926年までに約1,000名の生徒が学び、近郊の小学校のカトリック教員となっていった。生徒たちはリューテン町や近在から来ていたが、通学する者は少数で、大部分は町に下宿を求め、宿泊生として同校に学んだ。生徒らは貧しい中で勉学に励み、のちに小学校教員となっていったのである。師範学校は文化の息吹を伝える場であった[13]。それが、第一次世界大戦後、リューテン師範学校は、ドイツの経済危機と学制改革に直面し廃止の危機に見舞われた。だが、プロイセン邦の中等学校改革、「リヒャート改革」で、当校

---

12) Vgl. Bracht, Hans-Günther: Das höhere Schulwesen im Spannungsfeld von Demokratie und Nationalsozialismus: ein Beitrag zur Kontinuitätsdebatte am Beispiel der preußischen Aufbauschule. Bern: Peter Lang, 1998, S. 269.
13) 2014年春、NHK朝の連続ドラマ『花子とアン』が放映されている。主人公花子（村岡花子）は、山梨県甲府の貧家に生まれたが、東京の私立修和女学校（東洋英和女学院がモデル）に学び、のち翻訳家となる。これに対し、幼馴染みの朝市（木場朝市）は、小学校卒業後農家を継ぐも、学問への夢を諦め切れず、授業料無料で寄宿舎を備える師範学校に学んで母校の小学校教員となった。戦前日本で、貧しい地方農村子弟に開かれたほとんど唯一の中等教育の場が師範学校であった。リューテンの師範学校も、そのような地方農村子弟に許された数少ない中等教育機会であったと言えよう。

はドイツ文化中心のドイツ高等学校という中等学校（当校ではラテン語を課す）に編成替えをしてこの危機を脱するのである[14]。

プロイセン上構学校[15]の成立史のポイントは次のようである[16]。

表1-2　上構学校史年表

年月日	省　令　名（Erlass）
1922. 2.18	・ドイツ高等学校・上構学校覚書［リヒャート起草］
11. 8	・プリマ級分離
12.19	・上構学校に関する協定
1923. 5. 5	・上構学校生徒受入［省令］
1924. 3.13	・『ドイツ高等学校・上構学校教則大綱』［リヒャート起草］
3.15	・時間数表注解
3.17	・OⅡ進級［省令］
1925. 4. 6	・『教則大綱（1925）』実施省令
4.21	・上構学校生徒受入［省令］
5.19	・上構学校生徒受入［省令］
7. 1	・ドイツ高等学校に関する協定
1927. 2. 7	・プリマ級分離
12.21	・アビトゥーア成熟資格
1928. 6. 5	・バイエルン，アビトゥーア成熟証承認

（出所：Richert: Richtlinien für D. O. u. A. S., S.190.）

リューテン師範学校の廃止はリップシュタット郡の文化危機を意味し，町にとりこれは重大問題であった。そのため町や教会，文教当局は中等教育機関の廃止をとどめるべく，師範学校の上構学校への改組をめざした。しかし，近隣市との競合から，本計画は暗礁に乗り上げる。だが，リヒャート改革の最終局面に，他州と隣市での設立見送りによって，リューテン師範学校はプロイセン

---

14) Vgl. Bracht, S. 275-288.
15) プロイセン文部省（編）（小峰総一郎訳）「ドイツ高等学校・上構学校教則大綱」『中京大学教養論叢』第34巻第1号，1993.7；——「プロイセン中等学校制度の新秩序」『中京大学教養論叢』第35巻第1号，1994.9；——「ハンス・リヒャートとプロイセン中等学校改革」日本教育学会『教育学研究』第63巻第4号，1996.12，参照。
16) Richert, Hans (Hrsg.): Richtlinien für einen Lehrplan der deutschen Oberschule und der Aufbauschulen. Berlin: Weidmann, 1928, 4. Aufl.（Weidmannsche Taschenausgaben von Verfügungen der Preußischen Unterrichtsverwaltung / herausgegeben v. Hans Güldner u. Walter Landé, Heft 6), S. 190.

邦最後の100校目の「上構学校」となり，ドイツ高等学校型上構学校として存続を果たすことができたのであった。

(2) 上構学校の教育

リューテン上構学校は1926年の設立から生徒を受け入れ，1931年の復活祭に6年級を入学させて6年制上構学校は完成した。そして翌1932年春に，プリマ生が初のアビトゥーアに至るのである。本章では，ナチズム以前のこの時期までに限ってリューテン上構学校の教育を検討してみることにしたい。

表1-3　リューテン校の歴史（1876-1995）

年	事　項
1876	師範学校（Lehrerseminar）設立
1926	上構学校へ改組
1926	初代校長シュニーダーテューンス（Philipp Schniedertüns, 1926-1930, 4年間）
1930	2代校長　フルック（Hans Fluck, 1930-1932, 2年間）
1931/32	上構学校完成，第1回アビトゥーア生輩出
1932	3代校長　シュタインリュッケ（Heinrich Steinrücke, 1932-1945, 13年間在職）
1945	閉校。非ナチ化後開校 4代校長　ポシュマン（Adolf Poschmann, 1947-1950, 3年間）
1966/67	近代語ギムナジウムの併設部に拡大
1990/91	上構学校廃止。本校卒業生は10卒で本体のギムナジウムへ編入
1995/96	最後の学年がアビトゥーアに至る

（出所：Bracht, S. 27-29, 49-59, 433等から小峰作成）

①校長―――シュニーダーテューンス，フルック

学校の相貌を決めたのは校長であった。とくに，カトリック神学の立場から，当校の初期教育に果たした2人の校長の役割は絶大だった。

a．シュニーダーテューンス校長(Philipp Schniedertüns, 1926-1930, 4年間在任)

聖職者で一級教員のフィリップ・シュニーダーテューンスが，それまでの師範学校教育と新中等学校の教育とを架橋した。シュニーダーテューンスは，ドイツ語，ドイツ文化を重視し，体験を通してこれを深く獲得させようとした。

家庭と学校を結んでドイツ高等学校の教育目標を実現しようとしたのであるが，成果は必ずしも多くはなかった。彼の貢献は，むしろ音楽，芸術的方面，ならびに学校態勢確立に大きかった。当校は公式には宗派的ではないが，教員・生徒ともにカトリックで授業もカトリック的。週1回，学校ミサを実施した。学校存続のため共学化を推進，女子比率は24％となった。在任4年間（1926-1930）で退き，のちパーダーボルンの国立女子高校（Pelizäus Schule）でドイツ語，地理を教えた。ナチ世界観に明確に反対して，かつ，教会と結びついて教えた，とナチの調査書は記していた[17]。

　すでに他校（オルペ教員養成所）で管理職（副校長）であったシュニーダーテューンスは，新リューテン上構学校を順調に船出させた。カトリック聖職者で規律重視，しかし，音楽や芸術を愛好するという，ライン地方の伝統タイプの教師（校長）であったと言えるだろう。リヒャート改革で重視された「ドイツ文化科」やドイツ的教養統一に，主観的には努力したが，成果は大きかったわけではない。しかし，その後のナチズムに対しては，そのカトリック神学のゆえに明確な反対姿勢を示したことは注目される。

b．フルック校長（Dr. Hans Fluck，1930-1932，2年間在任）

　確立期（1930-1932）を担ったのが，思想家校長フルックであった。第1期生を2年のちに首尾よくアビトゥーア合格にまで至らしめる人物として，視学が見込んだ人物である。学位をもつ一級教員フルックは，すでに隣市の上構学校でラテン語教育に成果を上げていた。政治的には1911年以来カトリック中央党員で，アルンスベルク市参事会員。1930年にリューテン着任。校長として，①統一教員団を形成し，②町民に各種催物を行い，信頼を得た。しかし1932年突然解任。隣市ギムナジウムの校長勤務となるも，1934年，官吏任用法により解職。反ナチ的教育姿勢を問題にされたのだった。

　彼の政治社会観は，強固なカトリック主義と，「新しいドイツの詩人」ゲオ

---

17) 以上，シュニーダーテューンス校長については Vgl. Bracht, S. 289-293.

ルゲに依りながら,「故郷,ラインラント,ドイツ」を結ぶ郷土主義であった。従軍体験を背後にもつフルックのロマン主義,民族・祖国聖化は,シュプレンゲルらドイツ的教養協会のドイツ主義運動とも通じていた。これはナチズムの,アーリア的ゲルマン的な「血の神話」とは一線を画すものだった。ゲオルゲ (Stefan Anton George, 1868-1933) は一般にナチズムと親和的と言われるが,フルックのゲオルゲ解釈と大地のカトリック主義は,生徒らの自己発見・自己解放の民族的運動となって「隠れたカリキュラム」を形成したのだった[18]。

②教育内容

さて,ここで当校の教育内容につき寸描してみたい。ドイツ高等学校は,ドイツ文化を中心とするということが特色である[19]。そのため,宗教・ドイツ語・哲学概論・歴史・公民・地理の6科を「ドイツ文化科」(Kulturfächer) として,これが他の外国語科目,自然科学科目等の基底を成し,かつカリキュラム統一の軸とされた[20]。リューテン校では,フルック校長下の1931/32年に,上構学校が完成するとともに,カリキュラムも完成している。時間数は**表1-4**のごとくである[21]。

リューテン上構学校は,ドイツ高等学校型の短縮ギムナジウムである。リヒャート覚書にも,「1.［上構学校教材の考え方］ ドイツ高等学校あるいは高等実科学校──これらには原則としてギムナジウムと同一の教育目標が設定されている」[22]と述べられている通りである。また,その地方の国民学校

---

18) Vgl. Bracht, S. 289-293.
19) Schmoldt: Zur Theorie und Praxis des Gymnasialunterrichts (1900-1930). 1980, S.110.
20)「その際,次の一点だけは絶対に合意しておかなくてはならないと思う。つまり,ドイツ的教養内容を伝える文化科は,ドイツの中等学校すべての中心科目であり,これに全授業時間数のおおよそ3分の1を割り当てる必要があるということである。なぜなら文化科は,一方で我が国中等学校の教養統一を実現すると共に,他方で中等学校と大衆教育との接続を実現するものだからである。つまり,文化科は国民教育の主要な担い手なのである」(リヒャート)。(小峰訳)「プロイセン中等学校制度の新秩序」,p.305.
21) Vgl. Bracht, S. 329.
22)（小峰訳）「ドイツ高等学校・上構学校教則大綱」,p.361.

表1-4　リューテン校のカリキュラム（1931/32）

[科目　●はドイツ文化科]	UIII	OIII	UII	OII	UI	OI
1. ●カトリック宗教	2	2	2	2	2	2
2. ●ドイツ語・歴史物語	5	5	5	5 (4)※	4	4
3. 英語	7	7(6)	4	3	3	3
4. ラテン語	-	-	5 (4)	4	4	4
5. ●歴史（公民）	3	3	3	4	4	4
6. ●地理	2	2	2	2	2	2
7. 算数・数学	5	5 (4)	4	4	4	4
8. 生物	2	2	2	1 (0)	1 (2)	1 (2)
9. 物理		2	2	2	2	2
10. 化学	-	-		2	2	2
11. 図画	2	2	2 (1)	2	2	2
12. 裁縫	2					
13. 唱歌（音楽）	1	1	1	1	1	1
14. 体育・男子	4			4		4
15. 体育・女子	4					
16. 協同学習	-	-	-	2 (1)	2 (1)	2 (1)
〔計〕	31/32	33/34 (31/32)	31 (29)	31/32 (29/30)	31/32 (31/32)	31/32 (31/32)

注　（ ）はすべて1931.10.1からの時間数。　　　　　　　（出所：Vgl. Bracht, S. 329. 一部入替）

（小学校）カリキュラムとの接続を重視している。「２．［教育方法上の留意点］──生徒が多様な国民学校から来ていることを考慮して，上構学校では，国民学校で学んだ知識を尊重するものとする。しかし，知識を系統的に拡大させることを忘れてはならない。教材を拡大する場合，できるだけ基本型［９年制］中等学校に該当する課題と有機的に結合することが必要である。しかし，その土地の状況をとくに考慮して選ばれた典型教材は，これに代わって優先されなければならない」[23]と。この考え方がリューテン上構学校カリキュラムにどのように反映されているのかを，リヒャート教則大綱と比べて検討してみよう。基幹のドイツ文化科・自然・外国語，そして実技科目は，リヒャート教則大綱では次のようになっていた（自由選択科目は省略した）。

　両者（リューテン校をリヒャート教則大綱と比較）から言えることは，大よそ次のようである。

第1章　上構学校

表1-5　ドイツ高等学校型上構学校［6年制］時間配当

［科目　●はドイツ文化科］	UIII	OIII	UII	OII	UI	OI
1	●宗　　教	2	2	2	2	2	2
2	●ドイツ語	5	5	5	5	4	4
3	●哲学概論	-	-	-	-	1	1
4	●歴　　史	3	3	2	4	3	3
5	●公　　民	-	-	1		1	
6	●地　　理	2	2	2	2	2	2
7	数　学	5	5	4	4	4	4
8	自然科学	4	4	4	5	5	5
9	第一外国語＊	7 (6)	7 (6)	4 (3)	4 (3)	4 (3)	4 (3)
10	第二外国語＊	-	-	4 (5)	4 (5)	3 (4)	3 (4)
	小　　計	28 (27)	28 (27)	28	29	29	29
11	図　画	2	2	2	2	2	2
12	音　楽	2	2	2	2	2	2
13	体　育	3	3	3	3	3	3
	合　　計	35 (34)	35 (34)	35	36	36	36

＊注　英語を第一外国語に選んだとき，UIIIからOIIまではカッコ内の時間数とする。

（出所：小峰訳「ドイツ高等学校・上構学校教則大綱」，p. 361.）

---

23) ハンス・リヒャート（Hans Richert: 1869-1940）はワイマール時代のプロイセン州文部省参事官（在任1923-1934）。文部大臣オットー・ベリッツ（Otto Boelitz, 1876-1951：ドイツ人民党DVP〈のちのキリスト教民主同盟CDU〉）に請われ，中等学校改革に携わる（上構学校，ドイツ高等学校を創設。古典外国語でなくドイツ学〈ドイツ文化科〉をカリキュラムの中心におく「ドイツ的教養統一」を謳い（「リヒャート覚書」），各中等学校の教育目標と時間数，また「ドイツ高等学校・上構学校教則大綱」を定めた）。リヒャートは，帝政時代にはポーランド系住民の多いポーゼン州で中等学校教員・校長をつとめた。ドイツ人民族団体「オストマルク協会」に加わり，ドイツ語強制に反対するポーランド人生徒の「学校ストライキ」には厳罰主義で対処した。ワイマール革命後ベルリンに移り，ベルリン・リヒターフェルデの旧陸軍中央幼年学校――かつてフリッツ・カルゼン（Fritz Karsen, 1885-1951）が改革に取り組んだ――校長となって，民族共同体の実現めざした改革を断行している。「リヒャート改革」は，保守・復古の教育改革と言われる。Vgl. Margies, Dieter：Das höhere Schulwesen zwischen Reform und Restauration. Die Biographie Hans Richerts als Beitrag zur Bildungspolitik in der Weimarer Republik. Neuburgweier/Karlsruhe: G.Schindele Verlag, 1972; 小峰総一郎『ベルリン新教育の研究』（風間書房，2002年）7章，ほか。

①大原則として，忠実に上構学校教則大綱に添って展開されている。
②その中における若干の相異であるが，まず，第一外国語（英語）は，開始年から3年間（UIII, OII, UII）で1時間多い。上級のOII, UI, OIは教則大綱通りである。
③第二外国語（ラテン語）は，開始翌年のOIIで1時間少ない。
④自然科学（生物，物理，化学）は，開始年（UIII）で2時間少ない。
⑤唱歌（音楽）は，全6年間で1時間少ない。

つまり，国民学校（小学校）で未修の英語教育は上構学校開始時に手厚くしたということである。ラテン語を開始翌年のOIIで1時間少なくしているのは，生徒の負担軽減のためと思われる。唱歌（音楽）が全学年リヒャート教則大綱より1時間少ない。これは，器楽設備（教員）が十分でなく，当面唱歌のみの音楽教育としたものである（将来器楽1時間の増を予定）。また，上級の理科と協同学習の減は，プロイセンの経費節減策のためであった。これら大枠のなかで，授業活動としていかなる教育が展開されているかは，次回以降の検討課題としたい。

③生徒たち

最後に生徒層について検討と考察を行っておく。

a．生徒の出自

まず生徒の社会階層を見ておく（表1-6）。開設当初と，完成年以後である[24]。

これを見るとき，上構学校開設当初1927年は，自営農，非大卒官吏，自営手工業が上位3位であったのであるが，完成時以後の1933/34年には，上位から自営農，非大卒官吏，その他，となった。上構学校生徒の多くは地方エリート層の出自で，これはリヒャートのねらいであった，地方農村青年の生命力喚

---

24) Bracht, S. 298, 440.

第 1 章 上構学校

表1-6 上構学校生徒の社会層 (1927, 1929)

親の職業	1927 数	1927 割合 (%)	1929 数	1929 割合 (%)
大卒官吏	0	0.0	0	0.0
非大卒官吏	9 (男7, 女2)	22.5	15 (男11, 女4)	22.0
大卒教員	0	0.0	0	0.0
非大卒教員	2 (1, 1)	5.0	5 (3, 2)	7.4
大卒自由業	0	0.0	2 (0, 2)	2.9
自営農	10 (5, 5)	25.0	16 (12, 4)	23.5
自営商	0	0.0	3 (3, 0)	4.4
非雇用店員	2 (0, 2)	5.0	3 (1, 2)	4.4
自営手工業	9 (8, 1)	22.5	7 (7, 0)	10.3
賃手工／労働者	6 (5, 1)	15.0	13 (12, 1)	19.1
その他	2 (2, 0)	5.0	4 (4, 0)	5.9
合　計	40 (28, 12)	100.0	68 (53, 15)	99.9 [ママ]

(出所：Bracht, S. 298.)

表1-7 上構学校生徒の社会層 (1933/34)

親の職業	1933/34 数	1933/34 割合(%)
大卒官吏	2 (男1, 女1)	2
非大卒官吏	26 (18, 8)	25
大卒教員	0	0
非大卒教員	11 (9, 2)	11
大卒自由業	0	0
自営農	33 (26, 7)	32
非雇用農	0	0
自営商	1 (1, 0)	1
非雇用店員	1 (1, 0)	1
自営手工業	8 (7, 1)	8
賃手工／労働者	9 (8, 1)	9
その他	12 (9, 3)	12
合　計	103 (80, 23)	101 [ママ]

(出所：Bracht, S. 442.)

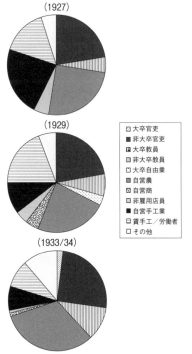

図1-3　生徒の社会層
(グラフ化は小峰)

起，民衆的なドイツ的教養の育成，を十分に保障したとは言えない。

b．入学，進路

生徒たちはリューテン町よりも，近在から多く進学した。なかには，ある雪の朝，馬と橇とで2時間半も苦闘して登校した女生徒もいた[25]。生徒の進学動機は，ドイツ高等学校（＝「ドイツ的教養」）という民衆的な学校理念，ないしそれを修得して郷土の小学校教員になるというのではなしに，ここを経由すればアビトゥーア（＝大学進学）に至れるという，今までにはなかった専門職キャリアへの道であった。生徒そして親を惹きつけたのは，内容ではなく「制度」にあった。

3. まとめ

リューテンの上構学校「制度」は，リヒャートの文化科を基軸とした「ドイツ的教養統一」を達成したのだろうか。また，「ドイツ的教養」で想定された地方農村青年の健全な生命力を導き出したのであろうか。さらに，教科をグループ化し授業を柔構造化させたことによって，生徒主体の探究型新教育授業を保障したのだろうか。これらについては，少なくとも，これまでの範囲では否定的である。かつてベルリン・ノイケルンの上構学校で，フリッツ・カルゼン校長が実現したような，創意的な新教育実践，「共和国の担い手」となるという主体意志はここには希薄であった。むしろ「制度」が社会移動を促進したと言える。短縮中等学校たる「上構学校」は，このライン地方においては，理念としての民主主義＝中等教育拡大とはならず，地方有産者・中間層のより一層の社会上昇の装置として機能したのだった。そのため，民衆的教養目標とは異なるラテン語も，大学進学に必要という理由から必修化され，重視されたのである（これには，地元のカトリック教会の意向も大きい）。

---

25) Vgl. Bracht, S. 323.

第1章　上構学校

　これまでの考察を通し，このライン地方の一ギムナジウムの形姿は以上のようにまとめられるであろう。それがナチズムの時代にはいかなる内実を備えたのかは，次の課題としたい。

***謝辞**
　　リューテン上構学校(現,フリードリヒ・シュペー＝ギムナジウム)研究にご助言とご協力をいただいたハンス－ギュンター・ブラハト校長（筆者訪問時。現在退職）に心より御礼申し上げます。

第2章

カーレ姉弟（きょうだい）

クラス風景
（ハンマーシュミット（哲学・ドイツ語））
（1930年代）

ベルリンでの「民族政治科実習」で
（1934年秋）
（写真：いずれもブラハト氏提供）

1. 序—カーレ姉弟（きょうだい）

　当時この地方に名前を知られたきょうだい（姉弟）がいた。
　姉マリア・カーレは女性作家。娘時代をブラジルで過ごし，ドイツの第一次世界大戦敗北をこの地で知る。南米で愛国主義講演を展開し，詩人デビュー。ドイツに戻ってからは，ライン地方の郷土と民衆をたたえる詩作を行うとともに，失地東方ドイツ人の救援活動に従事した。後年彼女は，インターネットのWeb辞書「Wikipedia（ドイツ語版）」に，大要次のように紹介されている。

第2章　カーレ姉弟（きょうだい）

マリア・カーレ（Maria Kahle, 1891-1975）

- ●ドイツの女性作家。
- ●鉄道官吏の娘。1913-19 ブラジルの親戚宅で生活（1913-1924[1]）。当地で愛国的在外ドイツ主義を知り，これに傾倒。
- ・ドイツの大戦敗北後，南米でドイツの立場を宣伝講演。当地で第一詩集を出版。
- ・1920年代初頭に帰国，作家へ。「后1918年〔帝国〕東部割譲諸州困窮ドイツ人支援東方協会」（Die Ostmarkhilfe für notleidende Deutschen in den nach 1918 geteilten Ostprovinzen）設立，支援活動を行う。
- ・貧困層を知るため，長く工場労働。それらの知見を報告，詩集に綴る。
- ・多くの民族志向の作品――ヴェストファーレン地方の生活を賛美――を著す。
- ・解放後（戦後），厳しい追放に遭う。作品は発禁処分。
- ・後年，児童青少年文学編集者として新たな成功を収める。

（出所：ドイツ Wikipedia[2]）

（©AKG/PPS）

これに対して，弟ヴィルヘルム・カーレはカトリックの司祭・教員であった。中等学校で司祭・教員（宗教，ドイツ語）として働く。1929年にリューテン上構学校に着任するも，姉のマリアがドイツ民族主義，ナチズムの道を突き進むのに対して，ヴィルヘルムの方は，ときにカトリック主義の立場から，ときに郷土主義の立場から，ナチズムとは一定の距離をもっていた（ナチ党に入党するも，のち離党）。その横顔は次のごとくである[3]。

1）Maria Kahle（ドイツ国会図書館電子カタログ）https://portal.dnb.de/opac.htm?method=showFullRecord&currentResultId=Maria+and+Kahle%26any&currentPosition=92（最終閲覧2014年12月25日）
2）Wikipedia（ドイツ語版）http://de.metapedia.org/wiki/Kahle,_Maria（最終閲覧2014年8月19日）
3）Bracht, S. 379-386に基づき筆者作成。

ヴィルヘルム・カーレ（Wilhelm Kahle, 1893-？）

●カトリック司祭，ギムナジウム司祭・教員（宗教，ドイツ語，［ラテン語］）。

・1893――Wulfen(Westfalen)に生れる；1914――Abitur(Brilonにて)。
　ミュンスター大学で学びドイツ語，ラテン語，歴史の国家試験合格（秀）

◎司祭
　1918――Ph. D. 取得（パウロ研究）；1922まで神学研究。
　1922――司祭叙任；1924――カトリック中央党離党。
　1925――教職合格（優）；1929までリチウム（女学校）で教える。

（写真：ブラハト氏より）

◎司祭・教員
　1929――Rüthen上構学校着任。11. 5カトリック宗教科補充試験合格（良）。
　1930. 5. 1――学校ミサ開始（週2回）。
　1933. 4――ナチ党入党　-. 5――ナチス教員連盟加入。
　1934夏――ナチズム講演　-. 8. 31――ナチ党離党。
　1936. 4. 1――アルンスベルクのギムナジウムへ転任（ドイツ語，歴史）。
　1940――ドイツ語授業禁止（「聖職につき不適格」）；1944――歴史授業も禁止。

（出所：Bracht, S. 379-386）

　これら二人のカーレは，1930年代のリューテン上構学校と深く関わることになる。それはリューテン上構学校が完成し，第1回アビトゥーア生を輩出する時期（1931/32年），および，ナチ党（国家社会主義ドイツ労働者党：Nationalsozialistische Deutsche Arbeiterpartei: NSDAP）の政権掌握（1933年1月30日）と教育支配，ナチスカリキュラムの施行時期と重なる。ではその関わりとは，どのようなものであったのか。上構学校は，ナチ世界観を忠実に再現する装置であったのか，あるいはまた，カトリック神学に拠りながらナチズムに抵抗（ないし不服従）する拠点たりえたのだろうか。そのことを，これからリューテン上構学校の教育内実を見ながら検討したいと思う。

第2章　カーレ姉弟（きょうだい）

2. 1930年代の上構学校

　前章で，初代校長シュニーダーテューンス（Philipp Schniedertüns: 1926-1930 = 4年間在任），2代校長フルック（Dr. Hans Fluck: 1930-1932 = 2年間在任）に触れた。そこでまず，その次の3代校長シュタインリュッケ（Heinrich Steinrücke: 1932-1945 = 13年間在職）を紹介することから始めよう。

(1) 指導者――校長
シュタインリュッケ校長――Rüthen師範・ミュンスター大卒の教育官僚
　　　　　　　　　　　　　　　　　　　　　　　［――タイトル小峰。以下同じ］
　シュタインリュッケは1931/32年の上構学校完成後，13年の長きにわたって校長であり続けた。彼は，「民主主義」から「ナチズム」への「移行」を果たしたに留まらず，1940年代にはナチス教育学をここリューテン上構学校で確立した人物である。

> **シュタインリュッケ（Heinrich Steinrücke）（3代校長，1932-1945，13年間在任）**
> 　シュタインリュッケは1884年ヴァルシュタイン生。ここの国民学校，町立中等学校を出て1899-1904年，当時のリューテン師範学校（教員ゼミナール）で学び教職に就いた。国民学校で4年間，そしてリューテン師範学校で11年間教育に携わる。中間学校教員資格取得（1913年）後，ミュンスター大学中等教員コースに入学（1919年）。ドイツ語，哲学入門，宗教を専攻して（1923年），1926年学位。論文は反カトリック・反教会詩人フリードリヒ・シュタインコンに関するもの。
> 　その後1926/27年より P. S. K.（州学務委員会 = Provinzial Schulkollegium）に勤務。Bürenの上構学校（1931年一級教員）を経て，〔1932年〕，完成したRüthen上構学校校長へ。視学Hellwigは彼に，「民族性の奥深くに入りこむ」よう期待。Rüthenは田舎であるばかりでなく，民族的に「特別の本性をもつ」と，彼に上構学校の使命達成を期待したのだった…[4]。

---

4) Vgl. Bracht, S. 371-372.

じつに，シュタインリュッケは教育畑を粛々と歩み続けて管理職にまで上り詰めた，教育界の成功者と言うことができよう。少なくとも前任者のフルック校長のように，町民に芸術を振興したり，大地のカトリック主義の立場からナチズムに不服従を示すといった行動を，彼に期待することはできない。

　はじめナチスに距離をもっていたというが，シュタインリュッケは消極的なカトリック中央党員であり，1933年のナチ党独裁後は急速にナチズムに「接近」したのである。

校長の人物像

　1933. 5. 1，ナチ党へ集団入党。のちの［戦後の］非ナチ化調書では，「入党は期限の1933. 5. 1を越える見通しだったが，ナチ党地区責任者が校長職剥奪をちらつかせ，入党を早めたものである」「［自分は］ナチ党の本質をよく知らなかった」「ブロック長への就任提案も断った。アーリア証はない。ナチ制服も着なかった」と言っている。しかし1938. 7にはナチ教員連盟支部長に就いている。1938年には，新任三級教員との面談で，一女生徒のナチ思想評定に関し，彼女がヒトラーユーゲント内で校長攻撃を始めたとして彼女への「良」評定案を拒否，彼［三級教員］に対して「スパイ活動」の嫌疑をかけている。

　一方，1939年，ナチ党郡責任者は校長をとがめた。それは，①聖体祝日に学校を閉校して参加，②学校ミサを促進した，③不穏思想放任，のゆえであった[5]。

宗教授業停止，学校のナチ化

　校長はナチ党に近い団体の文化行事を展開した。シェーファー[6]の『10月18日』上演や，ナチ民生局に好都合のコンサート実施（Büren音楽連盟による）であった。…こうして1935年には学校の態勢，就中教育内容がナチ適合化した。1939年には宗教の教員Dr. Weisenfeldが転任，宗教の実施は不可能となった。

---

5) A. a. O., S. 373-374.
6) シェーファー，ワルター・エーリヒ（Schäfer, Walter Erich: 1901-1981）
　　劇作家，州立シュトゥットガルト劇場総監督。農場主の息子。1937. 5，入党規制終了後ナチ党入党。ナチ党帝国劇作家シュレッサーから「ナチス演劇政策の重要活動家」と評される。演劇『10月18日』（対ナポレオン戦争最大の戦いであったライプツィヒ戦勝利（1813年）を描く。1932年ミュンヘン初演）は全ドイツの劇場で上演された。戦後反ヒトラー蜂起事件「ワルキューレ作戦」を描く。シュトゥットガルト劇場総監督として，カルロス・クライバー（指揮者）やジョン・クランコ（バレエダンサー・振付家），オルフ（『カルミナ・ブラーナ』作曲家）らを招いている（ドイツWikipediaより）。

その後1942年に宗教停止（教師不足）――宗教のための国民学校教師任用よりも先に停止措置をとった。聖職者教頭Eisenhutの，時間割通り宗教をやりたいとの申し出も却下した。
　1943年に宗教再開。Theodor RütherをBrilonより雇う。1944. 7. 31まで。1939年に一教員が宗教旗を掲げて苦境に立ったとき，校長は，彼のナチ的行動に欠陥があると公言し，彼を殆んど庇わなかったのである[7]。

　シュタインリュッケは，主観的には「誠実なカトリック」たろうとしたようである（教員シュルテの言）。だが，「ナチズムに消極的」との父母の抗議には弁明を展開し，ナチ行事に学校を休校して配慮，また，生徒にナチ組織化を促したのだった。本人はナチに「内心反発」していたと言うが，ナチ党当局は，シュタインリュッケを「平和的である」とか「ナチプログラムに反対するカトリック精神」ではないと見ていた。このシュタインリュッケは，戦後1948年の「非ナチ化」（ナチ党関係者の人事粛清）で，ナチ党との関係強固な人物である「カテゴリーⅤ」に分類され，免職に処せられたのだった[8]。

(2) 教員団
①ナチス体制とカトリック教会
　ドイツ，プロイセンの教育が中央集権的であることはあまねく知られている。教育は，軍事と並び国家存立の最重要要件と考えられ，「臣民」教育の理念と，それを実現する上意下達のシステマチックな教育行政は，18世紀のこの国（邦）成立以来のものだった[9]。その後1918年，革命によって成立したワイマール共和国は，イデオロギー的には多元主義であったが，1933年，ナチス「第三帝国」はこれを否定して「総統」（Führer）とナチ党に権力を集中した（＝Gleichschaltung: 画一化）。ナチス政権は，ナチ党独裁のもと，「学校教育」

---

7) Vgl. Bracht, S. 376-378.
8) A. a. O., S. 376.
9) 梅根悟『近代国家と民衆教育――プロイセン民衆教育政策史――』誠文堂新光社，1967，参照。

による「教育」を否定，〈教育〉を全社会機能化した。このナチズム・ナチス教育学に，教育における多元主義を見出すことは一般的には困難である[10]。だが，そこに僅かながら多元主義（複数主義）の可能性を見出すとするならば，思想的には教会である。しかし，やがてカトリック中央党は解散，ナチス政権とヴァチカン教皇庁との間で「政教協約（コンコルダート）」(Reichskonkordat, 1933.7.20) が締結され，カトリック教会はナチス政権に沈黙したのだった。1939年3月2日，条約締結当時のヴァチカン教皇庁・国務長官エウジェニオ・バチェリが教皇に選出され，このドイツ贔屓の教皇ピウス12世（〈ヒトラーの教皇〉と言われた）のもとで，教会はナチスの侵略戦争，ユダヤ人迫害に沈黙したのである[11]。

しかし，ここライン地方の敬虔な宗教風土[12]は，即座にナチス体制を受け入れたのではなかった。それはいくつかの段階を踏み，徐々にナチス教学体制を確立するのである。いまそれを教員団の構成と絡めて述べることにしよう。

②教員団構成──1920年代，1930年代

リューテン上構学校は男女共学である。設立構想時に，司教総代理は，男女が一緒だと平安を乱すと男女共学に反対。これに対し，教員ゼミナールの聖職者教頭アイゼンフートは，社会参加のカトリックが男女の危機を恐れてはこの地に指導者が育たないと反論したのだった。結局アイゼンフートの理性的主張と，生徒獲得という実際的要請との結果，リューテン上構学校は男女共学で出発することになったのである[13]。

これら男女合わせて約100名，［最上級］OI（オーベル・プリマ）から［最下級］

---

10) Vgl. Harald Scholtz: Erziehung und Unterricht unterm Hakenkreuz. Göttingen: Vandenhoeck & Ruprecht, 1985. (Kleine Vandenhoeck-Reihe, 1512)
11) 大澤武男『ローマ教皇とナチス』文藝春秋，2004(文春新書，364)，参照。
12) リューテンを訪れて後，筆者はこの地方で，カトリック教会の司祭叙階式を見学することができた。教会に生きるひと，信仰を拠り所として生きる人々を間近にし，感動を禁じ得なかった。
13) Vgl. Bracht, S. 284-285. 男女共学は意義が大きかった。女子の退学は少なく，ある年度に大学進学したプリマ生の女生徒は，3人中2人が「博士」となっていた(S. 367)。

第 2 章　カーレ姉弟（きょうだい）

UIII（ウンター・テルティア）まで6クラスの青少年生徒に対し，教員は約10名であった。

　今日の日本の学校事情から考えると，その規模は大変小さいように思える。6学年100名生徒に教員10名というと，「村の小学校」といったところである。ドイツのギムナジウムは，戦前日本の旧制高等学校・中等学校相当であるから，これと比べても生徒・教員数は少ない。しかし以下に述べるように，リューテン上構学校で，一級教員・二級教員の多くは学位をもつ学問的専門職である。そのため，規模は小さくとも，上構学校は，地域の学術の府だったのである。

　そのような学校を地元のカトリック住民は親しく受け止めた。ヴィルヘルム・カーレは学校に着任した際，10人ほどの老婦人にカトリックの司式を執り行い，また第2代校長フルックは，住民に対しピアノ演奏会や音楽会を催した。「学校」と人々とは近しかったと言える。しかしその「近さ」ゆえに，ナチズムの攻勢にも晒されやすかった（やがてこれと関わって，一女生徒のアビトゥーア不合格取消事件なるものも出来している（1933年）。第3章参照）。学校は父母住民，町，教会当局から隔絶した「学の殿堂」ではなかったのである。

　いま，上構学校発足時1920年代の教員団と，1930年代の教員団を整理すると，表2-1，表2-2のようになる。

　教員の新規採用はごく限定的であった。ミュンスターのP.S.K.（州学務委員会）

表2-1　教員団人名（1926-1929）

	1926年	1927年	1928年	1929年
一級教員 (St. R.)	Schniedertüns（校長） Harren.（留任）	S. -	S. Verhoeven Tesch	S. V. T.
二級教員 (Stud. -Ass.)		（後）Flören Beckermann	F. Beckermann（前） Pott（前）	F. Kahle Kohorst
他の講師	Gerning Rosemann	Gerning（前）R.	R. Wings Henneböle Kauke	R. W. H. K.

注：（前）→前期，（後）→後期，−は異動にて去る。　　　（出所：Bracht, S. 294-295を基に小峰作成）

は，プロイセン文部省に教員の専門領域の分割を提起し，その後もこれをおし広げた。これにより，教員は多科目担当が可能となり，教員採用が抑制されたのである。これは1名で複数科目の担当が可能となる，まことに効率的な学校運営方策であった。

　1926年（開学の年）に，教員ゼミナールから上構学校への留任は，校長を別とすれば一級教員St. R. Dr. Harrenのみ。他は欠格だった。そこでP.S.K.は他の人員の「補助」を要請した。その結果Dr. Gerning（教員養成所教員）が上構学校職務担当となる。またRosemann（国民学校古参教員）が，音楽，図画の時間講師となっている。その後1927年にGerningが異動，形式要件を満たす二級教員（Stud. -Ass.）のFlörenが着任。1927年よりHarrenに代り，二級教員Beckermann。これで教員団は師範学校時代と完全に入れ替わった。1928年には，一級教員Verhoevenと一級教員Teschが入り，時間講師に国民学校長Wingsと国民学校教員Henneböle, Kauke。1929年には，二級教員Dr. Kahleと二級教員Kohorst加入。かくして，このとき68名生徒から成る上構学校は，6学術教師，そして講師の国民学校教員ら，という体制となった。1930年にはKohorst, Schniedertünsが学校を去っている[14]。

　このように，1920年代のリューテン上構学校では教員の入れ替えが頻繁だった。それは学術化のためではあったが，授業と教育，ならびに町への信頼にとってはマイナスであった。かつての師範学校との人的伝統も切れてしまったのである。

　1930年代になると上構学校はさらに新たな困難に遭遇する。世界恐慌とドイツの経済危機，これに伴うプロイセンの人員削減策である。ブリューニング内閣は，節減政策によるクラス規模増と，時間数削減，教員給与の80％縮減を行ったが，これは教員に多大な負担を強いるものだった[15]。

　1930年，リューテン校は二級教員RathとZöllnerを雇用して一級教員4人（Fluck, Flören, Verhoeven, Tesch），二級教員3人（Kahle, Rath, Zöllner），講

---

14) Vgl. Bracht, S. 294–295.

第2章 カーレ姉弟（きょうだい）

表2-2 教員団（1930-1932）

	1930年	1931年		1932年
		（前半）	（後半）	
一級教員 (St. R.)	Fluck（校長） Flören Verhoeven Tesch	Fl. T. Hesse	Fl. T. H.	Steinrücke T. H.
二級教員 (Stud. -Ass.)	Kahle Rath Zöllner	K. R. Z. Hagemann Lücke	K. - Z. H.	K. - - Steinwachs α
講師ほか	Wings Kauke Helle	W. K. H.	R. W. K.	W. K. Hoischen
合計	10	8 +（3 ?）= 11	6 +（3 ?）= 9	9 ?

（出所：Bracht, S. 317-319を基に小峰作成）

師Wings（週12時間，図画），国民学校教師Kauke（4時間，音楽），女助手Helle（4時間，女子体操）の合計10名の体制を確立。その後プロイセンの教員削減によりRathは19時間担当の講師へ。これにより，他の全教師の授業時数を切下げることができた。1932. 4. 1, Zöllner異動。代りにDr. Steinwachs。予定されていたカーレの異動は，退役町長Müller（父母会長）の介入で棚上げとなった。Müllerは聖職者教員の空白を防ぐべく，大司教事務局に対して直訴した。その根拠は，プロイセン省令の謂う「最良の，最も経験ある，試され済みの教員を選べ」との規定（1925. 2. 6）であった。その結果，カーレはOIの宗教，ドイツ語，ラテン語担当として本校に留まることとなった。ヴィルヘルム・カーレに対する地元の支持が厚かったことがうかがえる[16]。

---

15) 第二次プロイセン緊縮令（1931. 12）の結果，63歳以上の教員はすべて退職させられた。また，教員の義務時間を週24時間から25時間に引き上げ，他方生徒の受ける授業時間数を最大週30時間にまで引き下げることにより，中等学校1校あたりほぼ1名の教員減が実現した。R. ベリング（望田幸男・対馬達雄・黒田多美子訳）『歴史のなかの教師たち：ドイツ教員社会史』ミネルヴァ書房，1987, pp. 136-137。

16) 以上 Bracht, S. 317-319。

3. 上構学校の授業と教育――宗教，民族主義，ナチズム

　いま，ヴィルヘルム・カーレに触れた。そこで，このカーレきょうだいにおける宗教と民族主義，ナチズムとの関連を検討してみたい。

(1) ヴィルヘルム・カーレ (Wilhelm Kahle, 1893-？)

　ヴィルヘルム・カーレは1929年に教員［二級教員（Stud.-Ass.）］・司祭としてリューテン上構学校に着任した（宗教，ドイツ語）。リューテン着任以前に5年間教職（リチウム＝女学校）にあったが，彼は，教員と聖職者との二足の草鞋（わらじ）は不満だったようである（教員より以前にパウロ研究で学位。その後司祭叙任）。しかし彼は，ギムナジウムの一級教員ではなく，二級教員である。そこで当時の校長フルックは，「学校ミサ」を開始し（週2回），身分の不安定なカーレを，宗教の授業と合わせ宗教関連での一本化をはかった（ただし，「学校ミサ」は，教会から典礼上の問題を指摘された）。カーレは，1932年までは反ナチズムであったという。

　それが，ナチ党が政権を獲得するや（1933年1月30日ヒトラー内閣成立），同年4月末，他の同僚とナチ党入党。5.1，ナチス教員連盟加盟，そして講演「ドイツ的とは何か」をナチ党地区長前で数回，のみならず1933年夏には管区弁士としてドルトムント，ヴェンネ・アイケルで行っている。1934.3.10　NSV（ナチ民生局）に入局し民生長となる。活発なナチ党教員の姿である[17]。

　ところが1934.8.31，ナチ党入党届を撤回（＝離党）。その理由は，①政教協約（1933.7.20）に基づき，司教総代理が彼のナチ活動に不同意を示したこと，②事情に通じた党員から，党は聖職者の政治組織内活動を望んでいないとの指摘を受けたこと，によるものだった。だが，カーレは「心はナチスと離れていない」旨を述べ，ナチ婦人集会で講演。作文テーマも，彼のクラスがHJ（ヒト

---

17) Vgl. Bracht, S. 379-381.

ラー・ユーゲント），SA（ナチ突撃隊）にしっかり所属していることを示していたという。

　これらを見ると，カーレのナチズム運動は時代への迎合，「保身」ではないかとの疑念も生じてくる（カーレは当時40歳。一級教員の道を探るも，未だ叶えられてはいない）。

　しかし，カーレの歴史意識は，ナチズムよりもむしろカトリック主義に発していると言ってよい。彼は三級教員論文で，シュプランガーの『青年の心理』を扱い，この中で現実の社会問題を取り上げた。そこではカトリック青年の理想主義を擁護，彼らの青年運動に親近感を示している。ワイマール共和国は「機械的」であるとしてこれを忌避，対してカトリック青年運動は，共同体体験により青年の自己教育を促し，これがひいてはローマの典礼を復権すると考えた。青年運動は「民族性の精神的・身体的地盤の新生」（ein neues Werden der geistigen und körperlichen Grundlagen des Volkstums）である，と[18]。カーレは，「信仰と教会，キリストの秘蹟に身を委ねる」（Hingabe an Glaube und Kirche, an das Mysterium Christi）キリスト中心主義（Christozentrismus）を，旧約聖書から導くのである。聖書と典礼への回帰，科学と敬虔の調和，カトリック復古要求を掲げるカーレの歴史意識は，民族的，軍事的，反セム主義のみならず，想像上の前線兵士の精神，「民族主義的キリスト教信仰」（das völkische Christentum）と言える（1914年以前への回帰）。この地点においてカーレはナチズム運動と接点を有し，アメリカ，ボルシェヴィズム，ユダヤ主義に対抗する協同精神（Der Gemeinschaftsgeist）に期待するのだが，ナチスの反教会運動は受け入れ難かった。

　そのようなカーレが理想とするのがS. A. ゲオルゲだった[19]。ライン地方に生まれ，古ゲルマンの慣行，ゲルマンの特性を歌い上げた放浪の詩人・ゲオル

---

18) A. a. O., S. 387.
19) シュテファン・ゲオルゲ（Stefan Anton George, 1868-1933）——ドイツの詩人。ライン河畔ビューデスハイム生。古典的古代，中世ドイツに作品世界を広げて唯物的近代世界を批判，新時代を予言する象徴詩は，ナチスが政治利用するところとなった（『岩波西洋人名辞典』岩波書店，2013，参照）。

ゲは，ゲルマン主義とキリスト教の宗教的倫理的結合者だった。のちに，アドルフ・ヒトラー暗殺計画の首謀者となったクラウス・フォン・シュタウフェンベルク伯爵もゲオルゲに傾倒していたというが，カーレはこのゲオルゲの中に，ドイツ精神の固有性とドイツの新しい希望を見出したのだった。

カーレは，一級教員昇任後3ヵ月後の1936年4月，アルンスベルクのギムナジウムへ転出。8月，常雇いとなった。1937年，カーレは在外ドイツ人協会（VDA），帝国植民地同盟（Reichskolonialbund）に加わっている[20]。

叙上から，リューテン上構学校における二級教員ヴィルヘルム・カーレの人物像は次のようになるであろう。カトリックの信仰心強固な土壌ヴルフェンに生まれ育ったカーレは，自他共に認める敬虔なキリスト教信仰者だった。それが，1933年のナチズム革命は彼の教会・宗教観を制約し，二級教員というギムナジウム教員としては不安定な状況もあり，彼のナチズムへの「接近」を加速させたのである，と。カーレの友愛的，静的な態度は生徒の回想するところであった。また，担当するドイツ語では，当校の文書館に残された資料（扱った教材，作文テーマ，アビトゥーア作品）から見るとき，カトリック司祭的ではあるものの，教科の相互乗り入れ（教科合同）を見通し，問題解決的で，生徒の可能性を尊重するものであることがうかがえる。例えば，1931/32年の「ドイツ語」教育内容は，次のようになっていた[21]。

カーレの教材（1931/32）

　UI級のドイツ語──ドイツ・ルネサンス詩，バロック詩，啓蒙期の詩，ロココの詩，ヴィーラント，レッシング，ヘルダー，ゲーテ，シラーらの諸作品。

　生徒の読書リスト──ミュラー・ラストシュタット，グリンメルスハウゼン，v.ホフマンスタール，カロッサ，Th.マン，などのもの。

---

20) A. a. O., S. 384.
21) Bracht, S. 335-337.

作文テーマ

第一課題：クラス作文（テーマ選択，その他）

　c）現代技術は我々を幸福にしたか？

　d）動物が君を見ている

　e）この50年間のヨーロッパの景観

第二課題：クラス作文（テーマ選択，その他）

　a）地上と霊への神の軌跡

　b）体育は性格形成にいかなる意義をもつか

第三課題：宿題（テーマ選択，その他）

　a）我国の民族祝典——それは何か，どうあるべきか

　e）私はどんな演説者となるか？

第四課題：クラス作文（テーマ選択，その他）

　a）ドイツの風景，ドイツ史の一情景

　b）悲劇的葛藤の展開と解決を自身の発見から述べよ

　c）現代若者の運命

　d）現代危機からの脱出を私はこう考える

第五課題：クラス作文（テーマ選択，その他）

　a）生物って何と素晴しい！しかし存在は苦しい！これをどう取るか

　b）君が驚き，なりたいと思う英雄像を述べよ

第六課題：クラス作文（テーマ選択，その他）

　a）自由？　だがしかし

　b）教会による世界の聖化

　d）共同体と私

第七課題：クラス作文（テーマ選択，その他）

　b）一人の生徒，おてんば，地主，失業者，出版社長がコンサートに来て自分らの意見を述べる

　d）文化施設と生存問題につき自分の考え

　（テーマ枠，例えば，教会，国家，学校，民族）

第八課題：クラス作文（テーマ選択，その他）
　　　c）18世紀と現代の人間類型
　　　d）若きゲーテと自分は似ていると思うか？

　これらはいずれもキリスト教的，文化史的な内容である。ここにカーレの歴史意識が反映されていた。民主主義的というわけではないが，それらはナチズム席巻以前のカーレの思想世界を表していたということができるのである。

(2) マリア・カーレ（Maria Kahle, 1891-1975）
　次に，マリア・カーレと上構学校との関係を問うことにする。
　学校では，生徒劇において，素朴な農民らしい敬虔さから真の人生に至るという主題の劇が上演された（1932. 3. 6）。それはカトリックの思想表現の一つであった。これの布石となったのが，郷土の女性文筆家マリア・カーレを招いての講演会である（1931. 12）。マリアは上構学校二級教員ヴィルヘルム・カーレの姉で，当時，ブラジル帰りの女流詩人として民族主義運動を精力的に展開していたのである[22]。
　講演でマリアは，民族主義的（völkisch）・カトリック的・保守的（katholisch-

---

[22]　『Prominente ohne Maske NEW（仮面を脱いだ著名人新版）』，には，ドイツ帰国後のマリア・カーレについてこう述べられている。──1919年［ママ］にドイツに帰国後，彼女は，著述家ならびに青年運動団体「青年ドイツ同盟」（Jungdeutschlandbund）活動家として行動する。「后1918年帝国東部割譲諸州困窮ドイツ人支援東方協会」を共同設立。貧困国民層をより良く知るため工場労働者となった。その知見を報告『出来高払い女性労働者』（1930），詩集『プロレタリア女性』（1931）に著す。人民に誠実で祖国的色調の沢山の作品が，彼女のペンから生み出された；例えば『世界の中のドイツ文化』（1929），『ドイツ婦人とドイツ民族』（1934），『国境の彼方のドイツの故郷』（1934），である。彼女がとりわけ愛したのはヴェストファーレン地方，なかでも，自分の祖先が生まれたザウアーラントであった。彼女はルール地方のオルスブルクに住んだ。ヴェストファーレンの土地と人々に対して彼女は，詩集『ルール地方』（1923），歴史物語『東国のヴェストファーレン農民』（1940），叙事詩『ザウアーラントの故郷の山』（1941），また戦後出版されたヴェストファーレン出のドイツ騎士団長ヴォルター・フォン・プレッテンベルクに関する作品を捧げている──，と。Prominente ohne Maske NEU – 1000 Lebensläufe einflussreicher Zeitgenossen, München: FZ Verlag, 2001, S. 311.

konservativ) な作品世界を紹介した。そして，詩作を突き動かした動機がブラジル滞在中に目にした「在外ドイツ人」の苦悩にあることに及んだ。そうして彼女は，このような苦境を脱するには国境の内外に強固なドイツ人の連帯を作り上げることが急務だと訴えたのである（大ドイツ思想）。「ドイツ人が共有する最深，最聖のものは，我らの心を結びつけるドイツの民族性である。ドイツ人の心にとって，ドイツ文化，ドイツ芸術は生命財であり，今日我が国に見られるものとは異なる，唯一の教育財なのである…」[23]と。

彼女は，ワイマールの民主主義・複数主義を断罪し，社会的目標として「ドイツ民族共同体」の建設を呼びかけた（文化ペシミズム・反自由主義）。第一次世界大戦後ドイツの旧東部・北部国境地帯に誕生した新国家ポーランド，バルト諸国の中で，本国と切り離された「ドイツ系少数者」として生活する「在外ドイツ人」を支援せよと熱情的に訴えたのだった。

彼女の属する「ヴェストファーレン郷土同盟（Westfälischer Heimatbund: WHB」は，ヴェルサイユ条約の定めた国境をみとめず，旧ドイツ帝国国境の回復を目標に掲げていた。旧ドイツ帝国の国境回復は，ナチズムの主張と重なる。

マリアを講師に招くに当たっては「**在外ドイツ人協会**」(Verein für das Deutschtum in Ausland) の存在が大きかった[24]。当時上構学校の教員は，教員Hの指導下にほぼ全員が同協会に加盟，同校には協会の支部が置かれていた。プロイセン文部大臣ベリッツは，1927年に教則大綱を引用しながら，ドイツ国境外に暮らすドイツ人との「解消できぬ運命共同体」(unauflösliche Schicksalsgemeinschaft) という論稿を著した。これに倣ってシュタインリュッ

---

23) Vgl. Bracht, S. 358.
24) **在外ドイツ人協会**（Verein für das Deutschtum in Ausland）── 全ドイツ学校協会（Der Allgemeine Deutsche Schulverein）の後身。なお，この時代のドイツ外相シュトレーゼマンと国際法学者ブルンスの在外ドイツ人支援については，小峰『ポーランドの中の《ドイツ人》──第一次世界大戦後ポーランドにおけるドイツ系少数者教育──』学文社，2014，ならびに Schot, Bastiaan: Nation oder Staat? Deutschland und der Minderheitenschutz zur Völkerbundspolitik der Stresemann-Ära. Marburg/Lahn : J. G. Herder-Institut, 1988, 参照。

ケ校長も,「我が在外同胞との結合の思想を生々と保持せよ」と学校誌に寄せていた。郷土科は東方植民を教材化する。マリアの弟,教員ヴィルヘルム・カーレは,授業でVDAを主題化し,UIクラス作文のテーマとした。マリアはその後,1935年2月,ヴォルター・フォン・プレッテンベルク祭で,生徒の東方植民詩を引きながら,ヴェストファーレン出身のリヴォニア騎士団長フォン・プレッテンベルクを讃えている[25]。マリアの講演は,極度に政治的な時局講演会であった。

マリアはまた,上構学校の「**民族政治科実習（Nationalpolitischer Lehrgang）**」にも深く関わっている。そもそも「民族政治科実習」とはいかなるものか。筆者の手元の「ナチズムと教育」関連文献では実態がよくわからなかったので[26],インターネットで検索したところ,ケルン市の「ナチズムの中の学校」

---

25) **リヴォニア騎士団**——ドイツ騎士団のリヴォニア地域（エストニア,リトアニア）にあった自治的な分団。**ヴォルター・フォン・プレッテンベルク** Wolter von Plettenberg（c. 1450-1535）はリヴォニア騎士団長（在位1483-1494）。初期バルト・ドイツ人の最重要人物の一人である。（英,独 Wikipedia 参照。最終閲覧：2014年9月8日）ロシアから国を守り,リヴォニア修道会をプロイセンから解放。（『岩波人名辞典』）

26) **民族政治科実習（Nationalpolitischer Lehrgang）**——ナチズム教育を扱った基本文献と思われる Heinemann, Manfred [et al.] (Hrsg.): Erziehung und Schulung im Dritten Reich. (Veröffentlichungen der Historischen Kommission der Deutschen Gesellschaft für Erziehungswissenschaft, Bd. 4) 1. Aufl. T. 1/T. 2, Stuttgart: Klett-Cotta, 1980; Scholtz, Harald: Erziehung und Unterricht unterm Hakenkreuz. (Kleine Vandenhoeck-Reihe, 1512), Göttingen: Vandenhoeck & Ruprecht, 1985; 平井正『ヒトラー・ユーゲント：青年運動から戦闘組織へ』中央公論新社,2001; 増渕幸男『ナチズムと教育：ナチス教育政策の原風景』東信堂,2004 などからは「民族政治科実習」の実態が浮かび上がって来なかった。

ただ,Dithmar, Reinhard (Hrsg.): Schule und Unterricht im Dritten Reich. Neuwied：Luchterhand, 1989には,資料として,プロイセン文部大臣告知「中等学校活動における緊急改革（1933. 8）」が収められている（引用は Harald Scholtz）。そこには,野外実習（Wanderung）に関して大要次のように述べられていた。「野外実習は,学問的というよりは身体・人格・「民族意志陶冶」（nationale Willensbildung）に資するものなので,半年に1回は2-3日の実習を実施せよ。ナチ突撃隊・親衛隊・ヒトラー・ユーゲントおよびヒトラー少年団においては,青年の協同精神と〈民族政治活動（nationalpolitisches Streben）〉とがたいへん高度に統一されているので,特に数日間の野外実習の場合はこれらの団体と緊密に連携して実施しなければならない」と（Dithmar, S. 18.）。同年10月4日に定められたプロイセン文部省「民族政治科実習（Nationalpolitischer Lehrgang）令」には,ほぼこれに近い内容が盛られたものと思われる。

第 2 章　カーレ姉弟（きょうだい）

プロジェクト中のホームページ「青年！ドイツ1918-1945」が，これを次のように説明していた[27]。

> 民族政治科実習（Nationalpolitischer Lehrgang）
> ● 文相ルスト，「キャンプと隊列（Kolonne）とが，新しい教育様式だ」と確信。ドイツの学校制度は生徒にこれらを想定していなかったので，これが生徒をナチ精神で教育するための新しい様式として発見されることとなった。」
> ●「1933. 10. 4. 文相はプロイセン中等学校に 3 週間までの「民族政治科実習」（Nationalpolitischer Lehrgang）の導入を命じた。これは，男子は年 1 回，女子は上級の間に 1 回だけ行うことが定められていた。全プリマ生は――1934年からはⅡ年級生徒も――このために，殆どが学校田園寮ないしユースホステルで行われる行事に参加しなくてはならなくなった。
> ● 最初の民族政治科実習は，1933年12月には行われている。

リューテン上構学校は，1934年秋に民族政治科実習をベルリンで実施した。このとき生徒は，ヒトラー・ユーゲントの制服を着て，ウンター・デン・リンデン行進も見学しているようなのだが，興味深いのは，マリアもこの実習に参加していたことである。マリアは，当校教学に深く関わっていたのである。

SA（ナチ突撃隊）食堂の前に立つマリア・カーレ[28]（1934年秋，ベルリンでの民族政治科実習で）

ベルリン，ウンター・デン・リンデン通り（1934年秋，同左）
（写真：ともにブラハト氏提供）

---

27) ケルン市プロジェクト「ナチズムの中の学校」HP「青年よ！ドイツ1918-1945」 http://www.jugend1918-1945.de/thema.aspx?s=5102&m=965&open=5102 （最終閲覧：2014年 9 月 8 日）
28) 1934年秋，ベルリンでの民族政治科実習写真。写真とその説明はブラハト氏書簡。

マリア・カーレの思想・言説は，上構学校の授業内容として取り入れられ，アビトゥーア試験にもそれが出題されていた。

○1937年アビトゥーア試験（試験官：一級教員Dr. Ferdinand Hammerschmidt, 校長Dr. Heinrich Steinrücke）

> ［この年度は，学制短縮に伴いアビトゥーアの大変更が行われた。ドイツ国文相ルストは，1936. 11. 30学制短縮を告知。そのため翌1937年春のアビトゥーア試験は，通常のOI生に加え，UI生にも実施された。言うなれば「繰り上げ卒業試験」である。また，このときドイツ語アビトゥーア試験に筆記試験はなく，口頭試験のみであった。──小峰］

　UIアビトゥーア口述試験に出題された5つの問題のうち，マリアに関係するのは第2問「ドイツ現代の民族的な詩」であった。これに対し生徒たちは，マリア・カーレやシーラッハ[29]を引いて自身の考える処を述べた。同校『アビトゥーア記録』には次のように書かれていた。

　「労働者詩の初期に民族共同体精神が発見された。この精神はドイツ国境を越える。マリア・カーレの詩にあるように，青年の詩は民族共同体理想に達しようとするものだ。それはシーラッハも述べるごとくである…」と[30]。

　マリア・カーレは，ブラジル帰りの女性詩人として祖国とドイツ人，郷土と自然，共同体精神を謳い，在外ドイツ人（民族ドイツ人Volksdeutsche）の支援と国境再編を目指す政治運動を展開してリューテン上構学校と関わった。だが，ナチスの権力掌握後，彼女の思想はナチス世界観に適合するものとして上構学校の授業と青年運動に裏付けを与え，それを鼓舞し，今まで以上にその関係を強化したのである。生徒はそのようなマリアの思想を，ドイツ語学習で，

---

29) バルドゥール・フォン・シーラッハ（Baldur Benedikt von Schirach, 1907-1974）──ナチ党の全国青少年指導者，ヒトラー・ユーゲント指導者。1933年，全国の青少年組織を「ヒトラー・ユーゲント」に一元化（1936年12月1日「ヒトラー・ユーゲント法」制定）した（平井正『ヒトラー・ユーゲント』中公新書，2001。参照）。
30) Vgl. Bracht, S. 529-530.

また民族政治科実習やヒトラー・ユーゲント活動を通して「親しく」取り込んで行ったと言えるのである。

第3章

民族政治科実習

ライン州「民族政治科実習」風景
（写真：Nationalpolitische Lehrgänge, 1935, S. 81, 110, 161.）

はじめに

　ナチ時代リューテン上構学校の教育は，それを囲繞（いじょう）するナチス教育支配との関係構造の中でこれを吟味する必要がある。「民族政治科実習」（Nationalpolitische Lehrgänge; NPL）は，必ずしもそれのキーというわけではなく，ブラハトも著書で民族政治科実習に詳しくは触れていないのだが，私は，このたび民族政治科実習について多少調べてみて，このプログラムは，リューテン上構学校の教育とナチス教育支配との関係を明らかにする契機にはなりうると感じた。

　そこで，本章では，まず民族政治科実習について述べ，そのうえで，ナチ時代初期リューテン上構学校の教育・教授について述べることにしたいと思う。

1. 「民族政治科実習」(Nationalpolitische Lehrgänge)

　初めに「民族政治科実習」(Nationalpolitische Lehrgänge) のアウトラインを述べておこう。

> 　「民族政治科実習」なる教育カリキュラムとは，ナチ時代のプロイセン邦中等学校における校外宿泊プログラムである。それは，ナチス教育体制成立直後の第一ステージ，すなわち1933年から1936年の間のわずか3年間だけ実施された。これには，原則として各中等学校最上級のプリマ級2学年［OI級とUI級］の全生徒が参加する（のちOII, UII級も）。彼らは，教師1-2名の引率のもとに，主として学校田園寮 (Schullandheim) において，2週間 (14日) にわたって宿泊をし，野外実習 (Wanderung)，郷土・自然学習，スポーツ，ナチズム思想学習等を展開する。それは，狭義の「学校」を否定し，学校を含む全「社会」活動として教育を構造転換させようとするナチズム教育学を体現するものだった。そして，そこにおいては教師の指導性を否定し，「青年」自身が教育者（指導者Führer）になるという教育関係システムの転換がめざされたのである。つまり，従来の文化伝達機関としての学校とそこでの教師－生徒関係，すなわち「学問」を積み重ねたペダンチック（衒学的）な教師が一方的に文化・教養の詰め込みを行うという教師中心の学校を否定し，同じ青年（年長青年）がリーダーとなり，「同志的」，「共同的」な関係の中で作業・スポーツ・ナチズム学習を行うという対抗文化，疑似軍隊活動を対置したのである[1]。

　これがすなわち「キャンプと隊列 (Lager und Kolonne) の教育」としての「民族政治科実習」である。ここにおいては，ナチス世界観を体して青年の解放をうたう「ヒトラー・ユーゲント」(Hitler Jugend) が，この教育プログラムの主役に躍り出る必然性があった。
　だが，この教育プログラムは試行わずか3年で突然終わった。なぜか。じつは，終わったのではなく「終わらせられた」のであった（ショルツは「禁止」

---

[1] Eilers, Rolf: Die nationalsozialistische Schulpolitik : eine Studie zur Funktion der Erziehung im totalitären Staat. Köln: Westdeutscher Verlag, 1963. (Staat und Politik, Bd. 4); Dithmar, Reinhard (Hrsg.): Schule und Unterricht im Dritten Reich. Neuwied : Luchterhand, 1989, ほか参照。

Verbotと表現している[2]）。彼らは，ヒトラー・ユーゲントの指導者，バルドゥール・フォン・シーラッハ（Baldur Benedikt von Schirach, 1907-1974）のもとに，既存の「教育」と教育行政を克服して，一気に「全体社会の教育」を実現しようとした。民族政治科実習に関与したヒトラー・ユーゲントは，この校外実習活動をめぐって，プロイセン文部省およびその後創設されたライヒ（全ドイツ）教育省との間で対立・対決を先鋭化させる。文相ルスト（Bernhard Rust, 1883-1945：はじめプロイセン文相。1934年のライヒ教育省創設に伴いライヒ教育相を兼ねる）は，学校田園寮（Schullandheim）で行われる「キャンプと隊列の教育」の意義をみとめるのであるが，民族政治科実習はあくまでも「学校」教育機能を前提とした。つまりナチズムを教育イデオロギーとして奉戴するが，学校（ならびに学校田園寮で行われる民族政治科実習）における指導性は，教師にあるとしたのである（ライン州でのユースホステル（Jugendherberge）宿泊実践はそのモデルをなすものだった）。

　それに対して，総統アドルフ・ヒトラー（Adolf Hitler, 1889-1945）の直接の後ろ盾を得たライヒ青少年指導者シーラッハと「ヒトラー・ユーゲント」は，「学校」ではなく「軍隊」を求めた。すなわち，ルスト型「キャンプと隊列の教育」は教師に支配された「拡大された学校」であるとしてこれを破棄し，年長リーダー「ヒトラー・ユーゲント」を教育主体とし，疑似軍隊訓練を展開する「民族共同体教育」を求めたのである。ここにおいて，ルストならびに文部省・教育省は，「学校」教育枠内の「民族政治科実習」を貫くことができず，1936年12月3日，青年運動のグライヒシャルトゥング（Gleichschaltung　一元化。[1936.12.1ヒトラー・ユーゲント法]）に伴い，「民族政治科実習」の中止を命じたのであった。

　これが，ナチス教育台頭とともに鳴り物入りで導入された「民族政治科実習」の本質と，それがヒトラー・ユーゲントによる青年運動一元化のなかで短命で終息させられた理由である。いま，この論理と経過を，ショルツの整理による

---

[2] Scholtz, Harald: Erziehung und Unterricht unterm Hakenkreuz. (Kleine Vandenhoeck-Reihe, 1512), Göttingen: Vandenhoeck & Ruprecht, 1985, S. 50.

第 3 章　民族政治科実習

ナチス教育支配の全体展開と重ね合わせると，それら相互の関係構造が明瞭になる[3]。

表3-1　ナチス教育政策史（1933-1936）

1. 1933-1936 第一局面：権力掌握と権力安定（1933-1936）
●権力掌握からオリンピック大会まで——社会政治的一元化，権威的中央集権化開始，畏怖（ファシスト的可能性も），制限（特に共産主義者，ユダヤ人に対して），集団忠誠努力（民族国家宣伝），安定諸勢力（農業，国防軍，教会）への秋波，福音教会との確執

年／分野	①重要政治決定	②新規機関・重点	③学校機構，教育課程	④教員団体，教員養成	⑤青少年政策
1933	1.30 ナチ党政権掌握 4. 官吏任用法 7. 病気後継者予防法 11. 歓喜力行団をドイツ労働戦線内に設立	4. 国家政策教育舎（NAPOLA：ナポラ）をプロイセンに設立 7. 内相フリック，ドイツ学校の闘争目標	2. 集合学校を解体，人生科授業停止 [プロイセン文部]省令，学校とヒトラー・ユーゲントとの関係について 9. 最上級クラスにおける人種・遺伝学の顧慮 10. [.4]「民族政治科実習」(Nationalpoiitischer Lehrgang)制定 12. 学校規定の根本思想	3. 教員諸団体の一元化開始 6. 地域密着教員養成大学	4. ドイツ青年連盟全国委員会掌握 7. ヒトラー・ユーゲント編成 12. ヒトラー・ユーゲントに職業身分連盟導入
1934	2. ナチス騎士団城（Ordensburg）建設開始 5. 帝国教育省を設置（職業教育省も下属）	「農村年」(Landjahr)（プロイセン） 6.7「国家青年日」(Staatsjugendtag)[土曜授業ヒトラー・ユーゲント活動に充当]）導入（1936年まで） 5-10. 農村継続教育制度を規定 9. アルタマーネン(Artamanen：農耕者)移管によるヒトラー・ユーゲントの農村奉仕設置	10. 父母評議会(Elternbeiräte)を学校共同体(Schulgemeinde)に転換	6. 中等教員州試験局（Philologisches Landes-Prüfungsamt）設置 8. 教員養成キャンプ（Schulungslager für Lehrer）	4. 帝国職業コンクールをヒトラー・ユーゲントとドイツ労働戦線により組織 7. 職業指導，教職仲介にヒトラー・ユーゲント影響力確保
1935	3. 国防法（Wehrgesetz） 9. 帝国市民法 Reichsbürgergesetz（ユダヤ人は「国籍者」Staatsangehörige） 9. ドイツ福音教会保全法	7. 学校ミサ(Schulgottesdienst)参加今後自由化 9. ユダヤ人学校制度設立	6. ライヒ教育省令：「中等学校での生徒選抜」（1942年まで有効） 7. 国民学校用帝国教科書を策定	中 国民学校教員試験規則	少年裁判訴訟にヒトラー・ユーゲント参入 帝国労働奉仕法 Reichsarbeitsdienstgesetz 7. 農村青年をヒトラー・ユーゲントに組み入れ 8. 職場青年代表制（Betriebsjugendwalter）導入 9. 帝国青少年指導部 Reichsjugendführung に文化局 Kulturamt 設置
1936	4. ヒトラー・ユーゲントの年齢別組織化開始 8. ベルリンオリンピック 10. 4カ年計画開始	3. シュタルンベルク湖（バイエルン）のナチス・ドイツ高等学校，ナチス教員連盟に下属 12.[.3]学校の「民族政治科実習」(Nationalpolitische Lehrgänge)「禁止」(Verbot) 12.[.4]「国家青年日」(Staatsjugendtag) 廃止	2. 中等学校の男女別学（1939年まで） 4. ギムナジウムを削減，英語を第一外国語とす 11. 中等学校を短縮，O I 級廃止	5. ナチス教員連盟による教員講習	7. ヒトラー・ユーゲントと帝国スポーツ指導者との協定 12[.1] ヒトラー・ユーゲント法

（出所：Scholtz, 1985, S. 50.）

筆者は前章で「民族政治科実習」の入口に立った[4]。その後関連資料を集め，

---

3) A. a. O., S. 50-51. 表に若干の加筆をした。網カケ，太字は小峰。

①ライン州報告書，②江頭智宏論文，③アイラースのナチズム教育研究，の順に繙いて「民族政治科実習」につき一定の像を結ぶことができた。以下にそれらを元にして「民族政治科実習」の要点を記すことにする。

(1) ライン州報告書から

リューテン町が属するするヴェストファーレン州（Provinz Westfalen, 当時）の西隣ライン州（Rheinprovinz, 当時）では，プロイセン文部省から民族政治科実習令が発せられて（1933. 10. 4「民族政治科実習」（Nationalpolitischer Lehrgang）制定）から時を置かず，州長官がこれの実施方策を命じた（10. 26 ライン州長官命令「民族政治科実習」）。そして早くもこの年の12月8日に最初の民族政治科実習を実施した。これを皮切りに，1933年度計5回，翌1934年度計9回，数校連合で民族政治科実習を実施し，その成果を報告書（「覚書」）にして1935年に刊行した。この2年間（実質1年間余）で合計14回実施された民族政治科実習に，参加生徒は上級4学年（OI, UI, OII, UII）の男女合計約28,000名，参加教員（男女）約2,200名，ハイム補助者男女合計146名。生徒たちの総投宿日数は，延べ約508,000日であった。実施状況は**表3-2**の通りである[5]。

4）なお，そこにおいて私は「民族政治科実習」の原語を，単数形の „Nationalpolitischer Lehrgang" と表現した（ケルン市プロジェクトHPに依りながら）。その後調べていくと，「民族政治科実習」は，複数形で „Nationalpolitische Lehrgänge" と表現されるのが一般的であることがわかった（1933年に，ドイツで最初に民族政治科実習を命じたプロイセン文部省令のタイトルは „Schullandheime"〈「学校田園寮」，複数形〉であったが，1935年に民族政治科実習の全土化を命じたライヒ教育省令は „Nationalpolitische Lehrgänge"〈複数形〉の語を用いている。本章後述）。そこで私は，今後原則として「民族政治科実習」の原語は複数形の Nationalpolitische Lehrgänge で表記することにしたい。

5）Nationalpolitische Lehrgänge für Schüler. Denkschrift des Oberpräsidenten der Rheinprovinz（Abteilung für höheres Schulwesen). Frankfurt am Main : M. Diesterweg, 1935, S. 175.（以下，Nationalpolitische Lehrgänge と略記する。）

表3-2 ライン州民族政治科実習（1933-1934）
民族政治科実習参加者統計（1933.12.8-1935.1.29）

実習期		実習時期	クラス	投宿館数	生徒数		教員数		ハイム補助者数		総投宿日数
					男	女	男	女	男	女	
1933年	1期	12.8 - 12.22	OI	51	2,182	553	171	50	16	4	41,351
	2期	1.11 - 1.25	OI	42	1,084	1,077	104	133	14	3	33,595
	3期	1.26 - 2.9	OI, UI	25	930	445	81	47	11	2	21,319
	4期	2.15 - 3.1	UI	25	771	372	60	49	8	1	17,435
	5期	3.2 - 3.16	UI	28	925	373	86	57	8	1	20,642
1934年	1期	4.27 - 5.16	UII	70	1,810	1,582	103	106	7	4	68,389
	2期	6.1 - 6.20	UII	52	1,630	912	109	58	8	4	51,452
	3期	6.25 - 7.14	UII, UI	53	1,770	774	127	58	7	4	51,608
	4期	9.7 - 9.26	UI	66	2,018	586	139	52	6	2	52,725
	5期	10.1 - 10.20	OI, UI, OI	56	1,376	1,036	106	91	7	4	48,403
	6期	10.25 - 11.8 / 10.25 - 11.13	OI / OII	61	1,942	710	151	64	9	4	41,645
	7期	11.13 - 11.27 / 11.14 - 12.3	OI / OII	58	1,881	589	134	57	3	4	46,446
	8期	11.30 - 12.14	OI	2	145	-	12	-	2	-	2,185
	9期	1.10 - 1.29	OII	11	548	30	32	2	4	1	11,628
			計	600	19,012	9,039	1,415	824	110	36	508,823
			合計	600	28,051		2,239		146		508,823

（出所：Nationalpolitische Lehrgänge, 1935, S. 175.）

　ワイマール時代に，ドイツの都市の中等学校では，夏ないし冬に，自校（ないし公営）の学校田園寮宿泊を行い，共同活動と地域・自然との触れ合いを通して生徒のこころと体の発達，生徒の共同体育成につとめたのであったが[6]，ライン州の民族政治科実習は，さきの文部省令の要請を，学校田園寮ではなく，ユースホステルにおける年間宿営の中で実現したのであった。ライン州長官覚書たる本書には，ルストの発した「**民族政治科実習令（1933.10.4）**」が収められている。ルスト（当時はまだプロイセン文相）は，序言でまず民族政治科実習のねらいを次のように述べていた。［全文］

　　「　序　言　！
　　常に二つの要請がある；
　　　それは第一に，若者を自ら向上させるということであり，そして第二に

---

6) 小峰総一郎「学校田園寮について」（小峰総一郎『ベルリン新教育の研究』風間書房，2002所収）参照。

──これは過去の学校が達成できなかったものであるが──，若者の身体を，自分自身ならびに共同体生活に耐えうる強固さにまで陶冶するという課題である。

　大地と結合した民族政治科実習は，このような努力の中の若者を援助し，学校に新精神をもたらす意義深い手段である。

　民族政治科実習は，［若者に］意志強く・出撃可能な気骨を生み出し，民族共同体へと導くものである。

　　　　　　　　　　　　　　　　　　　　　　　　　　　ルスト」[7]

　これを受けてプロイセン邦文部参事官ベンツェは，「民族政治科実習」の理論を次のように展開した。（このベンツェ［Rudolf Benze: 1888-1966. ライヒ文部参事官，中央教育研究所所長。元ギムナジウム校長］こそ，のちナチス教育政策・教員政策をすすめた中心人物である。それらは，「ヒトラー・ユーゲント」の組織整備，「アドルフ・ヒトラー校」創設，教員団体の「ナチス教員連盟」への強制的一元化，「人種科」の創設・推進，等々であった。）［大要］

「　ま え が き
・生来のドイツ的本質の自覚，これに加え，実行意志を形成すること　→
　　ナチス教育
・過去＝個人上昇のみ。労働を厭う。世界観未確立：自由時代。ここには共同意志，並びに教育はない。
・共同体＝教えられぬ。体験するものである。
・ナチス教育学＝教育共同体と前線体験の上に＝これは郊外で達成するものである。
・ラインの中等学校──これを，①文部省令の線で，②ユースホステルの中で，実現した。
　　＝これは，ドイツ中の称讃に値するものである。
　　　　　　　　　　　　　ベルリン，1935. 4. 15, Dr. ベンツェ，文部参事官」[8]

　ベンツェに称讃されたこのユースホステルでの「民族政治科実習」を，ライ

---

7) Nationalpolitische Lehrgänge, S. iv.
8) A. a. O., S. v.

ン州の「ドイツ，ユースホステル」指導者パウル・コンラッドは以下のように意義づけた。［要約］

「1. ライン州ユースホステル定款の中には，ユースホステル実践は簡易で安価にナチス教育学が実現できるとある＝民族政治科実習と通じている。これを全ドイツに役立てたい。
 2. 学校生徒との密接結合 → ユースホステルでの民族政治科実習（Nationalpolitischer Lehrgang）は，それに適切な方法である。ユースホステルは，力，同志愛，郷土・自然愛を育てるものである。
 3. 上記課題を引き受けたい。施設要求が出されている。欠点を除去し，不足は調達に努めたい。緩やかに。
 4. 学校ごとのヒトラー・ユーゲントが協力。
 ‖
ユースホステル実習で実現した。来年は，
 ・学校
 ・ヒトラー・ユーゲント
 ・家庭
との協力が実現するであろう。

パウル・コンラッド
ライヒ青少年福祉局上級連隊長
ドイツユースホステル・ライン州 ガウ総統（Gauführer）」[9]

「キャンプと隊列（Lager und Kolonne）のナチス教育」，すなわち知識の詰め込みたる〈学校〉を脱し，国境地方の大自然の中で身体錬磨と共同体育成，民族的課題の覚醒を，青年の自治を通して確立する——プロイセン文相ルストが思い描いたのは（実習の場はユースホステルでなく学校田園寮を念頭に置くのだが），このようなものであった。ライン州「民族政治科実習」は，全ドイツに，民族政治科実習はこのように実施するのが望ましいと示したわけである。一州の実施報告書が，ライン州長官覚書（中等学校局）と位置づけられたのはそのためであったろう。そのうえでいま，同書付録に収められた［プロイセン文部省令］「民族政治科実習令」（1933.10.4）を大要紹介すると次のごとくである。

9）A. a. O., S. vi.

> 民族政治科実習令［プロイセン文部省令］（1933.10.4）
> プロイセン文部大臣［ルスト］
> U II C Nr. 2580
>
> 　　　　　　　　　写し
>
> 　　　　　　　　　　　　　　　　　　　ベルリン西8，1933.10.4
>
> ドイツの青年を郷土，民族，国家に組み入れ → 学校田園寮が適切
> ・それは，同志生活と自己規律 → 大地の人々と結ぶ → 「血と土」を強化するからである。
> 　1．学校田園寮は民族政治教育目的。特に国境地の学校田園寮。その地の自覚青年と政治教育を。民族ドイツ人の精神で。
> 　2．学校田園寮を，一年の全期間活用へ。学校田園寮空間が不十分の学校は，他校との共同投宿を。学校田園寮の偉大な目的が，些細な法律問題や経費問題で挫折してはならない。
> 　3．ゲレンデスポーツを。それらは，ヒトラー・ユーゲントのリーダーで展開する。
> 　4．座学も郷土に即し，入植の方法で。大地の農民の戦い→民族的，全人民の価値づけ→ナチ的，民族・国家秩序覚醒に至る。
>
> 　　　　　　　　　　　　　　　　　　　委託を受けて
> 　　　　　　　　　　　　　　　　　　　（署名）ツンケル
> 　　　　　　　　　　　　　　［学務局長 Gustav Zunkel, 1886-1934］
>
> 州知事各位　殿
> 　　　　　　　　　　　　　　　　　　　　　　　　　　　　10)

そして「実施要領」において，本令の実践方策を次のように謳ったのである。

---

10) A. a. O., S. 174. 管見のかぎりだが，ナチス教育学初期の重要資料である本令が，プロイセン文部省報には見当たらなかった。ひょっとして別のところに合冊されているのかも知れない。　［追記］参照。
なお，『プロイセン文部省報』（Zentralblatt für die gesamte Unterrichts=Verwaltung in Preußen.）は1934年で終刊。1935年から敗戦の1945年までライヒ教育省の『ライヒ教育省報』（Deutsche Wissenschaft, Erziehung und Volksbildung. Vol. 1 - Vol. 11）に統合された。同報の出版社は，ナチ時代初期（1935-1938）は，『プロイセン文部省報』の出版社であったヴァイドマン社 Weidmannsche Buchhandlung（ベルリン）だが，1939年から敗戦の1945年まではナチス中央出版社 Zentralverlag der NSDAP. Franz Eher Nachf. GmbH.（ベルリン）となっている。

第3章　民族政治科実習

[要約]

> 「以下の教育課題を明示して印刷に付す。
>
> 1. 教室授業に決定的な一歩を踏み出す。→　教員＝指導者。学校田園寮では，できる限りクラスを再編する　→　**生活共同体 (Lebensgemeinschaft)** となす。
> 2. 学校田園寮が少ない，または悪いところ。→　利用させる。経験者教員の協力を。
> 3. 今年，両プリマ生（OI, UI）は14日の実習を。識者とともに。
> 4. ［上記］省令第4項［座学も郷土に即し，入植の方法で］は柔軟に。特に重要なのが土地の歴史，土壌に詳しい識者との協力。全クラスに1ないし2名の教員が同行する（最も望ましいのは生物，歴史，地理の教員である）。
> ・それ以外に，各校配属報告官が本実習中最低1回参加を。
> ・加えて各寮に最適の三級教員（第一次教員試験合格者）の常住が望ましい——当地に生活し，伝統を覚醒させる——。彼は派遣教師の生活に助言する。彼は野外スポーツにも参加することが望ましい。教員試験合格者の課業参加は歓迎である。彼らの食費，滞在費は免除，わずかの報酬とする。
> 5. コスト
> ・学校田園寮滞在は1日1.2ライヒスマルク。費用援助はない。しかし費用調達できぬ生徒なきよう望む。
> ・疾病保険等の利用は校長に任せる。ハイキングのために節約を。本官は旅費のために運賃75パーセント［への減額］を州知事に要請する。さらなる経費削減策あり。寝袋，丈夫な靴の支給など。
>
> 委託を受けて
（署名）エールリヒャー［Ehrlicher］
>
> 本官所轄下の全学校長　殿 [11]

ライン州での試行では，2年間［実質1年間余］で3万名近くの生徒が，年間を通して，特に「国境地の学校田園寮」で（実際は学校田園寮ではなく，ユースホステルの中で）「その地の自覚青年と政治教育を」，「民族ドイツ人の精神で」深めることがめざされた。

---

11) A. a. O., S. 174-175.

6：45起床，早朝スポーツと旗の掲揚から始まり，22：00消灯ラッパに終わる実際の宿舎活動は，スポーツ・オリエンテーリング・裁縫・食事など，場面場面で指導者（教員とハイム援助者＝主に教員予備生）の判断と指示に従って行われる（表3-3参照)[12]。

表3-3　民族政治科実習日課表（1934）

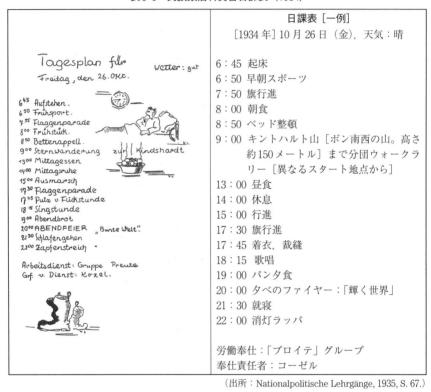

日課表［一例］
［1934年］10月26日（金），天気：晴
6：45　起床
6：50　早朝スポーツ
7：50　旗行進
8：00　朝食
8：50　ベッド整頓
9：00　キントハルト山［ボン南西の山。高さ約150メートル］まで分団ウォークラリー［異なるスタート地点から］
13：00　昼食
14：00　休息
15：00　行進
17：30　旗行進
17：45　着衣，裁縫
18：15　歌唱
19：00　パン夕食
20：00　夕べのファイヤー：「輝く世界」
21：30　就寝
22：00　消灯ラッパ
労働奉仕：「プロイテ」グループ
奉仕責任者：コーゼル

（出所：Nationalpolitische Lehrgänge, 1935, S. 67.）

　ユースホステル1館に約46名の生徒が宿泊し，これを3－4名の教師が2週間指導する（表3-2から算出）。分団に基づく宿舎活動は学級集団以上の共同体創出が可能で，ここをラガー（Lager: キャンプ，露営）とした宿舎活動，野外

12）A. a. O., S. 67.

実習によって，知識のための知識を越え，祖国＝第三帝国に捧げる精神と身体形成がめざされたのである[13]。

民族政治科実習は，以上の法令文言と実施モデルを見る限り，これはたしかに新しいナチズム教育だと予感させるものではある。だが，実際の実習内容は各校の引率教師（生物・歴史・地理教員が推奨された）に任せられ，自由度は比較的大きかった。滞在中の教育目標と活動内容——野外活動，集団活動，ナチズム学習，宿舎活動，服装，スポーツ，音楽——はじつに多様であった[14]。ヒトラー・ユーゲントの指導も，ゲレンデスポーツに限られていた（その指導者が参加できないこともあった——後述）。少なくともライン州報告を見る限り，この民族政治科実習から直ちに「鉄の規律のナチス兵士」が生み出されるとは，必ずしも言えないようである。

(2) ナチズム教育研究から
①江頭智宏論文

江頭智宏は，この「民族政治科実習」が，当初のプロイセン文部省・ライヒ教育省範疇の「学校」的教育プログラムからヒトラー・ユーゲント主管の校外実習プログラムに取って代わられる経緯を追っている。全国の学校田園寮を束ねる学校田園寮連盟は，はじめルスト省令の趣旨を体して，民族政治科実習の教育機能と，実施の場としての学校田園寮の意義を主張するも，やがて，本プログラムの実施主体はヒトラー・ユーゲントにうつり，それとともに，実習の場も，学校田園寮から次第にユースホステルに取って代わられるのだった[15]。

先に述べたライン州民族政治科実習は，ルストの方針とは異なってユースホステルで展開されている。そのベースキャンプとしてのホステルには，まず立

---

13) Vgl. a. a. O., S. 102.
14) 本書には学校田園寮の立地・環境をめぐり，また「民族政治科実習」のありようをめぐり——例，民族政治科実習で生徒はクラス単位か解体か，ヒトラー・ユーゲントの制服を強制できるか否か，など——，各種の見解が載せられている。これらは実習試行2年間で直面した問題である。Vgl. A. a. O., S. 10-12; 58 ff. 民族政治科実習の「定型化」にはなお課題が多かったと言えるだろう。

地が重視された——地方の山頂や村の入口に立地するユースホステルが推奨されている——。そのうえで施設設備については，学校田園寮ほど豪華でなくともよい，民族政治科実習にふさわしく，質素・清潔で作業に適すること，そして安価であることが求められた[16]。

ところで，そもそもユースホステルはライン州の要請に堪えうる数を備えていたのだろうか。ユースホステル運動は，国民学校教師シルマン（Richard Schirrmann, 1874-1961）が1910年に創設したザウアーラント（ヴェストファーレン州）の国民学校生徒宿泊所を嚆矢とするのであるが，これが第一次世界大戦後，シルマンと工場主ミュンカーにより「ドイツ・ユースホステル連盟」が設立されてのち，ユースホステルは全国に大量建設されるのだった。**表3-4**に見られるように，1926年には全国30地方に約2,300館となり，これは中等学校プリマ級生徒の実習には一定程度堪えうる数であった[17]。

---

15) 江頭智宏「ナチ時代における学校田園寮運動とヒトラー・ユーゲントの関係」『名古屋大学大学院教育発達科学研究科紀要 教育科学』60（1），2013.9.
なお江頭はNationalpolitische Lehrgängeに「国民政治的教育課程」の訳語を充てているが，私は，先に述べたように，本カリキュラムが校外で行われる宿泊・野外実践であること，そこでの内容が〈学校〉教育とは異質のナチス疑似軍隊プログラムであることを意識して，これに「民族政治科実習」の語を充てた（我が国の戦前中等学校で行われた「軍事教練」に近いものが連想される）。Lehrgang（複数形 Lehrgänge）は一般的には学校の授業カリキュラムを表すので「学科課程」「教育課程」となるが，濱川祥枝はこれに「講習」の語も充てている（『クラウン独和辞典』第2版，三省堂，1997年）。Nationalpolitischer Lehrgang を「民族政治科実習」と表現するのもあながち無理な話ではないであろう。
16) Nationalpolitische Lehrgänge, S. 13-14.
17) Datenhandbuch Bd. II: Höhere und mittlere Schulen, 2. Teil, Göttingen, 2003 によると，ドイツの最大ラント・プロイセン邦における1934年のプリマ生（OI, OII）総数は31,252名（S. 167）。これが14日間宿泊したとすると，延べ437,528泊となる。上表のユースホステル館数は，プロイセン邦だけでなくドイツ全体（ライヒ）であろう。仮にライヒ全体のプリマ生に最低14日の宿泊を保証するには，地方を無視し，かつ，一般宿泊をすべて排除すれば，「一定程度」迫りうる数ではある（机上の計算に過ぎないが）。

第3章　民族政治科実習

表3-4　ユースホステル数・宿泊数（1911-1937）[18]

年	宿泊所数	宿泊［者］数
1911	17	3,000
1919	300	60,000
1926	2,319	2,200,000
1931	2,319	4,320,000
1937	2,556	8,000,000

　むしろ私が重要と考えるのは，後発の「ヒトラー・ユーゲント」がユースホステル連盟を傘下に収めるやり方，強制的一元化（Gleichschaltung）の方法である。1933年3月12日，シルマンとシーラッハとの間で締結された「ケーゼン協定」（Kösener Abkommen）は，「ドイツ・ユースホステル連盟」と「ナチ党青少年指導部」との協力を謳い，全国のユースホステルを「丸ごと」ヒトラー・ユーゲントに下属させたのである[19]。

　私はかつて，ベルリンの学校田園寮（Schullandheim）を研究したことがある[20]。その際私は，学校田園寮の光の部分に注目しがちであったのだが，江頭は，学校田園寮が本来的に負っている影の部分を詳細に究明しており，学ぶところ大であった。ナチズムに翻弄される学校田園寮の有り様も含め，学校田園寮をトータルに捉えることができた[21]。

②アイラースのナチズム教育研究

　アイラースは，「民族政治科実習」の本質とこれの中止の論理を剔抉してい

---

18) 百々巳之助・景山哲夫『ヒットラー・ユーゲント』刀江書院，1938，p. 102.
19) このような手法を平井正は「グループや団体そのものを，一括して『ヒトラー・ユーゲント』に組み入れるという効果的な方法」と表現している。平井正『ヒトラー・ユーゲント』中央公論新社，2001，p. 47.
20) 小峰総一郎「学校田園寮について」『ベルリン新教育の研究』第8章（風間書房，2002）参照。
21) ただ，学校田園寮と，ユースホステル，ヒトラー・ユーゲントとの対立が，ニコライ（学校田園寮連盟理事長）とベンツェ（ライヒ教育省参事官。ヒトラー・ユーゲントを支持）との間の対立を軸に詳細に分析されているが，それを取り巻くナチス教育理想・教育体制との関連，「民族政治科実習」の中止論理とが必ずしも明瞭に浮かんで来なかった点が惜しまれる。

る。すなわち，
① 「民族政治科実習」はナチス世界観教育を行う重要なイデオロギー教育の場である。
② 世界観教育は党組織上の事項であり，これはナチ党（「ナチス教員連盟」）が主管すべきものだ。それを保証できぬ「民族政治科実習」は廃止せざるを得ない。と[22]。

　本章冒頭で示したごとく，ナチス教育学のモデルとして鳴り物入りで導入された「民族政治科実習」は，試行3年で突然「禁止」された。ショルツの「禁止」Verbotの語は，このような論理を備えているのであった[23]。アイラースの周到なナチズム教育政策研究はすでに古典と言ってよいが，「民族政治科実習」（Nationalpolitische Lehrgänge: NPL）の分析もまた問題を深く抉り出していた。「民族政治科実習」は，環境世界（umgebende Landschaft），民族性（Volkstum），経済（Wirtschaft）との結合をうたい，本来的にナチズムとの結合の必然性を備えていた。だが，当初，ガイドラインはアバウトに「郷土との結合」を述べるのみで，実際は現場任せであった。そのため，一方で専科教員が科目を深めることもあり，また他方，生徒任せもあって，その成果は必ずしも芳しくはなかった。多くの学校から集まった生徒の中には，そのようなNPLに諦めを抱き，意図無理解のままこれに従い，空しく元の学校生活に復した者も少なくなかった。それが，NPLが回数を重ねる中で次第に，スポーツ・野外活動，宿舎生活（Lagerleben），ナチズム教育を重点とした一定の統一化が出来てきたのである[24]。参加教師も「ナチス教員連盟」（Nationalsozialistischer Lehrerbund: NSLB）に属するナチズム志操堅固な者となっていった。それらを受け，ライン州にならい，他邦も――バーデン，ザクセン，ヴュルテンベルクなど――準備を始め

---

22) Eilers, Rolf: Die nationalsozialistische Schulpolitik : eine Studie zur Funktion der Erziehung im totalitären Staat. Köln: Westdeutscher Verlag, 1963. (Staat und Politik, Bd. 4), S. 41.
23) これはさながら戦前日本の「統帥権干犯」問題のごとくである。昭和5（1930）年，ロンドン海軍軍縮条約に調印した浜口雄幸内閣に対して，軍は，軍備規模を「外交」的に決定することは天皇の統帥大権を侵すものだとの論理で攻撃した。

た。プロイセン邦には，ルスト教育相が，ライン州の案を引き継いで実習の準備を邦首相に命じた[25]。その結果1936年にはベルリンも実施に至ったのである。

だが，その一方で，「民族政治科実習」（NPL）の主体は教師か青年指導者（ヒトラー・ユーゲント：HJ）か，NPLの本質は「学校」か「疑似軍隊」か——の対立もまた先鋭化したのである。

ヒトラーの後ろ盾を得たシーラッハとヒトラー・ユーゲントは，1934年，全国で広くヒトラー・ユーゲント活動を展開する土曜休業制を実現していた。

> 1934. 6. 7 国家青年日 Staatsjugendtag 制定
> ①ヒトラー・ユーゲント生とリーダーには土曜授業を免除し，ユーゲント活動に充てる。
> ②ヒトラー・ユーゲント以外の者は，民族政治科講義を受講[26]。

だが，ヒトラー・ユーゲントは ①リーダー不足[27]，②ハイム（Heim）・スポーツ場（Sportplatz）不足，そしてリーダー自身の力量不足もあり，その後[土曜の]国家青年日を地方協約で廃止する事態も出来した（そして最終的に，1936末年に[ライヒ]教育相ルストが全ドイツ[ライヒ]での国家青年日の破棄を命じたのである(1936. 12. 4)）。これに対してヒトラー・ユーゲントは，週2日午後ヒトラー・ユーゲントへの自由使用を求め，これを実現している。ヒトラー・ユーゲントと〈学校〉（ルスト）との対立は次第にエスカレートしていくのである。それをいま，列挙すると次のようになる。

---

24) ナチズム教育の一例。1934. 10. 1-20の民族政治科実習報告中に生徒の論文テーマが挙げられている。それらは，国防思想，人種思想の本質，ヨーロッパの人種とドイツ民族，人物：ビスマルク，古代北方人種の運命，ゲルマン人：ヨーロッパ史の中の勝利と衰退，戦争と戦争指揮，世界戦争の戦略，人物：クラウゼヴィッツ，ゲルマン人の運命思想，ナチズムと農民性，ドイツ人の国家思想（クリークから），人物：クライスト，我々とザール地方，であった。Eilers, S. 40.
25) 「ライヒ教育省令1935. 7. 13」（Erlaß des RMfWEuV vom 13. 7. 1935）
26) この土曜日を「**国家青年日（Staatsjugendtag）**」と命名したわけである。
27) リーダー不足は，部分的に次の理由による。すなわち，ほとんどの会社が職業訓練中のヒトラー・ユーゲントリーダーに休暇を与えなかったからである，と。Vgl. Eilers, S. 123.

Ⅰ. 学校の運営権

A. 「ヒトラー・ユーゲント」側

1934. 5. 5, 5. 29「学校ユーゲント監」(Schuljugendwalter)：HJ が各校の HJ メンバーを指名。利害を代表。教員か年長生。

⇕

B. ルスト側

1934. 10. 24「学校ユーゲント監等委員会」(Gremium von mehreren Schuljugendwaltern)[28]：委員会で HJ 代表［＝学校ユーゲント監］を少数化させ，学校ユーゲント監の権限を限定［＝校長の補佐］。

---

28) これは，ワイマール時代にあった学校レーテたる父母評議会に代わって創設された学校協会（Schulgemeinde）のことであろう。それは，次の文部省令（大要）が言うように，校長と父母の権限が大きく，ヒトラー・ユーゲントは学校協会の一構成者に過ぎなくなっている。

『学校協会（Schulgemeinde）の創設ならびに青年監（Jugendwalter）の任命について』［大要］
Ⅰ. これまでの父母評議会は効果が少なかった。議会選挙のための政治的緊張が持ち込まれた。これは廃止しなければならない。家庭，学校，ヒトラー・ユーゲントの協力が必要。間接関与である。Ⅱ. 統一的教育意志体現の新機構を設立する。それらは，①学校協会　②青年監である。

ベルリン　1934年10月24日　プロイセン文相ルスト

『学校協会創設ならびに青年監任命施行細則』［大要］
　新たな機構たる学校協会は親，教師，ヒトラー・ユーゲント代表で構成される学校の助言機関である。決定機関ではない。学校協会と青年監の任命はこの細則に基づく。
　1. **学校協会**：学校協会は信頼のおける児童の父母ならびに教師で構成される。その課題は次の如くである。
　　ａ. 教育目標の設定。新国家にふさわしい教育目標を設定する。ｂ. 施設改善問題。ｃ. 展示，行事に参加して学校活動に協力する。ｄ. 教育学問題を議論し理解を深める。学校協会は校長を代表とし 2 名から 5 名の助言者を持つ。その内に共学校・女学校の場合には最低母親 1 名を含む。これに加えてヒトラー・ユーゲントからユーゲントリーダーを加える。彼は国家青年ならびに学校協会と連携する。
　2. **青年監**：学校協会の青年監は，ヒトラー・ユーゲント代表ならびに校長とともに任命されるものである。青年監は，ヒトラー・ユーゲント代表ならびに校長と協力して学校課題を遂行するものとする。協力を行うものである。それは新年度始めに任命され，任期 1 年とする。再任可である。人物，政治的に適任の者でなくてはならない。任命前に，ナチ党地区委員会に届け出るものとする。好ましくない人物は，いつでも解任できるものとする。」
　（出所：プロイセン文部省令 UIIA2514, 1934. 10. 24 (In: Zentralblatt 1934, S. 327.)［小峰訳］

↓

効果あり
　①学校ユーゲント監の助言余地狭まる。
　②アクティブなヒトラー・ユーゲントを遠ざける[29]。

Ⅱ．教育の内部介入
　A．「ヒトラー・ユーゲント」側
①ヒトラー・ユーゲントの教員養成関与：1935, 1936年ルスト，教員養成大学への入学にヒトラー・ユーゲントメンバー厚遇を指示[30]。
②ヒトラー・ユーゲントへの入団攻勢：学校，特にナチス教員連盟は，ヒトラー・ユーゲント宣伝・募集を幅広く行う[31]。学業促進［補習などか——小峰］，奨学金，各賞受賞　→ヒトラー・ユーゲント生に限る。
ナチスの権力掌握後，教師は自分のクラスのヒトラー・ユーゲント加入状況統計を作る。→再三ヒトラー・ユーゲント加入を訴える。
③教員評価と結合：教育評価，昇進も，ヒトラー・ユーゲント団員数と結合[32]。

Ⅲ．「民族政治科実習」禁止へ
　このような攻勢のなか，ヒトラー・ユーゲントは，まずは与えられた権限（①スポーツ教師の任命，②夕べの集いでのHJ組織宣伝）を拡大させ，学校田園寮をナチス影響下に置くことをめざした。

---

29) 上記省令に言うように，委員会でのHJの権限は制限されている。ちなみに，増大するHJの影響力への反対姿勢は，ライヒ教育省全体に急速に広がった由である。Vgl. Eilers, S. 124.
30) HJ所属が教員養成大学入学の前提条件とされた。(Erlaß des RMfWEuV vom 12. 10. 1935. In: Reichsministerialamtsblatt 1935, S. 452.)
31) 公立校のヒトラー・ユーゲント加入率は，私立校に比し，25パーセント多かった。Vgl. Eilers, S. 125.
32) 「HJ募集の成果は，将来，教員のナチズム姿勢の判断ならびに教育活動の成果判断の指標となる」のであった。Ebenda.

〇1934. 11. 15 ライヒ全国学校田園寮連盟解体→ライヒ青少年指導部（Reichsjugendführung）に属させる。
　　　　　　↓
　1935年，HJを支援するナチス教員連盟が学校田園寮を拡大，指導を引き受ける（これは民族政治科実習禁止〈1936. 12. 3〉後の統計であるが，1937年の学校田園寮総数340。うち98寮は1933年以降のものであった）。

　だが，「学校」枠内の学校田園寮活動は「専ら有用知識の伝達機関」（lediglich eine Einrichtung zur Vermittlung des notwendigen Wissens）であることを脱することができない。HJがめざすものは，これを抜け出る教育課題，身体鍛錬と政治教育（＝「第三帝国の若者に必要な教育」）である。そこで次に，HJならびにナチス教員連盟（NSLB）は，そのための方策を打ち出す。それは次のものである。

　①学校の側でナチズム世界観教育をさせない。
　②学校固有の宿泊施設［学校田園寮］を設立させない。

　これによりHJは活動の重点化をはかった（身体鍛錬＝ゲレンデスポーツ・体操・競争，を通しての疑似軍隊訓練）。その結果彼らは，出撃，［集団］行動――行進，集合――，ファイヤー，収穫祭，田園奉仕，競争［コンクール］，を青年の活動に対応させ，これらを通して服従と奉仕（Dienst）の人格形成をめざすのである。だが，それでもなお，現下の民族政治科実習はHJがこれを主導するには至らなかった。

　そこでついに，ナチス教員連盟（NSLB）は民族政治科実習（NPL）の廃止を打ち出したのであった。その根拠が，さきの「世界観教育は党組織上の事項」論理である。党組織に下属しない民族政治科実習ではHJの専管を貫けない。廃止以外ない，と。この攻勢のなか，1936年12月3日，ルストは，「キャンプと隊列の教育」としての「民族政治科実習」の全体理想を放棄，「学校」管轄行事としての民族政治科実習をことごとく禁止したのであった[33]。

　それは，直前の1936年12月1日，ヒトラー・ユーゲント法が定められたことに対応するもので，これによって家庭，学校の間の第三の機関〈青年〉＝「ヒ

トラー・ユーゲント」が，名実共に第三帝国の青年指導者となったことを意味した[34]。「ヒトラー・ユーゲント法」は，10-18歳の若者を掌握，青年を総統と国家の不可欠の要素，ナチス国家青年（Staatsjugend）として取り込んだ。身体鍛錬と政治教育――ナチス教育の最重要要素――は今後，HJの独自管理で展開することになったのである。「学校」を抜け出る教育課題＝「第三帝国の若者に必要な教育」を，ウィッパーマンは次のように表現した。

　「…ナチス教育理想は「人種理論」を聖典として成立している。学校では健康で「人種的に価値豊かな」肉体形成を目的とする「肉体訓練」が中心課題である。次が「性格陶冶」なかんずく政治的教化である。それはしかし，

---

33) 民族政治科実習禁止（verbieten）。この「ライヒ教育省令」（Erlaß des RMfWEuV vom 3. 12. 1936）を筆者（小峰）は管見のかぎり『ライヒ教育省報』Reichsministerialamtsblatt Deutsche Wissenschaft, Erziehung und Volksbildung に発見できなかった。アイラースも本令の典拠を Alfred Homeyer に求めている。Vgl. Eilers, S. 41. ［追記］参照。

34)「ヒトラー・ユーゲント」法（1936. 12. 1）
　ドイツ民族の未来は青少年に懸かっている。それゆえ，全ドイツ青少年は，彼らの未来の義務に向けて準備されなければならない。
　そのため，帝国政府は以下の法律を定め，ここにそれを告知するものである。
第1条　ドイツ帝国領内の全ドイツ青少年は，ヒトラー・ユーゲントに束ねられるものとする。
第2条　全ドイツ青少年は，家庭・学校の中のみならず，ヒトラー・ユーゲントの中において，国家社会主義精神のもと，民族への奉仕ならびに民族共同体のために，身体的・精神的・道徳的に教育されなければならない。
第3条　ヒトラー・ユーゲントにおける全ドイツ青少年の教育という課題は，ナチ党青少年指導者に委ねられる。そのため彼は「ドイツ帝国青少年指導者」を兼ねる。彼は，ベルリンに所在する帝国最高諸官庁の一地位を有し，総統兼帝国宰相に直属する。
第4条　本法の施行ならびに補充に必要な一般法律諸規程は，総統兼帝国宰相がこれを公布する。
　ベルリン，1936年12月1日
　　　　　　　　　　　　　　　　　　　　総統兼帝国宰相　アドルフ・ヒトラー
　　　　　　　　　　　　　　　　　　　　次官・首相府長官 Dr. ラマース
　　　　（小峰訳，出所：http://www.documentarchiv.de/ns.html　最終閲覧：2015年5月30日）
　全文わずか4条の「ヒトラー・ユーゲント法」が，以後ナチスドイツ教育の指針となるのだった。副署の Dr. ラマース（Hans Heinrich Lammers, 1879-1962）は総統の腹心，首相府長官。第一次世界大戦で左眼喪失した古参ナチ党員である。ヒトラーからの信頼厚く，在任中はティアガルテンのフォン・デア・ハイト宮殿（今日のプロイセン文化財団本部）を住居とした。彼の忠勤に対して，ヒトラーはその後大統領狩猟館と報奨金60万ライヒスマルクを贈っている。（Vgl.「Hans Heinrich Lammers」ドイツ Wikipedia 最終閲覧：2015年6月3日）

学校だけでなく，党と党機構，何よりもヒトラー・ユーゲントによって成し遂げられるものだ。そのため，学校とヒトラー・ユーゲントとのじつに緊迫した併存，否，共在が図られている…」[35]。「［ヒトラーは］『我が闘争』で…祖国教育は，軍（当然，ナチ党）に担われ完成される，とした。…それは，党とその諸組織なかんずく「ヒトラー・ユーゲント」によって担われ，貫徹されるものである，と」[36]。

　以上に述べたように，「民族政治科実習」なる校外宿泊プログラムは，当初，〈教養〉を備えた教師が一方的に知識伝達を行う「学校」を否定し，若者が同志的に身体鍛錬と政治教育を行う「キャンプと隊列の教育」をめざした。だが，そこにおいて党直属のヒトラー・ユーゲントがこのナチス教育を専管できぬなか，未だなお〈学校〉に緊縛された「民族政治科実習」は，ここにその役割を終えざるを得なかったのである[37]。

2. 生徒と教員——生徒の組織化，アビトゥーア判定取消事件

　さて，「民族政治科実習」は，以上に記したようなものであることがわかった。勢いづくヒトラー・ユーゲントとその指導者シーラッハの〈学校〉攻撃は，ここリューテン町（ウェストファーレン州）の一上構学校をも例外とするものではなかったのである。否，それどころか，このウェストファーレン州の西隣ライン州は，ヴェルサイユ条約（1919年）で［そしてロカルノ条約（1925年）で

---

35) Wippermann, Wolfgang: „Das Berliner Schulwesen in der NS-Zeit", in: Schmoldt, Benno (Hrsg.): Schule in Berlin. gestern und heute. Berlin: Colloquium Verlag, 1989, S. 59.
36) A. a. O., S. 60.
37) リューテン上構学校でも1933/34ドルトムント行・ベルリン行，1934/35ベルリン行，1935/36ユースホステルキャンプ実習という「民族政治科実習」を行っている。しかし当校の実習においても，さきのアイラースの指摘のような問題があった。すなわち，実習で生徒は生きた社会に触れる中で精神世界を広げ，仲間性の向上が見られたものの，実習を通して人種・民族の力を育成したかは疑問であった，と。Vgl. Bracht, Hans-Günther: Das höhere Schulwesen im Spannungsfeld von Demokratie und Nationalsozialismus. Bern: Peter Lang, 1998, S. 650-653.

第3章　民族政治科実習

も〕非武装化が定められたが，同州ルール地方は1923年，賠償金支払遅延によりフランスに占領された。これに対し，1933年に成立したドイツ・ヒトラー政権は，両条約を破棄し，1936年3月7日，ドイツ軍をラインラントに進駐させるのである。同州はまさに民族と国家，国境をめぐる問題の最前線であった。国境地方を重視する「民族政治科実習」が，ライン州でいち早く実施された理由として，このような状況を見落とすことができない。同州に隣接するウェストファーレン州の上構学校も，1930年代，このような政治社会状況の中にあったと言ってよいだろう。

そこで次に，1930年代前半のリューテン上構学校の生徒・教員状況につき触れることにしたい。

(1) **生徒の組織化，ヒトラー・ユーゲント**

リューテン上構学校では，1933年までは生徒団体はなく，唯一の例外は聖ゲオルク・ボーイスカウト団（St. Georgs Pfadfinderschaft）だった（1932年設立）。これはドイツで1929年に設立されたカトリックの団体である。しかし，1933年1月のナチス政権誕生後，生徒は急速にナチス諸団体に組織化された。いま，それら諸団体「ドイツ幼年団」（Deutsches Jungvolk），「ヒトラー・ユーゲント」（Hitler Jugend），「ドイツ女子同盟」（Bund Deutscher Mädel: BDM）の組織化を見ると**表3-5**のごとくである[38]。

表3-5　ナチス諸団体の組織率（1935-1937）

年	生徒数	Deutsches Jungvolk/ヒトラー・ユーゲント/BDM	組織率（％）	
1935/36	132	127	96	
1936/37	142	131	92	
1937/38	165	165	100	他校平均：90％

（出所：Bracht, 1998, S. 653, 682.）

---

38) Bracht, S. 653.

表からは，ナチス諸団体への加入率は1937/38年に100％に達し，ここで生徒全員が組織化されたことになる。しかし「ヒトラー・ユーゲント」への加入はさらに急であった。すなわち，『年報1933/34』によると，すでにこの時点で障害者を除き「全員加入」となっている[39]。さきにアイラースが述べていたように，「ヒトラー・ユーゲント」への加入促進は教員評価，昇進と連動していた。したがって，「ヒトラー・ユーゲント」への参加は，建前は自由意志だが，事実上は強制であった（1939年「青年奉仕義務」告知）。ただ，ナチス団体への加入は学校から促進されるが，著しく長時間に及ぶ活動は制限された[40]。

(2) アビトゥーア判定取消・ナチ党集団入党事件

　ここで一つの事件に触れなくてはならない。それは1933年に起こったアビトゥーア判定修正，教員団のナチ党集団入党という一連の出来事である。アビトゥーア不合格取り消しと，教員の集団入党は事実であるが，両者に因果関係があったかどうかは定かでない。

　しかし両者は同時並行的に起こっており，戦後，多くの教員が両者の関連を証言している。それはすなわち，当時上構学校への大扇動があり，学校はこれに対応して，①ナチ儀式参加，②教員団の親ナチ化が行われた；教員側は安心して教職を続けられるよう，反ナチ嫌疑除去のため集団入党した；自分たちはイデオロギー的には親教会であったが，「反ナチ」嫌疑除去のために心ならずも集団入党したのである，と[41]。それらは同じように，アビトゥーア判定修正と集団入党とは，上構学校をとりまくナチズム圧力の結果だとしたのである。

　いずれにしても，本件がリューテン上構学校教学のナチズム化に大きく舵を切ったことは否めない。

---

39) 1933/34にHJに入らなかった生徒（身体的理由＝膝の怪我で行進不可能）は，自分は「価値少なき者である」むねを公にしていた。彼に入団強制はなかった。Vgl. Bracht, S. 654.
40) 1933年7月，校長は1名のSA航空突撃隊少尉（SA-Sturmführer）生徒に対して，休暇中は過度の練習と行進を慎むよう指導している。Vgl. Bracht, S. 655.
41) Vgl. Bracht, S. 435.

第3章 民族政治科実習

I. 経過

女生徒Bのアビトゥーア試験不合格とそれの修正，教員団のナチ党集団入党のポイントを記すと次のようになる[42]。

---

①アビトゥーア試験不合格

1933.2.21 ――州視学臨席下に同校でアビトゥーア試験実施。女生徒B，アビトゥーア作文不合格。テーマを変更して再度執筆。教師は「可」とするも，視学の判定は覆らず不可。試験委員会もこれを追認。ドイツ語口述も「不可」で，少女はアビトゥーア不合格となった。(同校初の不合格)

父の落胆は大（父：リューテンの大会社幹部。父・息子2人もともにナチ党員，息子は鉄兜党員でもあった）

（この父の不満を契機に教員団のナチ党集団入党と言われている）
　　　　　　　　⇩
● 1933.5.1 ――教員団のナチ党集団入党（校長シュタインリュッケ）

②ナチ党地区指導部の圧力

1933.5.17 ――ナチ党地区長が学務局長宛に書簡

「父は本地区最初のハーケンクロイツ旗掲揚者である。本件を再考し追試を要求する。」

1933.6.28 ―― PSK（州学務委員会）の中間決定。〔当校教員が反ナチとの〕嫌疑を修正

「校長及び他教員が，新国家に敵対的だとみとめる理由はない。全教員が党員である。但し彼らは4月末に漸く立上ったものである。」

1933.7.1 ――父のPSKへの申立

「文部省令（Min.-Erl.）UII G. Nr.695 I（1933.4.20）[43] を適用してアビトゥーア証明を後から発行してほしい。」
　　　　　　　　⇩

③少女「合格」

1933.7.6 ――女生徒Bアビトゥーア「合格」

1933.7.10 ――校長Steinrücke報告。アビトゥーア判定最終報告書コメント

「父親の願い出により，Bは，1933.4.20省令（Min.-Erl.）UII G. Nr.695 Iを援用し，1933.7.6の判定に基づき合格と宣言する。ドイツ語の総合成績は，年間成績を勘案して可と評価する。」

Ⅱ. 状況と背景

　この「事件」は12年間封印された。それが戦後1951年になって，非ナチ化過程での一教員の証言から明るみに出たものである。じつは，当局によるアビトゥーア結果の変更は他にも例があったが，他の事例は書類から確証できるものではなかった（それ以外にも，アビトゥーア試験ではないが，2名の生徒が追加でOII進級を認められ，中級［UII］成熟証を発行されている[44]）。

　ドイツにおいて，アビトゥーア試験＝ギムナジウム修了試験は，大学への入学許可をも意味する。この重大な中等学校修了試験が州学務委員（視学）の臨席下で実施され，一生徒は不合格となった。それが，ナチ党地区長の抗議によ

---

42) Vgl. Bracht, S. 434-438. 州学務委員会資料にも修正の跡が見られた。

43) この文部省令（Min. –Erl.）UII G. Nr.695 I（1933. 4. 20）についてブラハトは次のように述べている。

　　この省令（Erlaß）でルストは，インフルエンザないし「民族的高揚の課題」ゆえに進級不可となった生徒多数の申請につき説明。文相は，決定の吟味（アビトゥーアも含め）は，「時代の重大性，緊急性を勘案し広い心で（weitherzig）判断する」という基準のもとに教員会議に委ねたのであると。（出典：ハンス＝ペーター・ヨルゲン／ハインツ・ヘミング：「『第三帝国』の学校―ベンラート男子ギムナジウムの事例資料」州都デュッセルドルフ教育研究所（編）：『プロジェクト：デュッセルドルフ学校史論考　4』デュッセルドルフ，1988年所収）。Vgl. Bracht, S. 435, 注264。

　ちなみに，本省令も『プロイセン文部省報』（Zentralblatt für die gesamte Unterrichts=Verwaltung in Preußen.）には管見のかぎり発見できなかった。

　ただ，同じ1933年4月20日に，類似の趣旨の文書［通達（Runderlaß）であろう］があるのを認めた。それは，かつて政治運動で中等学校を放校された生徒の原状回復令，復学令である。それは次のように，民族主義政治活動による生徒の退学処分を取り消し，特別の編入試験なしで原級復学させるとしている。

「Nr. 125　民族運動行為を理由とする退学処分について

　1932. 12. 2. 通達（Runderlaß）――UII 1609. 1ほか（中央報，310ページ）――を拡大し，本官はここに次の如く定める。すなわち，1925. 1. 1以来，民族運動行為のゆえに生徒に対してなされたすべての退学処分は破棄される，と。退学生徒は，編入試験なく原級に復帰するものとする。本官は，各州長官並びに行政長官に対し，速やかに実施方策を講ずるよう求めるものである。もし，退学処分破棄に背馳する特別な懸念事態ある場合には，遅くとも1933. 6. 1までに詳細報告されるよう望むものである。

　　　　　　　　ベルリン，1933. 4. 20　プロイセン文部大臣，帝国弁務官　ルスト
各州長官（教育行政関連部局）並びに行政長官殿　UIIS 263 UIIG 並びに UIIC. 1.

　　　　　　　　　　　　　　　　（プロイセン文部省報，1933, S. 122.）」

44) Vgl. Bracht, S. 435.

第 3 章　民族政治科実習

り判定の修正が求められたのである。その根拠が，新国家への忠誠をうたう文部省令であった。これは「政治」が「教育」をのみ込んだ事態である。

　それは，校長をはじめとする教員団のナチ党集団入党にも言える。1933年4月7日発効の「官吏任用法」は，教員のナチズム「適合」を求めた[45]。これにより，国民学校教員はもとより，ギムナジウム教員，中間学校教員等も，自らの職業継続のためにナチ党入党を迫られた。これには，カトリック教会がナチス独裁という「国民的高揚」の中で沈黙し，信仰の自由・信条の自由抑圧に反撃しなかったことも挙げられる（「政教条約」が締結されるのは1933年7月20日のことである[46]）。

　以上の状況と背景を考慮するとき，二つの事件の間の「関係」はきわめて強いと言える。教員と学校は，もはや〈政治〉に抗して〈教育〉の論理を貫くことができなくなっていたのである。

3. まとめ

　生徒に「キャンプと隊列（Lager und Kolonne）の教育」を求めたナチス教育は，文化の追体験としての〈学校〉を，身体訓練とナチスイデオロギー教育の場に，そこにおける教育関係を，垂直的な「教師－生徒」関係（それは〈家庭〉における「親－子」関係のコロラリー（系）である）から，水平的な「同志関係」に転換させようとした。1930年代前半のナチス独裁下の教育は，その方向を志向したと言ってよいであろう。「民族政治科実習」の導入と中止，中等学校教学への外社会・外部団体の直接介入・統制（生徒の「ヒトラー・ユーゲント」化,

---

45)「第4条　これまでの政治的活動に照らし，いかなる時でも躊躇なくこの民族国家に献身する保証の無き官吏は，その職務を解任しうる。…」（小峰訳）Gesetz zur Wiederherstellung des Berufsbeamtentums. Vom 7. April 1933.（出所：http://www.documentarchiv.de/ns/beamtenges.html　最終閲覧：2015年3月25日）
46) 1933年7月20日の政教条約に先がけて，カトリック中央党は，7月5日自主解党している。リューテン校のカトリック中央党員教員は，もはやナチ党以外の選択肢を失ったのである。

教員団のナチ党集団入党，アビトゥーア判定変更）は，それの端的な表れと言える。これにはさらに，教員団体の一元化（Gleichschaltung：ナチス教員連盟へ）および教員再教育政策も視野に入れなくてはならない[47]。

　1930年代の後半に入ると，上構学校の授業と教育はさらなる変貌を遂げるのである。

［追記］
　その後，筆者（小峰）は，「民族政治科実習令」［プロイセン文部省令］（1933. 10. 4）の原典を確認した。この「プロイセン文部省令」（Ministerialerlaß UII C 2580）は，発令からまる1年以上のちの1935年1月になって漸く『ライヒ教育省報』に掲載されたのである（in: Deutsche Wissenschaft, Erziehung und Volksbildung, Jg. 1, H. 1, 5. 1. 1935, S. 6.）。この時間的ラグと管轄官庁のズレが意味しているものは何か。あくまで推測の域を出ないが，ここには，ドイツ全体を統括するライヒ（帝国）教育省創設（1934. 5. 1）を待って，「民族政治科実習」をプロイセン一邦のプログラムから全ドイツ（ライヒ）のプログラムへ押し広げようとする意図，さらに言えば，それとともに「キャンプと隊列の教育」を軸とした「ナチス教育学」生成の困難（理論化の「困難」）が存在していたと，筆者には思えるのである。この理論化の困難に直面していたとき，プロイセン邦ライン州では，1933年10月4日のプロイセン文部省令を受けていち早く1933年12月28日から「民族政治科実習」を大規模に展開し，1935年1月29日までの実質1年間にわたる実施内容を「覚書」として公刊していた（刊行は「1935年」とだけ記されていて正確な発行月日は不明だが，ベンツェの巻頭文日付は「1935年4月15日」とあるので，この後程なく刊行されたのであろう）。この試行を承けてルストは，またベンツェは，これを1933年8月の文相告知に言う「新しいナチス教育様式」＝「ナチス教育学」と大々的に位置づけたように思える。だが，容れ物である「キャンプと隊列の教育」と中身の「ナチス教育学」は必ずしも同じではない。この問題が，その後「ヒトラー・ユーゲント」と「民族政治科実習」との対立となって現れてくるのである。

47）ワイマール時代に都市ベルリンならびに全ドイツの教育研究センターだった中央教育研究所（Zentralinstitut für Erziehung und Unterricht）は，ナチ時代にはナチス教育学振興のセンターに変じた。新所長ベンツェの下で，ナチスカリキュラムの普及，教員の再教育が，ここを拠点として全国で行われる（1933年から始まる教員講習は「教員ラガー」（Lehrerlager：教員キャンプ）と呼ばれた）。Vgl. Kraas, Andreas: Lehrerlager 1932-1945 : politische Funktion und pädagogische Gestaltung. Bad Heilbrunn: J. Klinkhardt, 2004. 私はかつてワイマール時代の中央教育研究所を研究したことがあるが（小峰総一郎「第6章二．ベルリン中央教育研究所」『ベルリン新教育の研究』（風間書房，2002年）参照），学校田園寮の後史とも重なる中央教育研究所の変貌も，今後深めてみたいテーマである。

第 3 章　民族政治科実習

　なお，1933. 10. 4 の「プロイセン文部省令」(Ministerialerlaß UII C 2580) は「学校田園寮」(Schullandheime［複数形］) と題されたものであって，「民族政治科実習」というタイトルではない。しかし，省令にある「ドイツの青年を郷土，民族，国家に組み入れ」，「〈血と土〉を強化」，「学校田園寮は民族政治教育目的」等の文言から，先行の記述はこれを「民族政治科実習」の法源のように言っているのであろう。筆者（小峰）も本論でそのように表現した。厳密にはこれはすべて修正すべきであるが，省令内容を尊重して「民族政治科実習令」のままとした。

　ライヒ教育大臣ルストは，1935 年 7 月 13 日に，上記「民族政治科実習令」［プロイセン文部省令 (1933. 10. 4)］を全ドイツ化するために，ライヒ全体に向けて「民族政治科実習」の実施を求めた (In: Deutsche Wissenschaft, Erziehung und Volksbildung, Jg. 1, H. 15, 5. 8. 1935, S. 337-338.)。ここにおいて「民族政治科実習 (Nationalpolitische Lehrgänge［複数形］)」という名称も全ドイツ化したと言える。この段階でルストは，ライン州の試行に基づき各邦各州が「ナチス教育学」をより豊かに発展させるべく「民族政治科実習」を多様に実施するよう促しているのである。そこで以下に，この拡充令の大要を紹介しよう。
　筆者はその後さらに，民族政治科実習の「廃止令」を収録したホマイヤーの書を入手することができた。これは，ナチ時代の「最重要」法律等を収録した法令集である。(Homeyer, Alfred (Bearb.)：Die Neuordnung des höheren Schulwesens im Dritten Reich. Sammlung der wichtigsten diesbezüglichen Gesetze, Erlasse und Verfügungen seit Januar 1933. Berlin: Klokow, 1939, 1. Nachtrag 1941.)
　これも含め，以下に二つの「民族政治科実習令」を掲載する。

中等学校生徒用民族政治科実習令 (1935. 7. 13)
［拡充令，大要］

　1933. 10. 4 の本官省令 (UII C 2580) に基づいて，民族政治科実習が多くの州で (in mehreren Provinzen) 開設された。ライン州の中等教育局においては，この民族政治科実習が，格別のやり方で実施された。1933 年 10 月［ママ］以来，中等学校 OI-UII 級全生徒，並びに女子高・幼稚園託児所教員養成校の全生徒に実施されたのだ。
　大地接近の共同体教育＝ナチス教育である。ライン州の実践は，かかる学校生活に刺激を与えるものである。

1.

　各州長官におかれては，直ちに，貴州においてこの民族政治科実習が可能かどうか，またいかにして行うべきか——その際，財政にも配慮しておくことが必要である——を検討してほしい。特に以下諸州は喫緊である：東プロイセン，シュレジエン，シュレスヴィヒ＝ホルシュタイン，ハノーヴァー，ヴェストファーレン［国境地である——小峰］。その検討の結果を報告してほしい。実習は 3 週間

続くものとし，断然，夏の期間に行うものと予定している。それゆえ，授業の欠損を考慮し，全クラスを一どきに実習に送ることが必要である。この間，引率以外の教員は，教員研修に参加することが可能であろう。

　民族政治科実習は学校行事であるので，全員参加が求められる。父母は，そのための負担を負うものとする。但し，貧困生への補助は考える必要がある。費用問題ゆえの不参加は無きように。但し，病気に因ることを医師が証明した場合は認めるものとする。ライヒ青少年局との協定に基づき，ヒトラー・ユーゲント団員が合同して実習に参加する場合は，休暇として扱うものとする。他校，並びに多くの地方，および様々な宗教のものが共同することは，よい成果を上げるものと考える。実習参加者は80名以内とし，男女別の実施を考えたい。

　1934年の協定に基づき，ユースホステル連盟を「ナチ組織」とみなすものとする。［ユースホステルの優位性──小峰］

　引率教員の選抜：ナチズム確信教員を旨とし，他の世界観をもつものは不可とする。彼らは，新国家の課題と責任を貫いてくれるであろう。ラガー長とハイム補助者の三級教員──この者は，教育当局が任命するものとする。二級教員，三級教員の参加が重要である。彼らについては，将来，ラガー長が個人調書に評価を載せるものとしたい。

　キャンプにおける民族政治科実習の内容は次の形態とする。

　a）スポーツ
　b）土地の探究究明
　c）講義
　d）ハイムの夕べ

それぞれをバラバラに追求してはならない。四つ全体が統一体となって初めて，民族政治科実習の偉大な課題に，すなわち新しい民族学校に寄与しうるのである。それはすなわち次のものだ。

　「青年を郷土・民族・国家の中に組み入れる；土地の環境の中で見出したその人種的諸力（rassische Kräfte）を覚醒させる；そして彼らが喜びをもって共同体生活に立ち向かうよう教育すること。」

　したがってガリ勉は不可であり，体得をこそ重んずるべきである。

　　　　　　　　　　　　　　2.

　各州長官におかれては，ライン州の覚書を参考にし，これに学びながら実践することを推奨する。本官は，この覚書は民族政治科実習の入口に過ぎぬものであるので，各州においては，さらなる発展を探ってほしいと願うものである。

　　　ベルリン 1935.7.13

　　　　　　　　　　　　　ライヒ並びにプロイセン教育大臣 ルスト
各州長官殿（中等学校関係）
EⅢb 1900 M, KⅡ．

（出所：Deutsche Wissenschaft, Erziehung und Volksbildung, Jg. 1, H. 15, 5. 8. 1935, S. 337-338.）

第 3 章　民族政治科実習

> ［中等学校］　生徒用民族政治科実習令（1936. 12. 3）
> ［廃止令，全文］
> 数州で（in einigen Provinzen）実施されたる中等学校生徒用民族政治科実習（ライヒ教育省令 1935. 7. 13 参照。『ライヒ教育省報』1935, S. 337 参照）であるが，しかしながら，これは廃止（aufheben）することとする[48]。

---

48) Homeyer, Alfred (Bearb.): Die Neuordnung des höheren Schulwesens im Dritten Reich. Sammlung der wichtigsten diesbezüglichen Gesetze, Erlasse und Verfügungen seit Januar 1933. Klokow Berlin, 1939, 1. Nachtrag 1941, C 69.
　私が訳出した「民族政治科実習廃止令」テキスト原文の末尾には，典拠として „MinErl. v. 23. 12. 1936—— E IIIb 2999, KII" とある。これは「1936年12月23日付ライヒ教育省令 E III b 2999, K II 号」の意である。この通りであれば，民族政治科実習の廃止は1936年12月23日となる。しかしこれはホマイヤーの法令集1941年補遺版の記述である。他方，私がこれまで依ったアイラースは，ホマイヤーの法令集1943年版の „Erlaß des RMfWEuV vom 3. 12. 1936, in: Humeiyer, a. a. O., C. 76." (「『1936年12月3日付ライヒ教育省令』。ホマイヤー同書，C76」) を典拠にしており (S. 41, 145参照)，この法令集の方が新しい。分類番号が大きいのは収録法令が多くなったためであろう。そして新版においては，「民族政治科実習廃止令」の日付も吟味・修正されたと考えられる。これらにより，私はひとまず民族政治科実習の廃止は「1936年12月3日」であったとしておく。(管見のかぎり，本令を『ライヒ教育省報』Reichsministerialamtsblatt Deutsche Wissenschaft, Erziehung und Volksbildung に見出すことはできなかった。本令テキストは，ホマイヤーに依る以外なさそうである。)

第4章

人種科

 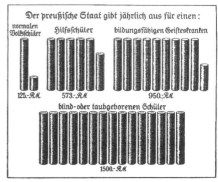

「人種科」授業資料

（出所：Dithmar, S. 227.）

はじめに

　さて大分遠回りをしてしまったが，ここで再びリューテン上構学校教学に話題を引き戻して，今回は1930年代後半における当校の教育教授を跡づけることにしたい。

　1930年代後半は，ショルツが「教育政策第二局面，権力具現化と戦争準備：4カ年計画開始から電撃戦戦術終幕まで」とした時期である（1937-1940秋）。それは「（分離した各権限領域内での）内的な時には競合する諸要求（目標設定の過大化）に基づく権力具現化；社会的権力関係の抜本変更なし；ユダヤ人憎悪先鋭化，教会影響力弾圧；教育制度の統一化；軍事化と総統礼賛強化」，をその特徴とする。内部に矛盾をはらみつつも，ナチズム体制が「確立」して行く

時期である。すなわち，この時代は「ナチズム」体制の内部整備が課題であり，教育・宗教・イデオロギー分野は取りわけ重視された。教育においては「ナチス教育学」の確立が急務であったと言える。ショルツの構造把握は表4-1のごとくである[1)]。

表4-1 ナチス教育政策第二局面，権力具現化と戦争準備（1937-1940秋）
● 4カ年計画開始から電撃戦戦略終幕まで
──（分離した各権限領域内での）内的な時には競合する諸要求（目標設定の過大化）に基づく権力具現化；社会的権力関係の抜本変更なし；ユダヤ人憎悪先鋭化，教会影響力弾圧；教育制度の統一化；軍事化と総統礼賛強化。

年／分野	①重要政治決定	②新規機関・重点	③学校機構，教育課程	④教員団体，教員養成	⑤青少年政策
1937	3. 国家業務被傭者，総統への忠誠宣言 5. 官吏組合法	1. アドルフ・ヒトラー校，ヒトラー・ユーゲント（HJ）とドイツ労働戦線（DAF）により設立 2. SS総統，プロイセンのナポラ（NAPOLA民族政治教育舎）監督となる 3. 中等学校制度統一（1940年まで校種は分化） 10. 職業教育制度規則	3. 男子高校，女子高校，ギムナジウム，上構学校 5. 基礎学校教則大綱（1940.12まで） 7. 宗教授業は「聖職者でなく」教師だけにより存続可 9. 男子校の体錬（Leibeserziehung）	6. 高校教員第二次試験全国規則。教員養成大学で高校教員養成開始 10. 国民学校教員試験規則 11. なお存続していた教員組合［連盟］解体	1. 新少年刑執行 2. ヒトラー・ユーゲントに競争スポーツを移管
1938	3. バイエルン学校監督法 7. 帝国就学義務法 11. ユダヤ人生徒，公学校から排除	1. 中等学校教育授規定（宗教教授教則大綱なし） 7. 中級成熟証廃止 8. 特別成熟試験，英才試験確立	4.「プロイセン養護学校」命令	3. 教員新聞の中央集権化 4. ナチス教員連盟（NSLB），宗派校反対アジテーション 10. 教員養成大学における国民学校教職者履修規則	1.19 ドイツ少女団（BDM）下部機構「信念と美」 4. 女子アビトゥーア生徒の奉仕義務年 4. ヒトラー・ユーゲント健康証，適格性検査 12. SS戦時農民養成対応協定
1939	2. ドイツ官吏養成経歴規則 7. 教員＝帝国官吏化 10. ヒトラー，ポーランド人知識人絶滅を希望	8. ドイツ諸邦アビトゥーア試験同等化 12. 国民学校教育授規定 12. 中間学校教育教授規定（1941年まで有効）	2. 都市家政教育規則 4. 帝国統一読本協定	2. 教員養成大学学修用上構学修課程コース（プロイセンの教員不足［のため］）	1. ヒトラー・ユーゲント寮調達促進法 3. 青少年奉仕命令；義務ヒトラー・ユーゲント制 9. 不就業婦人の帝国労働奉仕（RAD）召集
1940	6. 世界観授業，戦時不要化 10. ボイムラー，教科書を党により検閲 12. ヒトラー演説，ナチス教育政策言及	10. ヒトラー，ナポラ拡大を希望 11. オーストリア基幹学校，教員養成所を引き受け，帝国制度化	3. 中等学校上級の宗教授業を廃止，「戦時中等学校授業編成」 8. 農業職・農業専門学校教則大綱；学校における古材，草木採集開始	11. 国民学校教員帝国統一給与規則	3. 6-18歳の全青少年健康保護 9. 拡大学童疎開 10. ヒトラー職務懲罰規定

（出所：Scholtz, 1985, S. 52-53.）

1. 人種科——ナチスカリキュラムとその構造

人種学者ギュンター
(Hans Günther, 1891-1968；注25参照)
(写真：Günther, 2012, 裏表紙より)

　ここではまず1930年代後半のナチスカリキュラムを跡づけよう。なかでも「人種科」(Rassenkunde)はナチスカリキュラムを象徴するものであるので，次節では，それがリューテン上構学校でどのように扱われたのかを中心に述べることにする。
　「人種科」と「歴史」は「ナチス教育学」の核をなすものだった。だが，それは「民族政治科実習」で述べたことに関わるが，「ナチス教育学」生成の「困難」のなか，既成の「科学」を「ナチ・イデオロギー」に接木したと言わざるをえないものである。それはつまり，一方は「人種衛生学」(Rassenhygiene)という「科学」の装いの中に「血と土」を合理化させた「人種科」——非アーリア民族の

---

1) Scholtz, Harald: Erziehung und Unterricht unterm Hakenkreuz. Göttingen: Vandenhoeck & Ruprecht, 1985. (Kleine Vandenhoeck-Reihe, 1512), S. 52-53.
　ハラルド・ショルツ (Prof. Dr. Harald Scholtz, 1930-2007) は，今日までナチス教育研究の第一人者だったと言えるだろう。彼は「ナチ第三帝国」13年間の教育を，約4年間ごとの三つの時期に区切り，それら局面内の教育政策展開を ①重要政治決定　②新規機関・重点　③学校機構，教育課程　④教員団体，教員養成　⑤青少年政策，の視点から整序している。ナチス体制下の教育を全体としてとらえるのにまことに的確である。(ちなみにショルツは1942-45にナチ党幹部養成校「アドルフ・ヒトラー校ヴェストマルク」(Adolf-Hitler-Schule Westmark) に学んでいる。戦後はベルリンのギムナジウムを経てベルリン自由大学，チュービンゲン，ゲッチンゲン，エジンバラ（英国）の各大学に学び教師，研究者となった。ベルリン自由大学教授（1971-1995）。一連のナチス教育史研究で有名であるが（同書以外にアドルフ・ヒトラー校研究が特筆される。Scholtz: NS-Ausleseschulen : Internatsschulen als Herrschaftsmittel des Führerstaates. Göttingen : Vandenhoeck & Ruprecht, 1973)，近世教育史研究（グラウエン・クロスター研究など）も見落とせない。いずれも精緻な研究である。(「Prof. Dr. Harald Scholtz」http://www.hs-b.de/ 参照。最終閲覧：2015年12月2日)

排除と，生存圏拡大——であり，他方は「人種問題が主要な問題として取り扱われるような世界史」たる「歴史」であった[2]。

(1) 人種科

ナチの人種主義については，近年わが国においても精力的に研究されてきている[3]。しかし，「人種学（Rassenkunde）」［ないし「人種科」，「人種衛生学（Rassenhygiene）」が実際どのように教育されたのかははとんど知られていない[4]。

ヒトラー（Adolf Hitler, 1889-1945年：ドイツ国首相・総統）は，『わが闘争』（第1巻：1925年，第2巻：1927年）で，「人種」教育は教育の「頂点」だと述べた。

> 「人種意識の注入
> 　民族主義国家の全陶冶・教育活動はその頂点を，教育にゆだねられた青少年の心と頭脳の中で，人種的意識と人種的感情を，本能的にも知性的にも燃やすことに見いださねばならない。男児たると女児たるとを問わず，血の単一性の必要と本質について究極的な認識を得ないで学校を出してはならない。それによってわが民族の人種的基礎を維持する前提が作られ，またこの前提によって将来文化的にいっそう発展するための前提条件がふたたび確保されるであろう」[5]。

そして，人種教育は，他の教育（身体・精神・学問）と同様その最後の仕上げを「最後・最高の学校」たる「軍隊ですべきである」としたのである[6]。

これを受けて，「人種学（Rassenkunde）」は，1933年8月のプロイセン文部

---

2) ヒトラー，平野一郎・将積茂訳『わが闘争』下，角川書店，1973, p.74。また，太田和敬は，ナチス「人種科」ならびに歴史教育につき，次のように述べている。
　「…歴史教育が科学性を無視したのに対して，人種理論は生物学・遺伝学を動員して努めて『科学的』であろうとした点で，ナチスの教育では特異な性格を示している。…人種科を教育の中心の一つにし，又，事実ユダヤ人撲滅の手段としたことこそ，他の反動思想や他国のファシズムと異なるナチズムの大きな特徴といえる。しかも，人種科こそナチズムの教育である，というのがナチス自身の自己認識であった。…人種の概念は『土』の概念と密接不可分である。『血と土』というナチスのスローガンは，『血』が『人種』であり，『土』が『生存圏』によって表現された。…ナチスの教育概念としての『土』は，部分的には新教育運動の『郷土教育』の概念を利用したものであった。『大地の教育力』を巧みに利用した点で，ナチスの教育方法は卓越したものであったと言わざるをえない」。（太田和敬『統一学校運動の研究』大空社，1992, pp.107-109.）

省「中等学校制度における緊急改革——学校問題諸提案」で「基幹」の学問と位置づけられた。大要次のごとくである。

> 「1. 全学校教育にとっての最重要土台は**人種・生物知識**（die rassenbiologische Kenntnisse）である。これらを生徒に忘れることなきよう身につけさせること、そして他の全科目は、これを授業の根本原則として貫かなくてはならない」[7]。

---

3) たとえば原田一美の一連の研究を挙げることができる。原田一美「『ナチズムと人種主義』考（1）——20世紀初頭までの系譜」『大阪産業大学人間環境論集』5、2006；——「『黒い汚辱』キャンペーン——「ナチズムと人種主義」考（2）」『大阪産業大学人間環境論集』6、2007；——「ハンス・F・K・ギュンターの人種論」『大阪産業大学人間環境論集』9、2010など。

　とくに論文「『黒い汚辱』キャンペーン」は、ヒトラーの人種政策の背景を知るうえで貴重なものである。その「キャンペーン」とは、第一次世界大戦後、連合国のドイツ占領でラインラントに進駐したフランス植民地出身兵（アフリカ等からの約5万人。数については諸説あり）が、現地で引き起こしている数々の暴行陵辱事件を告発するものであった。当時のドイツ外相ケスターの国会答弁（1920年5月）：

　「5万人もの異人種の長期的な使用は、民族衛生的な観点から、…ヨーロッパにとって大きな危険であります。暴力行為の頻発、悪意のない市民の殺害、女性や少女、少年へのレイプ、売春の増大、小都市における多数の売春宿の設立、および最悪の種類の性病の急速な蔓延——ドイツに対するこのようなフランスの政策は、平時における…戦争の続行としか呼びえないものであります。この戦争は、…結果として、ドイツの民族体をその西端において絶滅に向かわせるものであります」。（原田、同論文、p. 19.）ヒトラーはこのキャンペーンに注目したのであろう、『わが闘争』において、「雑種化」・「ネグロ化」は「白色人種の存続に反する罪」、「人類の原罪」であるとした（ヒトラー、同前書、p. 351ほか）。そして後に、フランス植民地出身兵とドイツ人女性との間に生れた子ども（「ラインラントの雑種」と呼ばれた）はナチスにより断種されたのである（原田（2007）, p. 20）。本キャンペーンは、前章で紹介した「民族政治科実習」が、ライン州でいち早く広汎に取り組まれたことと無関係ではあるまい。そしてまたこのキャンペーンは、同州に隣接するヴェストファーレン州のリューテン町をも震撼させたと推察されるのである。

4) Dithmar, Reinhard (Hrsg.): Schule und Unterricht im Dritten Reich. Neuwied: Luchterhand, 1989には、国民学校段階での遺伝学、人種学の扱いが紹介されていて大変参考になる。(Gertrud Scherf: „Vom deutschen Wald zum deutschen Volk. Biologieunterricht in der Volksschule im Dienste nationalsozialistische Weltanschauung und Politik", in: Dithmar, S. 217-234.) ハイケらの書については後述参照。

5) ヒトラー『わが闘争』下、角川文庫、p. 87.
6) 同、p. 88.
7) Dithmar, S. 15-16.

第 4 章　人種科

　ここに,「人種生物学に立脚した身体, 心情, 精神の教育」を求める「新学制」が宣言されたのである。「ドイツの民族共同体の力能, 意欲向上に寄与」するため, 人種・生物知識の形成は第一の, 教育の筆頭課題に設定された。

> 「全クラスに 2 時間の生物。必要な場合には, 数学ないしその他の自然科学諸科目ないし外国語を犠牲にして。遺伝学（Vererbungslehre）, 人種学（Rassenkunde）, 個人・民族・人種衛生学（Einzel-, Volks- u. Rassenhygiene）, ならびに家族・人口学（Familien- und Bevölkerungskunde）は, 取りわけ上級 4 学年では優先的に扱うものとする。
> 　アビトゥーアクラス（最上級クラス）では, 生徒がこの生物法則とその表現形式の基礎を身につけるよう考慮する。そのため, 来年のアビトゥーア試験では, 全試験において, この最重要の基礎知識が身についたか問うことにする」[8]。

　これに続けて,「緊急課題」は, 2．野外探索　3．ゲルマン的, ドイツ的教材の保護　4．現代に近い教育　5．移行期の軽減措置　7．専科グループの日　8．女性の特性と課題の顧慮, をうたった。

　これを実現するため,「ナチスカリキュラム」は, 人種・生物知識を基本とし, この土台の上にドイツ科諸科目――ドイツ語, 歴史, 地理, 図画, 唱歌――を「中核科目」として配し, 外国語は主として英語に限定, さらに普遍教養に代わり「女子のための教育」を重視する, という構造を作り上げた。まことに急ごしらえではあるが, これをひとまず「ナチスカリキュラム」ということができる[9]。

　そこで, 筆者（小峰）はこの趣旨を次のような「ナチスカリキュラム」構造図として描いてみたいと思う[10]。

---

8) A. a. O., S. 17-18.
9) ショルツはこれについて次のように述べている。「このナチの権力掌握後最初の見解表明…は, 中等教育問題に巧みに適合したものである。…［その意図するところは,］すでに1933年以前からみられたナチス教員連盟等による学校制度のラディカル再編計画への憂慮を沈静化させるものであった。本指令は, のちに創設されたライヒ教育省の教育政策にも引き継がれたのである」と（A. a. O., S. 18.）。ちなみに, ベンツェ／シュトゥットカート『緊急改革1933』は, 今まで知られていなかった資料で, 今回初めて印刷されたものである（Vgl. a. a. O., S. 8.）。

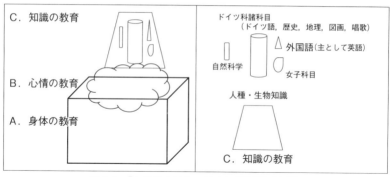

図4-1 「ナチスカリキュラム」構造図(小峰)

(2) 中等学校のナチスカリキュラム

　中等学校は1937年3月の学制改革で、従来の9年制から1年短縮して8年制となった。この8年制の男子高等学校(Oberschule für Jungen)と1州に1校程度のギムナジウムが、基本の男子中等学校である。女子には、家政、養護など「女子の特性」を配慮する科目を配した8年制女子高等学校(Oberschule für Mädchen)が、基本中等学校とされた。これに、ワイマール時代の「リヒャート改革」で導入された上構学校(Aufbauschule)が男女生徒に向けてともに開かれている。上構学校は国民学校6年修了で入学でき、高等学校・ギムナジウムと同等にアビトゥーアを取得すれば大学進学に至ることができた。ナチス政権は、ギムナジウム・(男女)高等学校のようなエリート学校よりも、地方の「生命力」を吸い上げることを期待できる上構学校をむしろ奨励している[11]（リューテン上構学校もこのタイプだった）。ナチ時代の中等学校は**図4-2**のごとくである。

---

10) 管見のかぎり「ナチスカリキュラム」を図解したものは目にしえなかったので、「人種科」理解のために仮の構図として描いてみた次第である。
11) 「各州(Provinz)に最大1校、邦立(staatlich)で全寮制のギムナジウム。これは、古代語の教育と、我が親近者たるギリシア人の教育を手本として、生徒を古代ギリシア人の生に導き入れ、やがて彼らがこれを解明し、ドイツ的民族的なるものを形作り得るようにすることが重要である。こうして回り道なく、自覚的に生き生きした古代語の学習が実現する。かかる中等教育の統一的形成により、これまで地元に希望する教育機会がなかったために生じた親、生徒の経済的・精神的苦痛を除去することが可能である。」(『緊急改革1933』、in: Dithmar, S. 17.)

第4章　人種科

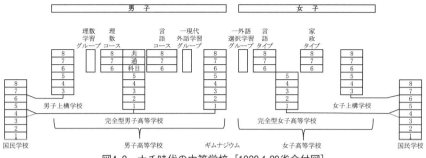

図4-2　ナチ時代の中等学校［1938.1.29省令付図］
（出所：Dithmar, S. XV.）

　これら中等学校に配された「ナチスカリキュラム」は**表4-2**の通りである（男女上構学校，男子高等学校，ギムナジウム（男子），女子高等学校)[12]。

　「ナチスカリキュラム」を時間数，カリキュラム構造から見ると，体育の突出（毎週5時間），文系教科の「ドイツ科」統合，生物（必修）重視の自然科教育，英語を基準とし外国語の削減，宗教の低い位置づけ——を見て取れる。これがすなわち「知識のための知識」を越えるとする「ナチスカリキュラム」である。それは「緊急改革（1933.8）」に基づくと次のように定式化できる。

- 身体の教育というナチス教育理想の土台の上に，心情の教育（宗教をふくむ）が位置付き，これが知識の教育と身体の教育を結びつける。
- 知識の教育は，「ドイツ科」（「ドイツ学」）を基幹として，その周囲に自然科学・外国語（僅かに），女性科目が配される。
- それらすべては「人種・生物知識」に包摂される。

　これが，青年期の教育のみならず，すべての学校を貫く教育原則となったの

---

12) Dithmar, S. XVI-XX. ちなみに本書はベルリン自由大学，ベルリン工科大学ほかの大学研究者による学際研究プロジェクトの成果である。本プロジェクトメンバーは，さきに数年間「ハーケンクロイツ下の学校」をめぐるコロキウム（研究者，大学院生ら参加）を実施，それをベースとして連続講演（1987年）を開催した。それを元にして本書が出版されたわけである。私事にわたるが，筆者（小峰）は1989－90年のベルリン自由大学での最初の在外研究中，まだ継続中であったこのコロキウムに参加させていただいた。ディトマーを中心に，研究者たちの闊達な議論が展開されていたことを懐かしく思い出す。

表4-2 ナチ時代中等学校カリキュラム［1938.1.29省令付表］

A．完全型男子高等学校時間数（理数コース・言語コース付き）

科目グループ,科目 学年	①	②	③	④	⑤	⑥*⁾		⑦		⑧		計	
								自・数コース	言語コース	自・数コース	言語コース	自・数コース	言語コース
Ⅰ．体育	5	5	5	5	5	5		5		5		40	
Ⅱ．ドイツ科													
ドイツ語	5	4	4	4	4	4		4		4		33	
歴史	1	3	3	3	3	3		3		3		22	
地理	2	2	2	2	2	2		2		2		16	
美術	2	2	2	2	2	2		2		2		16	
音楽	2	2	2	1	1	2		2		2		14	
Ⅲ．自然科学,数学													
生物	2	2	2	2	2	2		2		2		16	
化学	−	−	−	−	3	2	2	2	2	2	2	17(16)	11(12)
物理	−	−	−	2		2	(3)	2		2			
算数,数学	4	4	4	3	3	4	(3)	2	2	4	2	30(29)	24(25)
Ⅳ．外国語													
英語	6	6	4	4	4	4	(3)	4	2	4	2	30(31)	36(35)
ラテン語	−	−	4	4	4	4	(3)	4	2	4	2	18(19)	24(23)
Ⅴ．学習グループ													
a）理科,数学	−	−	−	−	−	3	−	3	−	3	−	9	−
b）外国語	−	−	−	−	−	−	3	−	3	−	3	−	9
Ⅵ．宗教学	2	2	2	2	1	1		1		1		12	
合計	31	32	34	34	34	36	(36)	36	36	36	36	273	273

＊）中級完成までの移行期間に，第6学年は学習グループだけが分かれる。
そのため化学・物理・数学ならびに外国語はかっこ内の時間数とする。

（出所：Dithmar, S. XVII.）

B．上構型男子高等学校（上構学校）時間数

科目グループ,科目 学年	③	④	⑤	⑥	⑦	⑧	計
Ⅰ．体育	5	5	5	5	5	5	30
Ⅱ．ドイツ科							
ドイツ語	5	5	4	4	4	4	26
歴史	4	3	3	3	3	3	19
地理	2	2	2	2	2	2	12
美術	2	2	2	2	2	2	12
音楽	2	2	2	2	2	2	12
Ⅲ．自然科学,数学							
生物	2	2	2	2	2	2	12
化学	−	−	3	2	2	2	17
物理	−	2		2	2	2	
算数,数学	5	5	4	3	3	3	23
Ⅳ．外国語							
英語	6	6	4	4	4	4	28
ラテン語	−	−	4	4	4	4	16
Ⅴ．宗教学	2	2	1	1	1	1	8
合計	35	36	36	36	36	36	215

（出所：Dithmar, S. XVI.）

第 4 章　人種科

C．ギムナジウム［男子のみ——小峰］

科目グループ,科目 \ 学年	①	②	③	④	⑤	⑥	⑦	⑧	計
Ⅰ．体育	5	5	5	5	5	5	5	5	40
Ⅱ．ドイツ科									
ドイツ語	5	4	4	4	4	4	4	4	33
歴史	1	3	3	3	3	3	3	3	22
地理	2	2	2	2	2	2	2	2	16
美術	2	2	2	2	1	1	1	1	12
音楽	2	2	2	1	1	2	2	2	14
Ⅲ．自然科学，数学									
生物	2	2	2	2	2	2	2	2	16
化学	-	-	-	-	2	2	2	2	10
物理	-	-	-	2					
算数，数学	4	4	4	3	3	3	3	3	27
Ⅳ．外国語									
ラテン語	6	6	4	4	4	4	4	3	35
ギリシア語	-	-	5	5	5	5	5	5	30
英語	-	-	-	-	3	3	3	3	12
Ⅴ．宗教学	2	2	2	2	1	1	1	1	12
合計	31	32	35	35	36	37	37	36	279

（出所：Dithmar, S. XVIII.）

D．完全型女子高等学校時間数（語学タイプ）

科目グループ,科目 \ 学年	①	②	③	④	⑤	⑥	⑦	⑧	計
Ⅰ．体育	5	5	5	5	5	4	4	4	37
Ⅱ．ドイツ科									
ドイツ語	5	5	4	4	4	4	4	4	34
歴史	1	2	3	3	3	3	3	3	21
地理	2	2	2	2	2	2	2	2	16
美術	2	2	2	2	2	3	3	3	29
手芸	2	2	2	2	2				
音楽	2	2	2	2	2	2	2	2	16
Ⅲ．自然科学，数学									
生物	2	2	2	2	2	2	2	2	16
化学	-	-	-	-	3	3	3	3	14
物理	-	-	-	2					
算数，数学	4	4	4	3	3	2	2	2	24
Ⅳ．外国語									
英語	5	4	4	4	4	3	3	3	30
現代外国語，	-	-	-	-	-	4 (3)	3 (4)	4 (3)	11 (10)
ラテン語[1]									
Ⅴ．宗教学	2	2	2	2	1	1	1	1	12
合計	32	32	32	33	33	33 (+3)	32 (+4)	33 (+3)	260 (+10)

[1] 1語は必修，他は自由選択．

（出所：Dithmar, S. XIX.）

E. 完全型女子高等学校時間数（家政タイプ）

科目グループ,科目＼学年	①	②	③	④	⑤	⑥	⑦	⑧	計
Ⅰ. 体育	5	5	5	5	5	2	2	2	31
Ⅱ. ドイツ科									
ドイツ語	5	5	4	4	4	4	4	4	34
歴史	1	2	3	3	3	3	3	3	21
地理	2	2	2	2	2	2	2	2	16
美術	2	2	2	2	2	2	2	2	16
音楽	2	2	2	2	2	2	2	2	16
Ⅲ. 自然科学, 数学									
生物	2	2	2	2	2	2	2	2	16
化学	−	−	−		3	3	3	3	14
物理	−	−	−	2					
算数, 数学	4	4	4	3	3	2	2	2	24
Ⅳ. 女性性教科　家政									
料理, 家事, 園芸[1]	−	−	−	−	−	6	6	6	18
手芸	2	2	2	2	2	3	3	3	19
養護									
健康学, 健康養護	−	−	−	−	−	1	1	1	3
職業学[2]	−	−	−	−	−	1	1	1	3
奉仕活動（乳児院, 幼稚園, 家族）	−	−	−	−	−	3)	3)	3)	30
Ⅴ. 外国語									
英語	5	4	4	4	4	2	2	2	27
Ⅵ. 宗教学	2	2	2	2	1	1	1	1	12
合計	32	32	32	33	33	36	36	36	270

1) 冬は園芸に代わって工作。
2) 第8学年の職業学は, 事情に応じて健康学・健康養護, ないし生物と結合する。
3) 特別な時間は設けない。なぜなら, この活動は4週間にわたる活動の中だけで行われるからである。この間は授業は行われない。

（出所：Dithmar, S. XX.）

F. 上構型女子高等学校（上構学校）時間数（家政タイプ上級付き）

科目グループ, 科目／学年	③	④	⑤	⑥	⑦	⑧	計
Ⅰ. 体育	5	5	5	2	2	2	21
Ⅱ. ドイツ科							
ドイツ語	5	5	4	4	4	4	26
歴史	3	3	3	3	3	3	18
地理	2	2	2	2	2	2	12
美術	2	2	2	2	2	2	12
音楽	2	2	2	2	2	2	12
Ⅲ. 自然科学, 数学							
生物	2	2	2	2	2	2	12
化学	−	−	2	3	3	3	15
物理	−	2	2				
算数, 数学	4	3	3	2	2	2	16
Ⅳ. 女性性教科							
家政							
料理, 家事, 園芸[1]	−	−	−	6	6	6	18

第4章 人種科

手芸	3	3	3	3	3	3	18
養護							
健康学，健康養護	–	–	–	1	1	1	3
職業学[2]	–	–	–	1	1	1	3
奉仕活動（乳児院，幼稚園，家族）	–	–	–	3)	3)	3)	
Ⅴ．外国語							
英語	6	5	5	2	2	2	22
Ⅵ．宗教学	2	2	1	1	1	1	8
合計	36	36	36	36	36	36	216

1），2），3）：完全型女子高等学校（家政タイプ）参照.

(出所：Dithmar, S. XXI.)

［注――校種タイトル A，B，C…は小峰が付したものである.］

である。

2. 「人種科」の授業

ナチ時代の授業風景
(出所：Keim, 1990)

(1) 国民学校の「人種科」授業

さて，この「ナチスカリキュラム」は教育現場でどう実践されたのだろうか。とりわけ，その中核たる「人種科」は――。だがそれを解明するのはきわめて難しい。そこには，教育実践を歴史的に究明することの困難に加え，何を「ナチス教育実践」と考えるか，それをどう究明するかという原理的・方法論的問題があるからである[13]。だが，シェルフの研究に

---

13) ドイツの代表的な教育史通史『ドイツ教育史ハンドブック』第5巻（1989）は，ナチス教育実践に関し「ナチ期の教育現実を描くのは難しい（それ以前の教育学との断絶，ナチス先駆思想家からモデル化できぬ）；教育事実の中には教育理念と共に政治社会的要請，教師・親・生徒の適応迎合戦略をはらむ諸組織の競合利益が輻輳，これらが相俟って漸く具体的な教育像に反映するからである」と述べてナチ期の教育課程，教育制度を叙述するに留まり，「ナチスカリキュラム」が教育現場でどう実践されたかには及んでいない（テノルト）。これは通史の性格上やむを得ないことであるが，筆者（小峰）としてはそこに典型例を取ってでも鍬を入れて欲しかったと思う次第である。

は，国民学校での「人種科」教育実践が簡潔に描かれている。そこでまず，多くの青少年（同一世代の90％）が通う国民学校での「人種科」教育の特徴を見てみたい。

Vgl. Tenorth: „Das Konzept der Erziehungspraxis nach 1933", in: Langewiesche/Tenorth (Hrsg.): Handbuch der deutschen Bildungsgeschichte. Bd. V. 1918-1945, München: Beck, 1989, S. 142.

ちなみにショルツは，ナチス教育体制のもとで教育教授についての統一コンセプトがなかったと言う（Vgl. Scholtz, Harald: „Schule unterm Hakenkreuz", in: Dithmar (1989), S. 2-3.）。そのような中では，教育行政や教員養成政策，教科書政策の後に，生徒に最も近いところで行われる教授（授業）と訓育（人間形成）は，個々の教師のナチズム解釈と判断に基づいて実践されざるをえない。そこに，「定型化」しえない授業行政の難しさがあると言える。（むしろドイツ・ナチズム教育に対し，戦前わが国における（天皇制の）授業の方が「定型化」の度合いは高かったと言うことができる（稲垣忠彦『明治教授理論史研究：公教育教授定型の形成』評論社，1982，参照）。

なお，ドイツにおける本格的ナチス教育研究は，さきのショルツの研究，また，カイム（Wolfgang Keim, 1940-，パーダーボルン大学（退職）教授。ブラハトの博士論文指導教授）の研究が際立っている。(Keim, Wolfgang: Erziehung unter der Nazi-Diktatur. Bd. 1. Antidemokratische Potentiale. Machtantritt und Machtdurchsetzung. Darmstadt : Primus, 1995; Bd. 2. Kriegsvorbereitung, Krieg und Holocaust, Darmstadt : Primus, 1997.) これまでナチス教育史研究が十分に行われなかったのは以下の理由による。①大戦中爆撃で多くの史資料が失われたこと，②戦後ドイツの東西分裂で史資料利用の制約があったこと，そして③東西ドイツの歴史観・政治上の困難があったこと（東ドイツ：ナチス・ドイツの全否定の国是から，ナチス教育史の構造的な研究がなされなかった。西ドイツ：東西冷戦の中で「非ナチ化」が成就せず，そのためナチス教育史を批判的に掘り下げることができなかった）。東西統一を経た今日，ナチス教育史研究は漸く本格的な究明の条件が整ったと言えるのである。（3章に引照したアイラースのナチ教育政策史研究は，そのような制約された条件下での貴重な成果と言ってよい。Vgl. Eilers, Rolf: Die nationalsozialistische Schulpolitik : eine Studie zur Funktion der Erziehung im totalitären Staat. Köln: Westdeutscher Verlag, 1963.（Staat und Politik, Bd. 4）

わが国におけるナチス教育史研究は，政治学者の宮田光雄の研究が群を抜いている（宮田光雄『ナチ・ドイツの精神構造』岩波書店，1991）。教育学者では増渕幸男『ナチズムと教育：ナチス教育政策の原風景』東信堂，2004 が「ナチス教育」を正面から扱い，また對馬達雄『ナチズム・抵抗運動・戦後教育：「過去の克服」の原風景』昭和堂，2006は反ナチ抵抗運動を詳細に研究しているが，一般にファシズム期の教育研究は「まったく低調」という状況である（増井三夫「ファシズムと教育」古沢常雄・米田俊彦編『教育史』学文社，2009，p. 101）。今後わが国においても本格的なナチス教育史研究が行われる必要がある。

「①遺伝学
・遺伝学——ノートには，まず植物並びに動物の例に即しながらメンデルの法則が大量に描かれる。これに続いて，民族の保護と人種学が詳述されるのである。

　例えば，今日価値高き民族，並びに価値低き民族が同数であったとして（50％：50％）——価値高き民族が3人の子どもを持ち，価値低き民族が4人の子どもを持つならば
・100年のちには23％：77％になり，
・300年のちには4％：96％となる。」[14]　（冒頭図参照）

「②人種科
・授業における遺伝学ならびに人種科省令（1933.9.13）——これは何よりも，生徒たちに，ドイツ民族が他の種族とりわけユダヤ人に相対しているということを教えるものである。全ドイツ人の血統は北方民族である。これに対して，他民族との民族雑種の危機が扱われる。

○ギュンター（Günther）ならびにブローマー（Brohmer）に則し，何よりも現代の5民族類型が扱われる。
・北方民族：現代史の中の最良の指導者であり発明発見者であり，あらゆる領域の最高度の達成を成し遂げた民族であると。
・その中で，もしも価値ない民族雑種か民族混交が行われるならばどうなるかを，生徒たちはノートに記す。
○ユダヤ人，ジプシーの問題——落とせない
・ユダヤ人問題＝生存問題。
・雑種の危機：

---

[14] Vgl. Scherf, Gertrud: „Vom deutschen Wald zum deutschen Volk. Biologieunterricht in der Volksschule im Dienste nationalsozialistischer Weltanschauung und Politik". In: Dithmar (1989), S. 226-227.

（例示）——交配がもたらすもの
　障害犬［劣等］／マルチーズ［優秀］
　のろま働き馬［劣等］／レース馬［優秀］
　器官の障害［劣等］／健康身体［優秀］
〇ヴォルター（Wolter）に則し。
　ユダヤ人——放浪癖傾向，コミュニズム傾向。居所拡散にもかかわらず，相互に支え合う。
　・これらのすべてを少なくすることが，我々の幸福につながる。〈死んだ勇者よりも死んだ犬の方がまし〉

　ブローマーもヴォルターも，ユダヤ人並びにジプシーの物理的撲滅を述べてはいないけれども，そのような帰結が必然化されるのである。…この論が出版されるということを知った時，上のような問いが繰り返されていかざるをえない。…生物，人種科にとどまらず，このことは歴史と地理，自然科学と生活科にも及んでいる。…1940年から1943年の間に学校生活を送ったものは，このような教育現実があったことを綴っているのである」¹⁵⁾。

　シェルフはまことに簡潔に，「人種科」教育の典型像を描いている。この「人種科」が，「劣等人種の『断種』」，「アーリア人種の『繁殖』」，そして「ドイツ民族の『生存圏』確保」に帰結していくわけである¹⁶⁾。

---

15) A. a. O., S. 229-230.〈死んだ勇者よりも死んだ犬の方がまし〉（〈Lieber ein toter Hund als ein toter Held〉原文ママ）［聖書に「生きている犬は死んでいるライオンに勝る」のことばがある（伝道9：7新世界訳）。このドイツ訳 „Lieber ein lebender Feigling als ein toter Held"〈死んだ勇者よりも生きた腰抜けの方がまし〉のもじりか。ユダヤ人は死んだ犬以下だとの意を表すものか——小峰］

16) リチャード・ベッセル（大山晶訳）『ナチスの戦争 1918-1949 民族と人種の闘い』中公新書，2015，pp. 80-86 参照。

(2)「人種科」の背景

ここで「人種科」の背景を整理しておきたい。

① 社会ダーウィニズム論と生物授業

すでに20世紀転換期以来「社会ダーウィニズム論」が民族間，一民族内の選抜原理として台頭してきたのであるが，ドイツでは特に第一次世界大戦敗北により，「淘汰」の必然性がいっそう強く主張されることとなった。社会は，自民族の堕落を避けるため，「良性」(優生) 要素を保存し「悪性」は断種すべきとするのである。ドイツ生物学者連盟は生物決定論を展開し，人種優生教育の必要性は歴史，文学，哲学，宗教方面でも語られるようになる。

かくして生物授業は，教則 (1925) で公民・国民教育として授業内容に入ることになった。生物教育は祖国理解のための「ドイツ的教育」(deutsche Erziehung) に適うとされ，「生存競争説」は，ワイマール時代末には生物のみならず他教科にも入ったのだった[17]。

② 人種学省令

ナチスの「生物的に考察する世界観」は，こうした下地の上に築かれていくわけである。

○1933.9.13 プロイセン文部省令「諸学校における遺伝学ならびに人種科」
Vererbungslehre und Rassenkunde in den Schulen. (1933年9月13日)

1933.9.13 省令は，遺伝学，人種学，家族学，人口政策は不可欠の内容であり，これのために2－3時間数学，外国語授業の転用を可とし，ドイツ科でテーマ化して扱え，としたのだった[18]。

---

17) ドイツ生物学者連盟 (Der Deutsche Biologen - Verband) は，1932年，遺伝学・優生学をドイツ民族にとって不可欠だとして授業への導入を求めていた。「ドイツ民族の人種生物学的未来の危機が，緊急の要請として，遺伝学と優生学の基本の教育を求める。この授業は，ドイツ民族の道徳的退廃に対して不可欠の，最深の倫理的効果を青少年に期待することができる。そこでは優生学教育が公民教育の最重要部分をなすのである」と。Bracht, S. 618. Anm. 457.

諸学校における遺伝学ならびに人種科［人種学省令，1933年9月13日］［全訳］

> 　生物学の根本事実ならびにそれの個々人・共同体への応用に関する知識は，わが民族の革新にとり不可欠の前提である。いかなる男女生徒も，この基本知識なく卒業し社会生活に入ることがあってはならない。それゆえ本官は，この教育課題が最終的に規則化されるまで以下の如く定めるものである。
> 1. ［最終学年］　すべての学校の最終学年で――9年制中等学校ではUII［第2年級下級］でも――遺伝学・人種科教材に漏れなく取り組むものとする。それはすなわち遺伝学，人種学，人種衛生学，家族学，そして人口政策である。
> 　それらの基本は本質的に生物学によるものとし，そのために十分な授業時間を――週に2ないし3時間，必要な場合には数学ならびに外国語を犠牲にして――，直ちに配備するものとする。
> 　しかしながら，生物学的思考はあらゆる教科で授業原則とならなければならないのであるから，他の教科においても，とりわけドイツ語，歴史，地理においては，この課題を遂行しなければならない。この場合，それらの科目は生物学と関連させて扱うものとする。
> 2. ［卒業試験］　この教材は，あらゆる学校の卒業試験において，何人もこれを免れられぬ全生徒必修の試験範囲とする。
> 3. ［報告］　各州長官ならびに行政長官には，本年度終了時に，各学校における本省令実施状況に関する詳細報告を行うよう求めるものである。また，本報告後1ヶ月以内に，卒業試験経過についても本官に報告されるよう求めるものである。

---

18) 省令の内容は「ベンツェ／シュトゥッカート『緊急改革1933』と共通である。本令発令者名は，文部省令の通常の発令者たる「文相　ルスト」でなく「委託を受けて　シュトゥッカート」と記されている（シュトゥッカートは当時文部省局長）。『緊急改革1933』に基づく「人種学」省令は，恐らくシュトゥッカートの執筆なのであろう［シュトゥッカート（Wilhelm Stuckart, 1902-1953）は，ナチス・ドイツの法律専門家で一連のナチス法令を起草している。反ナチ教員を放逐した「官吏任用法」（1933. 4. 7）や反ユダヤ主義法「ニュールンベルク法」（1935）が有名。SS（ナチ親衛隊）幹部。大戦末期には内相・教育相］。私には，ナチス「人種学」のディシプリンは，生物学者ではなく，この法務，内務に通じた敏腕官僚と，さきのベンツェの手により，急ぎ構築されたように思えるのである。ちなみにシュトゥッカートは戦後ハノーファー近郊で「交通事故死」しているが，真相は，ユダヤ人組織「モサド」（イスラエル諜報特務庁）による暗殺だったと言われる（英／日ウィキペディア。ドイツ Wikipedia にはそのような記述は見られない。最終閲覧：2015/9/15）。https://en.wikipedia.org/wiki/Wilhelm_Stuckart, https://de.wikipedia.org/wiki/Wilhelm_Stuckart

第 4 章　人種科

4.［アビトゥーア認証，再試験］　アビトゥーア試験臨席特別監督官により，本官は［学校の］教育活動ならびに試験結果を認証し，不十分な結果と見られる場合，必要とあればこの分野の再試験実施の権利を留保するものとする。
5.［発効］　本省令は1933年10月1日に発効するものとする。

ベルリン，1933年9月13日　　　　　　　　　　［プロイセン］文部大臣
　　　　　　　　　　　　　　委託を受けて：シュトゥッカート
各州長官（中等教育局。ベルリンにあっては学校局）
ならびに行政長官殿　　　　　　　　　　　　　　　　　UIIC6767.

（出所：Zentralblatt für die gesamte Unterrichts-Verwaltung in Preußen. 1933. S. 244.）

しかし，1934年の時間割改革で「人種学」は教科目に入らなかった。わずかに補助教材として関連文献が指定されたに留まる。それらは以下のものである。

［…『わが闘争』1，2巻。「石の脚と巨人の墓」「ドイツ史と人種の運命」「人種衛生学」「健康な民族・健康な人種」「人種と地上の諸民族」「遺伝学・遺伝衛生学」「優生学と民族福祉」「神の子」「遺伝学・発生学説Ⅰ，Ⅱ」「人間科－優生学入門」「生物の対立関係」「遺伝学と人種衛生学」「20世紀の神話」「掛図－ドイツの境界」］

だが，翌年の1935年のライヒ教育省令（『遺伝学，人種学省令』）が人種学の教育を定めた。

○「授業における遺伝学ならびに人種科」Vererbungslehre und Rassenkunde im Unterricht. Vom 15. Januar 1935.

（ライヒ教育省令）授業における遺伝学ならびに人種科（1935年1月15日）[19]

　1933.9.13付本官のプロイセン文部省令（UIIC6767）――諸学校における遺伝学ならびに人種科取扱について（プロイセン文部省『教育中央報』，S. 244）――を全ドイツ［ライヒ］の国民学校・中間学校・中等学校用に拡充適用したことに鑑み，本官はここに，『教育中央報』で先に公表した推奨著作・教材一覧を参照し，省令の具体的実施方策を以下のように定める。

授業における遺伝学ならびに人種科［部分訳］

　（1933. 9. 13文部省令UIIC6767──プロイセン文部省『教育中央報』, S. 244──について。著作物については，プロイセン文部省『教育中央報』で公表された適切著作・教材一覧を参照のこと）
　授業における遺伝学ならびに人種科の目的，目標は以下のものでなければならない。すなわち，これの基本知見，なかんずくこれから得られる帰結を全教科・全生活領域に関連づけて，ナチス精神を覚醒させることであると。それはすなわち次のものである。

1．［全体連関］
　遺伝学ならびに人種科に関わるあらゆる問題の連関・根本事実・結論への洞察を得させなければならない。

2．［ドイツ民族の運命］
　人種と遺伝現象が，ドイツ民族の生活と運命，国家指導課題に取っていかなる意味をもつか理解させなければならない。

3．［民族への責任感覚醒］
　若者に，ドイツ民族全体に対する責任感すなわち現存ならびに将来世代に対する自覚を強化させ；北方遺伝種の主要継承者たるドイツ民族に属する誇りを呼び覚まし；これにより生徒の意志に対し，生徒が自覚的に［自らの］ドイツ民族性の人種的特性化に取り組むよう働きかける；──ということでなくてはならない。

【以下大要】
　国民学校5年から。中級・上級で補足。
［1．］遺伝学
　遺伝学は民族，家族人種学の土台である。生物に含まれる。メンデルの法則，雑種研究。多様なるもの精神身体，淘汰される。動植物応用。学校園で補足学習。進んだ生徒（上級の）ではメンデルの法則や性の決定を。人間に応用。家族。健康vs.病気。身体，精神，信条。精神特性・才能の保存。環境論は否定。伸びが可能であるにしても。
民族の力は人種に帰着する。

［2．］家族学
　家族学，これは人種科を補足するものである。自分を分類群の一環に捉える。家系図・子孫図・親族のつながり。現象──形態，歩行，皮膚色，髪色，目の色。また病気，教育失敗，心情特徴，特殊天分，画才，書の才能等。人種の自覚を。人種保護，これは生物で扱うこと。民族の劣化と闘う。倫理的側面。人口政策も。出生減。人口の保全方策。健全なる農民，植民。

---

19)（『ライヒ教育省報』Reichsministerialamtsblatt Deutsche Wissenschaft, Erziehung und Volksbildung. 1935. S. 43-46.)

> ［3.］人種科
> 　人種学——これは遺伝学の成果の上に築かれる。完成態。人種と民族は違う。国民・言語・文化・宗教共同体の諸概念を明瞭にする。ドイツ民族は他民族，特にユダヤ人と異なる。北方人種の血。生物人種的根拠を学ぶ。計測方法の応用。人種の外面的特徴は天分や内的特性とは対応しない。心情と精神力，これはヒトラーの1933年ニュールンベルク演説で言われたものである。雑種との戦い，ヨーロッパ人の雑種化の危機。異人種との雑種は，すべて自民族の使命を裏切り，民族の低落を招く。これを阻止すべきである。
>
> ［4.］地理
> 　中欧理解に資する。ドイツ民族と先行人種との関係を深化。ユダヤ人とは峻別。事例：過去と現在。血の純粋性，植民地・文化地理学。文化的達成，これは環境ではない。人間が闘い取るもの。
>
> ［5.］歴史
> 　歴史＝民族の生成。世界史＝人種史である。古代のありよう，指導者。民族を考察することの文化的な意味＝ナチス的刷新の見地から。
>
> ［6.］ドイツ語・芸術・唱歌
> 　これらはすべて，ゲルマン的ドイツ的本質の形成へと整序しなくてはならない。
>
> ［7.］数学・理科・外国諸語
> 　政治意志の教育に役立つこと，また人種科・人種保護の教育目的に貫かれなければならない。
>
> ［8.］体育
> 　体錬（Leibesübungen）＝とりわけ重要。
>
> ［9.］政治意志の教育，教師
> 　叙上の民族世界観の諸土台が教育者を貫き，彼が自ら手本となるときにはじめて，若者は欣然と彼の教育に従うであろう。
> ベルリン，1935年1月15日
> 　　　　　　　　　　　　　　　　　　　ライヒ・プロイセン教育大臣 ルスト
> 各ラント授業行政庁（プロイセン以外の）殿
> プロイセン州長官（中等学校局）殿
> プロイセン各県知事　殿
> 首都ベルリン国家弁務官（学校局）殿
>
> RUIIC5209.1.

　ここに，「人種科」を土台とした「ナチス教育学」が構築された。それは，北方人種の血をひくドイツ民族は，高度の文化的達成を遂げた民族である；遺伝学ならびに人種科を漏れなく深く学び，それを「全教科・全生活領域に関連づけ，ナチス精神［の］覚醒」に収斂させる；知識の教育を政治意志の教育に

役立てる。人種科・人種保護という教育目的を貫く；体錬を重んじ，ドイツ民族の心情と精神力を陶冶する；教師は自ら手本となって若者の政治意志の教育に邁進すべきだ——ということになる（ここにはすでに，「劣等種」「病者」「ユダヤ人」の排除論理，また人種学の地政学的拡大論も含意されている[20]）。

③ 断種法

一方，学校の外では断種法と健全結婚法とが定められた。

① 1933. 7. 14　遺伝病者子孫断種法（断種法）Gesetz zur Verhütung erbkranken Nachwuchses

② 1935. 10. 18　民族遺伝健康法（健全結婚法）Gesetz zum Schutze der Erbgesundheit des deutschen Volkes (Ehegesundheitsgesetz) vom 18. Oktober 1935

これによって数十万人に上る「劣等」な人間の断種——障害者だけでも37万人——が行われたのである[21]。

④ 授業へ

学校での「生物」は，無機自然科と，純粋精神科学との中間に学問的位置づけが確定され，生物の最終クラスでは人種方策の教育が定められた。それは次のものである。

1．断種により，遺伝による重度負荷全体を排除する。
2．これらを持つ全有色人種，ユダヤ人，全私生児を民族市民社会とその権

---

[20]「生物学的決定論」はナチス・イデオロギーの柱のひとつであった。ロバート・N・プロクター（宮崎尊訳）『健康帝国ナチス』草思社，2003（文庫版2015）「第3章　遺伝と民族に関する学説」，pp. 88-108 参照。

[21] 1933年7月14日から第二次世界大戦開戦の1939年9月1日までに，ナチスによる障害者の断種は約37万人であった。内訳は次のとおりである。先天性知的障害（203,250人），精神分裂症（73,125人），てんかん（57,750人），重度アルコール中毒（28,500人），躁うつ病（6,000人），遺伝性聾（2,625人），遺伝性重度身体奇形（1,875人），遺伝性盲（1,125人），小舞踏病（750人），総計375,000人（ヒュー・G. ギャラファー，長瀬修訳『ナチス・ドイツと障害者「安楽死」計画』現代書館，1996年，pp. 43-44）。

利から排除する。懲罰により雑種を防止する。
3．積極的に誕生選別を促進する。
4．人種責任感の全般的教育。

これを推進したのが「ナチス教員連盟（NSLB）」だった。連盟の創立者で連盟長（1935年の死まで）であったハンス・シェム（Hans Schemm, 1891-1935）[22]は，生物を諸科目の中心科目に位置づけた（「ナチズムは政治的に応用した生物学である」）。

こうして1938年の教則で，生物の一般目標が次のように定められたのである。

ナチス教員連盟初代議長
ハンス・シェム
（©AKG/PPS）

「人種思想に裏づけられた人間の学を深める」
「単なる知的人間観とは全く異なるもの」
‖

22）ハンス・シェム（Hans Schemm, 1891-1935，享年44）ナチス教員連盟設立・代表；バイエルン文部大臣。バイロイト生まれ，靴屋の二男。師範学校卒・教員。妻は4歳年上。結婚は恐らく経済的な理由。化学の教育に精励。顕微鏡駆使。大戦には病気のため補給所勤務，やがて退役。フライコール（ドイツ義勇軍）参加。1922ナチ党入党。1928バイエルン邦議会議員，1930ドイツ国会議員。東部上フランケンに強固なナチ党組織を建設する。地区指導者。1928「ナチス教員連盟（NSLB）」を設立し（Hof市にて）代表。1932加盟者6,000人。1933-35ドイツ教育舎（Haus der Dt. Erziehung）設立＝全ドイツの「ナチス教員連盟（NSLB）」指導のため（バイロイト市）。「積極キリスト教」を唱えてフランケンの福音派司祭を獲得。『ナチス教員新聞』刊行。ナチ政権成立後，コーブルクからパッサウに至るまでの新聞を掌握。1933. 1. 13ヒトラーは，シェムをバイエルン東ガウ長官に任命。1933. 4. 13バイエルン文部大臣。1934ナチス大学委員会に参与。大学・中等学校は静観，他方国民学校には関心大きくこれに関与。教則大綱を策定しイデオロギー教化を推進。教員養成大学3校設立（ミュンヘン，ヴュルツブルク，バイロイト）。1935. 3. 5飛行機事故死。以上ドイツ人名事典 http://www.deutsche-biographie.de/sfz111520.html，ドイツ Wikipedia 参照。（最終閲覧：2015/09/15）

「永遠の血の法則」
　　　　　↓
・ナチ政策との結合（5学年から）
上級：生命法則全体　→　生物後を考察
女性：異種血からの防衛
民族文化の育成
・教材：4-8学年同一
人種学プランは次のごとく。
5学年：家族科，遺伝観察，遺伝健康，人口政策
6学年 ┐
　　　├：科学的遺伝学
7学年 ┘
8学年：民族共同体と国家指導の生物的遺伝的基礎

重点：有機的自然把握，人種学，文化民族の多様性の生物的根拠，出生減，病的遺伝形質，合法的方策，人種的統一の維持，ユダヤ人問題，ニュールンベルク法，人種的特性[23]。

　かくして北方優越種〔ドイツ人〕の，劣等種（ユダヤ人，ロマ，病者・障害者）への断種・殺害が正当化されたのである[24]。

---

23) Vgl. Bracht, S. 617-626。
24) 2015年8月，NHKで，ナチスにより殺害された20万人以上の障害者たちを扱ったドキュメンタリーが放送された。600万人もの「ユダヤ人大虐殺の前に，いわば'リハーサル'として，20万人以上の障害のあるドイツ人らが殺害された」のである。当時の医師たちは，優生学思想を背景にこの患者殺害を推進したのであった。（シリーズ戦後70年 障害者と戦争「ナチスから迫害された障害者たち（1）20万人の大虐殺はなぜ起きたのか」ほか。http://www.nhk.or.jp/heart-net/tv/calendar/2015-08-25.html　最終閲覧：2015/12/09）

3. リューテン上構学校の「人種科」授業

　さて，ここから中等学校であるリューテン上構学校における生物（「人種科」）授業のありようをブラハトの叙述を基に描出したいと思う。

(1) アビトゥーア　口述試験〔口述のみ〕

　ブラハトは，当校のアビトゥーア試験記録（プロトコル）を丹念に掘り起こして，そこから「人種科」の教育実態を読み取ろうとしている。
　以下では，このブラハトの記述大要を紹介する。

　　　［なお，資料部分とブラハトの意見とを区別するため，ブラハトの意見は【ブラハト】と特記した。また，適宜筆者（小峰）の補足も入れてある。〈　〉で表示。］

「〈1934～生物全員必須〉
・生物科は，ナチスによって定められた特殊な位置を占めるので，1934年から全アビトゥーア生が，生物の口述試験を受けなければならなくなった。

１）アビトゥーア1933（試験官：二級教員 Dr. S.）
（課題）
（一）植物の増殖について何か言えるか？
　　　植物の新陳代謝とは？
（二）人間の物質代謝
　　　何故栄養は変容しなくてはならぬのか？
　　　何のために栄養は静脈に行き着くのか？
（三）脊椎動物の聴覚器官，三半規管
　　　聴覚器官の発達を説明できるか？
　　　今日もなお動物界の変化は観察し得るか？
・これらは生物という科目内に限定，政治化の姿は見られない。【ブラハト】

2）アビトゥーア1934（試験官：二級教員Dr. S.）

〈生物内容の全員必修〉

1. 特例措置 【ブラハト】
   - 視学　Hellwig（PSKによりアビトゥーア実施長に任命）は実施前の会談で文相見解を伝達。
   - 生物で試験を受けぬ者も，他教科でその内容を試験する。

　　　　　‖

◎試験委員会は課題軽減
◎生物的内容がドイツ科に混入（＝全員が生物口述受験）

　　　　↓

生物の位置づけ高まる。

（主内容）
- 発生理論／古生物学
- 性の遺伝／遺伝の性特徴
- 発生理論，単細胞生物／化石
- 遺伝形質の運搬者としての染色体
- 遺伝形質の連絡と遺伝因子交換
- ドイツ民族，老齢化民族
- 人種の成立
- メンデルの遺伝法則
- 発生理論の基礎づけ

（補足）

上の内容を生徒は論じ，その後小問が質問された。それは次のものである。
- 近親結婚
- ユダヤ人に対するビスマルクとヒトラーの姿勢
- 民族の退化の可能性
- 植民地化

・薬用植物
・ビタミン

2．解答例
◎〈試験の政治化〉【ブラハト】
断種適正
　　身障者保護，過度は不必要
・3問の最良問題（1つの主題だけにすべてを特化）を『記録』から見ると，ここに，試験の政治化と言うことが出来る。

（一）断種法
　　…病者＝遺伝する。国家にとって，負担である。価値なき者は断種が適正である…
（二）「ドイツ民族の人種構成」
　　…ドイツに6人種あり。北方人種は身体良好。フィンランドのモンゴル人種はヒントによって言及。北方民族の精神は，短く，しかし正確に把握。かつ又，フェーリッシュ人種［カナダ系の一］の体や精神も正しく——但し，詳細ではないが——答えられた。…
（三）「逆淘汰によるドイツ民族遺伝形質の悪化」
　　…劣等素質は，今日昔ほど教育困難でないことが正しく言及された。全民族の遺伝形質の悪化，特に社会的上層で——進んでいる。晩婚，少子化が際立っている。福祉国家の意味するもの——肢体不自由者療養所，精神病棟，ガン病棟——はヒントによって正しく説明された。身障者が労られなくてはならないというキリスト教の原則，は正しく述べられた。しかし，この先ずっと今迄のように行きすぎる必要は無い。
　・アビトゥーアでは，人種主義が生物授業で行われていることを証明。また，実用主義（障害者へ），行きすぎ無用論，教会の姿勢，がうかがえる。

▲人口政策＝価値無き者は断種　【ブラハト】

新断種法（1935.1.15）で初めて定められたいくつかの内容である．
- 断種法
- メルクマール分類
- 性の遺伝，

よりも特殊な内容さえ言及がある。

3）アビトゥーア1935（試験官：二級教員 Dr. S.）

口述テーマ次の通り。
- 性の遺伝
- 血液病
- 遺伝子交換による連結遺伝形質
- 人間の文化発達
- メンデルの遺伝法則
- ドイツ民族の年齢構成とそれの将来に持つ意味
- 人種の成立
- 生殖細胞の減数分裂

‖

◎内容は科学的　【ブラハト】
- 内容は科学的である。日常の政治とは一線を画している。

4）アビトゥーア1936（試験官：二級教員 Dr. S.）
- 口述テーマとこれへの生徒応答を『記録』から再現してみる。

〈断種法〉

(一) ドイツ民族の人口政策的位置から見た断種法の根拠

　…リベラル国家［ワイマール共和国］は無価値者を放任・育成した，ということを生徒は詳述した。カトリック教会の抗議にまで正しく言及していない。ヘルマン・ムッカーマン（Hermann Muckermann）は別のことを述べた

のだ。

◎〈価値少なき者――→断種〉

　ナチの断種法の成果は，ドイツ民族が何故価値少なき民族であってはならないのかを，この法が正しく説明し示しているということである。〔生徒の〕説明は流暢だが，時々，テーマから外れることがあった…

(二) 北方民族と東方民族の精神態度

　…北方民族が東方民族〔アルプス人種〕に優る。両者の比較行う。

　東方民族はけちでつましい。マルクス主義シンパ大衆だ。

　しかし，時に兵士としては良好だ。年金者として十分で満足。

　両民族の補足は十分に説明された…

(三) 健康な遺伝人種を維持・保護し，これによりドイツ民族の維持，保護を行うという世襲農地法の意義

　…帝国食料大臣が何故土地を人民財とし，商業物品をそうしなかったのかが正しく十分に跡づけられている。農業の意義，世襲農地法の生物的意義が良好十分に説明された。

　健全な農地法の政治的意義がドイツの状況，国境に即して十分説明された。更にエストニア・リトアニア・クールラントのドイツ人のことも十分に引証されている。

(四) 人口政策課題としての植民

　…ドイツの空間不足が十分歴史的に跡づけられた。つまり，西部地域との対比で東部地域が述べられる。産業化と全人口のはけ口のことが，大都市の問題として説明された。

　周辺地入植，入植教育の健全さについても十分に理解に至っている様子が説明された。特に，大都市と比して農民の人口過剰も述べられた。…説明のための準備も十分にされている様子であった。

(五) メンデルの第二法則と生産戦

　…ドイツでは出来るだけ輸入に頼らぬことが必要だ。農業のために植物の栽培・交配に科学の導入が必要だ。

遺伝的多様性（7多様性）はよく述べられた。… カラス麦やじゃが芋を品種改良することが大事だ。
（六）人種の下に我々は何を理解するか？
　…人種グループの特徴を知ることが必要。黒人，黄人，白人…。
　遺伝と現象に関して総統［ヒトラー］の「人種は立場である」の言葉がよく説明された。
（七）国家の細胞としての家族
　…ナチズムにおいて家族は細胞にまで還元する。
　（正しい）まさに健康な家族だけが国家に重要なのだということが明らかにされた。家族の中に於いて初めて子の教育が保証され，国家に於いて初めてこれを整序できる（正しく描写）。民族としての国家…（以下不詳）…
（八）民族国家の中の婦人
　…マルクス主義の婦人観は否定すべき。婚姻法（ニュールンベルク法）が正しく述べられた。ナチズムへの確信姿勢を述べた。
（九）獲得形質は遺伝するか？
　…獲得形質の遺伝が見せかけであることを，具体例から述べようとした。そして彼は，マルクス主義に及び，この定説のもとに獲得形質の遺伝不可能性を述べた。（以下不詳）
　例は正しい。移転形質と環境の相補性。
　例，アル中。…

〈ニュールンベルク法〉
（十）ニュールンベルク純血法［血統保護法］
　…ユダヤ人とドイツ人は異なる。彼らは非モラル，非倫理，民族心なく故郷も家もない。流浪の民で近親婚だ。タルムードによってキリストの産婆を許している。
　迫害によりユダヤ人は有害となった。…
　ユダヤ人の性格づけが不正確である。…

〈健全な民族〉

(十一) 民族国家の課題，目標としての健全なる民族

　…民族の堕落と闘うことが正しく述べられた。

　　断種法は良い。その倫理的意義が高く位置づけられた。教育と健康が重要だ。人種の純粋性が，南米の事例を通して述べられた。

　・更なるテーマは次の如く

　　ドイツの諸人種

　　遺伝形質の連結と遺伝子交換

　　卵細胞と精子の成熟

コメント（【ブラハト】）

　・これらは，初の政治的，ナチ的内容である。

　　そこには，断種の合理化が明瞭である。また，カトリック的視点もあり。

　・世襲農地法は，農民にとっての意義あり。

　・東方植民の空間必要論が述べられている。生存圏。

　・ギュンター[25]のえせ人種学に依り立論さる。

　・有機的国家も家族との一体化あり。

　・女性についての母役割への限定あり。

　・ニュルンベルク法（1935.9.15）実施直後であり，反セム主義のステレオタイプ口述多い——宗教，経済，人種に関し——。

5）アビトゥーア1937（試験官：二級教員Dr. S., 二級教員H.）

　・課題，口述解答次の如く。

---

25) ギュンター　Günther, Hans 1891. 2. 16-1968. 9. 25　ドイツの人類［ママ］学者。イェナ大学教授［1931］，ベルリン大学教授［35］。彼の人種理論はナチスに支持され，その人種・民族政策に大きな影響を与えた。主著 Rassenkunde des deutschen Volkes, 1922. Rassenkunde Europas, 1924. Rassengeschichte des hellenischen und des römischen Volkes, 1929.『岩波世界人名大辞典』岩波書店，2013, p. 729.

〈i〉OI アビトゥーア

〔この年学制改革でギムナジウムの年限短縮。そのためアビトゥーア試験はプリマ級２学年（OI, UI）にわたって実施された——小峰〕

(一) 何故断種法か？

　…断種と遺伝を正しく説明した。断種の対象病名を指摘。但し，理解は完全ではない。

(二) 植民，人口政策上の必然性

　…都市の出生は減じている。東部植民に財力必要。

　ポーランド人は出生数大。大土地所有多し。ドイツの出生数120万人。

　出生数比はドイツ人18：ポーランド人32，これは東方の危機だ。

　ポーランド人は低価値だ。ナチの植民計画は正しく理解されている。ポイントは次の通り。

　①人口政策　②経済目的　③政治目的　④民族的植民地　1）原材料　2）経済利益

(三) 人種分布を図に描き，述べよ。

　…正しく図を理解している。北方人種とディナール人種。人種混合は間違っている。

(四) ナチ国家における婦人

　…婦人と男。共学から別学へ。婦人の特別の教育が「母として」必要。スポーツ，余暇，子の世話。婦人は教育者として。

　出生と死について。戦前に比し出生数200万→120万，十分知られず。ヒントで出生増が述べられたが不十分である。

(五) 北方民族＋東方民族

　…ギュンターに依って北方民族が正しく述べられた。クラウスに依れば能力人（Leistungsmensch）だ。家族の意味を正しくつかんでいる。…

(六) 国家の細胞としての健全な家族

　…正しく述べられる。家族の意義，堕落との闘い　——　良

第4章 人種科

(七) 獲得形質の堕落

…ソーマ［細胞体］は身体特徴の訓練で強化されると述べる。

ラマルクの自然淘汰　ラマルクの例は人種には当てはまらぬ。ヴァイスマン[26]の人種性論は知られている。殆んど正しいが論述が論理的ではない…

(八) ニュールンベルク法と人種保護

…正確に説明している。条文引用。ユダヤ人の血 1/2, 1/4。価値なし。

(九) 人種保護法

…正しく理解

農民の減が人口減につながる。…

(十) ナチ国家と健康な人民

…マルクス主義は表面改善。ナチスは断種と結婚資金貸付により健康な子を作る。

↓

出生増

〈農民〉

世襲農地法は健全な農民をつくる

教育と家庭　大事である

〈生産戦〉

・更なる問題

メンデル第二法則と生産戦，一民族の全種属運搬者としての生殖細胞

---

[26] ヴァイスマン　Weismann, August 1834. 1. 17-1914. 11. 5　ドイツの動物学者。ギーセン大学でロイカルトに動物学を学ぶ。フライブルク大学教授［1866-1912］。ハエ，貝，ミジンコ，ヒドロ虫類の発生を研究した。のち眼疾のため理論家となり，生殖質の独立と連続の説（ヴァイスマニズム）を基に生物学の一体系を立てた。獲得形質の遺伝を否定し，H. スペンサーと論争［1893］。自然淘汰の万能を唱え，これにより進化に説明を与えようとし，自説を新ダーウィン主義と称した。主著　Die Kontinuität des Keimplasmas als Grundlage einer Theorie der Vererbung, 1885. Das Keimplasma, 1892. Vorträge über Deszendenztheorie, 2 巻，1902。同前書，p. 240.

〈ナチ世界観基準〉――コメント(【ブラハト】)
- これらには十把一からげのナチ的基準がうかがえる[27]。
  基準はナチ世界観である。
- あらゆるユダヤ人を価値少なき者とする。
- 散漫な人種科
  ――事実内容弱く,イデオロギー多し。
- これらは,1935年以後の状況には対応していると言える。

〈ⅱ〉UI アビトゥーア
- UIアビトゥーアの課題と解答次のごとく。注目すべきは,かかる内容がわずか数ヶ月の教育で使用に付されていることだ。

(一) ユダヤ人の人種関係,拡大と混交拒否
  …東・南ユダヤ人について正確に解答している。
  混交拒否→「モラル,文化短所」,「悪い特性」
  (補問) ユダヤ人のノーベル賞の多さをどう説明するか? m. H. b. [「ヒントにより解答」mit Hilfe beantwortetの意か――小峰]

(二) 精神特性と性格形質の遺伝
  …遺伝,環境からの脱出困難。悪の遺伝を詳述した。
  良い遺伝子の例=L.ウーラント,双子の例を通して遺伝形質の作用が説明された。
  [ウーラント(Ludwig Uhland, 1787-1862)は,ドイツ・ロマン派の詩人で学者・法律家・政治家。一家はテュービンゲンの名門,学者・教養人家系――小峰]

◎〈優生保護〉
  (遺伝健康保護)Erbgesundheitspflege

---

[27] ナチ的基準――問題群の中の「生産戦」(Erzeugungsschlacht)は,地上の表現のみならず,農民の「血」と結合している。そこでは,最後の問題で言及されているように,アウグスト・ヴァイスマンの細胞理論が,人間を遺伝に規定されたものと考えることを求めるのである。かかる人間理解が,人種学衛生学方策を根拠づけている。(Bracht, S. 636.)

(三) 人種，民族，国家への義務としての人種保護と優生保護

…身体，精神の教育で人種を保護発展させなくてはならない。

人種の健康に対する危険（アルコール，タバコ，性病…）と闘わなくてはならない。人種を純粋に保護しなくてはいけない。

法は遺伝病人間の存続を絶たなければならない。r. b. ［「正答」richtig beantwortetの意か——小峰］

（補問）ドイツの人種の構成比はどの位か？

(四) 北方民族，東方民族の精神本質を比較せよ。

…北方民族ないしギリシア人，ローマ人の達成に言及。指導者特性。少ない感受力。クラウス『能力ある人間』。東方民族の成立，生成の姿。成立型。年金者幸福。我慢強さのタイプ。音楽才能。…全体に構成力弱い。憎悪が目立つ。

(五) 染色体理論

…シュトラスブルガー，ヴァイスマン，メンデルにつき説明された。

(六) 発生と環境

…ヴァイスマンWeismann，ラマルクの理論を使い，説明。ヴァイスマンのネズミ24世代実験とその証明は正しくなされた。今日の科学の成果は我々に不可欠であることも述べられている。

(七) 遺伝型と現象型の関係

…表出，遺伝一致，外面のちがい。山岳植物の移植。良く素材知る。

(八) 遺伝病

…経済にとってマイナスだ。断種法は不可欠だ。優生者よりも遺伝病者の方が子どもも多いからだ。…数は正確だ。

（更なる課題）

1．低出生率は人種，民族，国家にいかなる結果となるか。

2．現代遺伝学の創始者としてのメンデルとその理論。

コメント(【ブラハト】)
・専任教員が病気だったが,人種主義の出題は衰えず。
・その理由の一つに,代理教員Hの知識不足あり。
・またUI生の1年早いアビトゥーアで
　　指定教材の中心は世界観
ということがある」[28]。

総括と評価［ブラハト］
1．ナチ・イデオロギー化
・1934年アビトゥーア以来,ナチ基準に基づきアビトゥーアが行われる。
　1935年はまだ自由
・法令によって世界観的教育内容に(まだ限定的)…研究グループ「生物」からのテーマ選択
　　　　　↓
教師Dr. S.もナチ人種学生物へ
方法論も(生徒のキリスト教のことも算入せず)
2．Dr. S.のこと
　・不確定情報ながらDr. S.は1934/35アビトゥーア前に問題を明かす？
　　　　　↓
　当局カリキュラムと異なって試験実施
　・本教師Dr. S.は,第三帝国時代に「勇気」を求めていた,との一生徒の証言あり
　　　　　↑
　これは,Dr. S.の深い宗教性のゆえである。
　しかし,このDr. S.も1933年ナチ党入党

---

28) Vgl. Bracht, S. 628-638.

```
　　Dr. S.の宗教性
　　　　｜
　　非確信ナチ
```

Dr. S.のナチ党入党

・Dr. S.はナチ党員であると共にSA, NSLB, NSV（ナチ民生局）であった。しかし，1945. 10. 1にリューテン町長は長官宛に，「Dr. S.は確信ナチでない」旨，書簡を送っている[29]。

(2) 研究グループ「生物」

　リューテン上構学校では，この間（1933-1937），研究グループ（Arbeitsgemeinschaft）が組織されている。それは，教員の専門とするテーマに生徒の参加をつのり，半年ないし1年にわたり研究を深めるものである。研究グループには，「ドイツ科」，「生物」，「その他（教科関連——英語，物理，体育，郷土史，地理。教科外のもの——写真，グライダー実習）」などがあった。これらに参加する生徒は，最大22人，大方は10人内外であった。特に，哲学・ドイツ語教員ハンマーシュミットが組織した「ゲルマン前史」（1933夏），『わが闘争』（1933/34冬）は，ナチ著作を扱い，最大参加者数22名をあつめる強度に政治的なものだった。このグループは学校のナチス化の先導となった（Bracht, S. 640）。研究グループ「生物」は，この時期の当校の生物，人種学方面の教育実態を窺う上で重要である。これを組織したのは専科教員Dr. S.であった。以下，その内容を紹介する。

〈専科教員Dr. S.による研究グループ「生物」〉

◎1932/33冬学期に専科教員Dr. S.による（Eugenik）「優生学」
　　作られる。
　　　　‖

---

29) Vgl. Bracht, S. 638-640.

優生理論扱う。

優秀なる遺伝の保護，欠損影響から守る。

断種議論にリンクする。

ナチスのテーマに接続

・これの方策：「**遺伝学省令**」（1933. 9. 13）

　（„Vererbungslehre und Rassenkunde"）

最終学年にこの内容を義務づける。

① 1933/34「生物」研究グループ

　15名参加

　共和国では学校園作業に限定

　　　　↓

　・優生学

　・人種問題

　アビトゥーア課題へ

　・観察実験等は有効

　・人種学，遺伝学の文献は重要であった。

② 1934/35冬学期

「目標：…遺伝学，人種教育，人種の純粋性維持につきナチス的理解の正しさを科学的根拠に基づき知悉する。特に，病者増殖，ユダヤ人の危険な影響に関する断種法を扱う。…関連文献の引証，自民族観察で本質理解に至る…。地元医師，診療所見聞を利用する。」

　　　　∥

　人種的，反ユダヤ主義的である。

　ユダヤ人の排除，絶滅を受容

③ 1935/36

　・プロパガンダテーマが選ばれる

　　「学校園植物の遺伝現象観察」

　　　　↓

人種学の「解説」へ

顕微鏡の利用あり

④ 1936/37

・「切開手術」

断片を作成し観察

‖

・科学的問題への回帰，年々高まっていったナチ化との断絶

・「全能の人種学」の修正

1935年アビトゥーア問題での，強い統制からの若干の断絶と対応」[30]

　以上がリューテン上構学校の生物・人種科のアビトゥーア［口述］試験，および研究グループ「生物」の大要である。これは紛れもなく，当時の同校の教育実態を反映していると言うことができる。

　まことにすさまじい内容である。これはまさに，1933年8月のプロイセン文部省「中等学校制度における緊急改革――学校問題諸提案」で言われているごとく，「全学校教育にとっての最重要土台」，「人種・生物知識（die rassen-biologische Kenntnisse）…を生徒に忘れることなきよう身につけさせること，そして他の全科目は，これを授業の根本原則として貫かなくてはならない」を具現化したものと言ってよいだろう。担当教員の生物学者 Dr. S. の場合，内容が科学的だった部分はあるが，ブラハトが言うように「教材の中心は世界観」であって，その「基準はナチ世界観」であることは免れない。総じて「事実内容弱く，イデオロギー多い」人種科と言わざるを得ない。

補記

　当校に兄（弟？）を断種された一級教員 T. がいた（1928-38 ドイツ語，英語，ラテン語を教える）。カトリックの職人協会会員でザウアーラント山岳会員（ここにユースホステル運動のシルマンもいた）。1934年，兄（弟？）断種（精神

---

30) Vgl. Bracht, S. 640-646.

分裂症のため)。ナチスの宗教姿勢のゆえに「内面的には反対者」(innerlich Gegner)。1933. 5. 1ナチ党、ナチス教員連盟加盟、上級指導者となるも授業では「キリスト教的民主国家」に価値を置く(「〈民族共同体〉に新味なし」と)。町の一ユダヤ人に英語を教えて家族のアメリカ行(亡命であろう)を支援した。生徒たちはT.を「最高にきちょうめん」、「一匹狼」だったと回想する。(Bracht, S. 431-432.)

4. まとめ

いま、私の手元に「人種学」を扱った大部な書物がある[31]。これは、近年とみに高まってきた「人種衛生学」(Rassenhygiene)、「人種政策」(Rassenpolitik)研究の中で、これまで十分でなかった教育科学方面の研究の穴を埋めるべく、当時の夥しい数の論文(約2,000タイトル)ならびに学校教科書や授業資料を精査して、人種学・人種政策議論とそれの教育学への浸透を研究したものである。これについて同書は次のように言う；

> 人種政策議論には、学問的教養を備えた多くの学者——大学教授・教師たち(その多くが自然科学者である)——が連なった。「人種生物学」(Rassenbiologie)の制度化と、これら大学教授たちが教員養成大学に制度化[就任]したことは、第三帝国の最重要の大学「革新」に属する。「人種生物学」が教育学教育の新規必須領域となり、以後「人種・衛生学」(Rassen- und Erbkunde)が[大学を含むすべての]学校カリキュラムの中に大きく取りあげられた。それは、これまで精神科学の伝統の色濃い教員養成に、「自然科学」パラダイムが侵入したことを意味する、と[32]。

---

31) Hans-Christian Harten/Uwe Neirich/Matthias Schwerendt: Rassenhygiene als Erziehungsideologie des Dritten Reichs: Bio-bibliographisches Handbuch. Berlin: Akademie Verlag, 2006. (edition bildung und wissenschaft, Band 10). 全546ページ。
　私は、本章に取り組む中でハルテンらの書にたどりつき、これを繙き始めた。その後原田一美論文を参照すると、氏はすでに同書を駆使して「人種学者」ギュンターを描いていた(原田一美「ハンス・F・K・ギュンターの人種論」(2010))。私の同書引証は「人種学」授業にかかわるごく部分的なものに限られる。
32) A. a. O., S. 552 (裏表紙)の本書紹介文。

第4章 人種科

　2015年は第二次世界大戦終結70年であった。日本が国力の圧倒的な懸隔を無視して無謀な米国戦に突入したのを，いま狂気と言う。同様に，ナチス・ドイツ体制とその下での「人種学」教育も，これまた冷静な精神を欠いた狂気であったと言わざるをえない。加えて，そこには第1節太田和敬指摘（注2参照）にあるごとく「科学」的な装いが備えられていたのである。

　ギュンターの『ドイツ民族の人種学』(1922)は1942年までに125,000部，『小人種学』(1925)は295,000部出版された。これは，ギュンターが，ヒトラーとローゼンベルクを除けばナチ時代最大の著述家であったことを意味する。各種教育令で導入され，今や官許学問となった「人種学」「人種衛生学」は，その学説を誤りなく引用することが求められた（ギュンターは1935年ナチ科学賞を授与され，1941年ナチ党金章に列せられている）[33]。

　このギュンターを始めとする権威ある大学教授が唱道した「人種学」「人種衛生学」は，ナチス教育の土台に位置づく学とされ，教員養成大学で将来の教員に講義され，また現場教員には「教員キャンプ」（＝「教員ラガー」）で講習されたのである。しかしながら，教育現場で「人種学」教育は必ずしも一枚岩ではなかった。否，それどころか，理科教育家グルーペ（Heinrich Grupe：ワイマール時代に新教育（Reformpädagogik）原理に立って生徒の探究活動，作業教育中心の自然科（Naturkundeunterricht）を推進。ナチ時代はホフガイスマール（Hofgeismar）〈ヘッセン州〉で視学。今日でも彼の『自然科散策ブック（Naturkundliches Wanderbuch）』は刊行されている）によると，「遺伝科・人種科は国民学校では個々の教員任せ」，「確信ナチ教員ですら，国民学校生徒にはこの内容は不適切だとして脇へ除ける」という状況もあった［おざなり，ないし割愛ということであろう――小峰］[34]。

　ここには，一方に「〈知〉の制度化」という問題と，他方で「それの伝達（授業場面での教育）」の問題（困難性）とが含まれている。リューテン上構学校で

---

33) Harten, S. 87, 389.
34) Scherf, S. 220.

は，専科教員（二級教員）Dr. S.によって生物学，人種学が相当分け入って教育されているが，しかし彼の病気のとき代理教員H.によるアビトゥーア試験内容は散漫であった。これは代理教員H.の知識不足のゆえである。つまり，いったん「制度化」した内容も，それを教える教員の段階で，科学的かイデオロギー的かに分かれてくるということである。グルーペの回想にあるように，急ごしらえの人種科は体系化が未確立で，そのためその教育は個々の教員任せであった。このとき多くの教員は「公式方向に迎合し」，「安易に簡略指導本に頼った」。それはつまり，当時国民学校教員の97％が加盟する「ナチス教員連盟（NSLB）」の言うがままの教育を推進したということである。「連盟」はナチズム「不確信者」に馘首または再教育を強いた。「連盟」はまた，生活科の全国統一教科書を作成しなかったライヒ教育相ルストを批判，その結果，各州では，ナチス「新目標」に適合する『学習ノート』（Arbeitsheft）を作成し，個々の教員はこれに依って教育したのである[35]。

　問題はさらに，「人種学」・「人種衛生学」研究そのものにもかかわる。ハルテンらの研究によると，人種学・人種衛生学論文執筆者982名の中で，学位を持つ者693名（78.9％）。職業者878名のうちで，大学教員は249名（28.4％），科学者［研究所等］48名（5.5％），教員・一級教員559名（63.7％）であった[36]。つまり，人種学・人種衛生学論文執筆者で，「人種学」「人種衛生学」を学問的に探究している者は（大学教員・科学者），3割程度に過ぎず，圧倒的多数は科学の「教育」に携わっている者だった。筆者（小峰）は，生物学・人種学に不案内で，この時代の「人種学」「人種衛生学」の水準がいかなるものか判断できない。しかし，この数字を見る限り，「人種学」「人種衛生学」は，学問としてのパラダイム確立には遠かったと推量される（人種学者の中には，イエズス会徒で，ベルリンのカイザー・ヴィルヘルム人間学研究所優生学部門長〈1927-1933〉をつとめるも1933年同職を解任されたムッカーマン〈Hermann Muckermann,

---

35) Ebenda.
36) Harten, S. 132.

1877-1962〉のような存在もあった[37])。

　ともあれ，当時，大学教員をはじめ，ギムナジウム教員，国民学校教員，さらには職業学校（そこでは「帝国科」Reichskundeが置かれた）の教員が，この「人種学」「人種衛生学」教育にひた走ったのである。シェルフは，この時代には3つの逸脱的生物教育目的があったとしている――　1. 自然愛・郷土愛のためという誤ったイデオロギー的目的，2. ナチス民族共同体的な自然生活共同体のため，3. つまりはナチ的人種学奉仕の生物学教育[38]――。

　中等学校での「人種科」教育はブラハトが紹介しているごとくである。アビトゥーア試験は，それまでの上構学校教育の総決算である。視学立会いの下に実施される試験は，当校授業において「ナチスカリキュラム」が異論を差し挟む余地なく実践されていたことを物語る。とはいえ，授業以外の「研究グループ」においては，一人の良心的な専科教員 Dr. S. のような存在により，教条主義的な「ナチス人種学」の中に，多少ではあるが探究的な部分があったことも事実のようである（それを過大評価することはできないが）。

　以上見たように，1930年代後半，ナチズム確立期の中等学校教学，就中生物学・人種科教育は，ヒトラー『わが闘争』の唱道する「人種学」を聖典とし，これに整合・迎合する「人種学」・「人種衛生学」が，アーリア民族主義・地政

---

37) ムッカーマン　Muckermann, Hermann　1877. 8. 30-1962. 10. 27　ドイツの生理学者，優生学者。イエズス会司祭［1896］，教区付司祭［1926］。カイザー・ヴィルヘルム研究所人類学部長［27-33］。ナチスにより公的活動を禁止されたが，のちベルリンのシャルロッテンブルク工科大学社会倫理学および応用人類学教授［48］。生物学的，優生学的研究により，結婚，家族，国民の革新ないし再生を実現しようと試みた。《次世代：Das kommende Geschlecht》誌［21-］，《優生学：Eugenik》誌［30-］の刊行者。弟（Friedrich M. 1883-1946）はカトリック著作者で，キリスト教文化の普及と深化に努めたが，共産主義およびナチスに反対し，スイスに亡命した［33］。主著　Der biologische Wert der mütterlichen Stillpflicht, 1917. Erblichkeitsforschung und Wiedergeburt von Familie und Volk, 1919. Rassenforschung und Volk der Zukunft, 1928. Die Familie im Lichte der Lebensgesetze, 1952. Der Sinn der Ehe, 1938.『岩波世界人名大辞典』，pp. 2847-2848.
38) In: Dithmar, S. XII-XIII.

学と結びつき，ナチス教員連盟による強権的な授業統制のもとで展開されたと言うことができる。〈科学〉は〈政治〉の傀儡となったのである。

第5章

歴史，地政学

ライヒ教育省
（ベルリン，1938年）
（Nagel, S. 70.）

リューテン地方のカトリック野外祭壇
（Bürger, S. 77.）

上構学校生ペゲラー
（Franz Pöggeler,
1926-2009，1945年）
（Pöggeler, S. 268.）

はじめに

　歴史と歴史教育。本章のリューテン上構学校史はこれに焦点を当てたいと思う。

　前章ではナチスカリキュラムの一方の核たる「人種科」を取り上げた。本章で取り上げる「歴史」は，教科としては「人種科」と対をなすナチスカリキュラムの他方の軸であるが，それにとどまらず，その〈歴史〉意識は「ナチズム」イデオロギーの中核をなしており，歴史教育はまさにこの〈ナチズム〉教育であったと言うことができる。「アーリア民族の優越」という歴史イデオロギーに基づくこの〈歴史〉の教育によって，「劣等」民族支配に突き進んだナチスドイツは，やがて自壊への道を辿ることになるのである。本研究では触れられ

113

ないが，それはショルツの言う「第Ⅲ局面，権力拡大と内部崩壊，1941-1945年」への道である[1]。

表5-1　ナチス教育政策第Ⅲ局面，権力拡大と内部崩壊，1941-1945年

[ナチ第三]帝国への総動員化，青少年期の短縮，ラガーと家庭学校［Heimschule］の拡大
――学業は入隊に対し特権化；後継者を巡る熾烈な競争；人種イデオロギーに対し民族エネルギーは後退；[ナチ]政権に対しスタンスの対極化（青少年対立の激化）；総力戦とSS（親衛隊）国家化転換

年 \ 分野	①重要政治決定	②新規機関・重点	③学校機構，教育課程	④教員団体，教員養成	⑤青少年政策
1941	5. 就学義務法変更（基幹学校，選択必修校となる）	4. 基幹学校導入；SS指揮下のドイツ家庭学校（Deutsche Heimschule） 12. 私立寄宿制学校，SS指揮となる	1. アビトゥーア試験コメント制導入 5. 宗教科，成績証明書記載廃止 7. アンティカ字体，標準字体となる；学年秋開始制 9. 女子の学校体育教則大綱	2. 教員養成大学に代わって教員養成所（Lehrerbildungsanstalt）を設置 8. 教員の休暇を3週間に短縮	1. 職業者選抜ラガー（Auslseslager）開催 1. 学校とヒトラー・ユーゲント間要求権協定――ヒトラー・ユーゲントは国防教育，スポーツ選抜を引き受ける 9. 1924-28年生れ[13-17歳]，ヒトラー・ユーゲント活動に召集 10. 青少年保護ラガー（Jugendschutzlager）内の対抗青年グループ（「青少年福祉」ライヒ作業チーム設立）
1942	3. 教員新給与規則，国防力鍛錬キャンプ行事（3週間） 6. ユダヤ人児童就学締め出し 7. 中等学校から「雑種」（Mischlinge）締め出し	4. ランゲマルク研究（特進コース。ベルギーの第1次大戦激戦地名にちなむ）の拡大；HJ（ヒトラー・ユーゲント）とDAF（ドイツ労働戦線）の英才促進活動 6. 基幹学校は旧帝国領にこれ以上拡大せず 9. オランダに「帝国学制」 10. ナチ党アドルフ・ヒトラー校を国家学校化	2. 党官房，生物教育を批判 2. AHS（アドルフ・ヒトラー校）卒業をアビトゥーアと同格化 2. 特殊学校教則大綱 3. 基幹学校教則大綱	3. LBA（教員養成所）授業料を無料 4. 助教養成 7. 徴兵検査キャンプによる教員養成所選抜 8. 産業教員養成規則	4. 戦時収穫補助奉仕 4.「ヨーロッパ青年連盟」（Europäischer Jugendverband：ファシズム青年インターナショナル），ウィーンで設立
1943	2. NPEA（国家教育舎＝ナポラ）授業料無料 9. 生徒の防空補助者化（9学年修了後）	[日付なし]学業代替としてのKLV（学童疎開）；国防補助者への学校教育	11. 中等学校カリキュラムを7級に短縮（11学年制）	3. ナチス教員連盟［停止］；教員新聞制限 11. 国民学校教員用新試験規則	[日付なし]HJ（ヒトラー・ユーゲント）戦時出動年
1944	11. 第8学年労働奉仕 12. ナチ寄宿制学校出身者のみによる士官供給			10. 国民学校教員用軍隊入隊訓練規則 10. 国民学校教員給与の国［ライヒ？――小峰］移管	
1945	1. 中等学校生 4年修了生・5年修了生応召				

（出所：Scholtz, 1985, S. 54-55.）

---

1 ）Scholtz, Harald: Erziehung und Unterricht unterm Hakenkreuz, Göttingen: Vandenhoeck & Ruprecht, 1985, S. 54-55.

第 5 章　歴史，地政学

1. ナチス歴史観

(1) 歴史教科書要綱

まず初めに1933年の「歴史教科書要綱」を紹介しよう。ここには端的にナチスの歴史意識が打ち出されている。

歴史教科書要綱[2]

（内相告示）歴史教科書要綱（1933.7.20）
Nr. 237　歴史教科書要綱
［大要］
(Richtlinien für die Geschichtslehrbuch 1933. 7. 20, Bekanntmachung. UIIC 6301, In: Zentralblatt 1933, S. 197-199)
［前文］
●本要綱は，すべての歴史を扱うわけではない。ただ，いくつかの重要な歴史，すなわちこれまで十分でなかった，ないしはほとんど顧慮されてこなかったが，今後，より一層価値を持たなければならない歴史について，触れるものである。
1. **先史時代(Vorgeschichte)**。ドイツ民族の卓越した力，民族高点の淵源である。
2. 先史時代からその後の数千年を経て現代に至るまで，**人種（Rasse)** の重要性が十分に考慮されなくてはならない。なぜなら，人種は人格の固有性ならびに民族の固有性の土台だからである。
3. 加えて，**民族思想（völkischer Gedanke)** という点も，国際的視点との対比において考慮されなくてはならない。なぜなら，国際的視点の悪影響のもと，この百年以上，ドイツ人は他民族以上に現世離れした夢想に邁進して民族の魂を失う恐れがあったからである。
4. **民族公民思想（volksbürgerlicher Gedanke)** は，民族思想（völkischer [Gedanke]）と緊密に結び付かなければならない。今日全ドイツ人の3分の1が帝国領土の外で暮らしているので，ドイツ史を扱う場合には，歴史考察をドイツ内部のみにとどめるのではなく，常に外地に住んでいる**種属同胞（Stammesbrüder)** の運命に思いをいたすことが必要である。
5. 文化史がどれほど大事なものであるにしても，わが民族の運命を形づくる**政

---

2) „Richtlinien für die Geschichtslehrbuch 1933. 7. 20". (歴史教科書要綱) UIIC 6301, In: Zentralblatt 1933, S. 197-199.

治史（politische Geschichte）以上に重要であるわけではない。その際，生徒を瑣末な出来事の海に沈潜させるのではなく，大きな流れと連関とを押さえ，生徒の政治判断と意志形成とを促すことが必要である。
6．全段階の歴史授業で，**英雄思想**（heldischer Gedanke）が，**指導者思想**（Führergedanke）と結びつけて教育されなくてはならない。この二つこそ，生徒の心に，教材ガラクタの食傷と異なり深い感動を呼び覚ますものだからである。
7．さらに英雄思想は，生徒を**英雄的世界観**(heldische Weltanschauung)に導き，諸民族の自己主張のただ中で，他の民族に無い我がゲルマン民族の新しい力を覚醒させるものだからである。

※ ［各論］

個別には，以下の諸点が銘記されるべきである。

●教科書は**中欧原始時代**（Urgeschichte Mitteleuropas）氷河期の叙述から始める。各民族（ネアンデルタール人，オーリニャック人，クロマニョン人）とその文化。すでに原始時代から，文化＝民族の創出物。この事実は，後の時代の民族混交で曇らされはするが無くなりはしない。

●先史時代（後氷河時代）から，**北方民族・フェーリッシュ民族**（die nordische und fälische Rasse）が中欧・北欧に広がる。北方民族の達成は不滅である。芸術のみならず，学問精神，言語方面においても。高度に発達したインドヨーロッパ語（印欧語）は他のヨーロッパ諸民族言語を圧倒した。

●ゲルマンの民族移動。北アジア，北アフリカに至るまで。紀元前5千年紀に。シュメール人の起源は不明ながら，シュメール語については，基幹数百語がインドヨーロッパ語との対比が可能。これは，かつての北方征服者層の取り込みから説明ができよう。

●前アジア［西南アジア］史に決定的影響をもたらしたのは，人種的には北方人種たるインド人・メーデル人［Meder］・ペルシア人・ヒッタイト人の力である。生徒は，血縁的に近しいこれらの民族の歴史を学ぶ必要がある。これらの民族がインド，ペルシアにおいて高度な文化を創造したのである。

●ギリシア史。優越する北方人種の影響力は，血縁的実感を有する中欧，そしてギリシアへ。やがて中国，日本，メキシコにまで至る。

　ギリシア人，これはドイツ人の親近者である。北方系ギリシア人は支配者としてあり。だがパウサニウス（Pausanias）の時代に，アッチカの田舎ではカリア語が話されていた。土着人並びに奴隷たちは，ギリシア人を凌駕する。少なくともアテネでは。ここに諸人種の混交による没落あり。以後影響力失う。（この展開の人種史については，ギュンター：『ヘレニズム民族，ローマ民族の人種史』(Günther: Rassengeschichte des hellenischen und römischen Volkes）を引証せよ）

●**イタリアの北方民族史**。中欧に始まる。ここでも**血の親近性**（rassige Verwandtschaft）が述べられる必要がある。貴族と平民の戦いは，畢竟，**人種戦**

第5章 歴史，地政学

争（Rassenkampf）として理解されなくてはならない。絶え間ない戦いで，ローマ人の中の北方人種は殆ど失われ，ティベリウスの時代にはわずか6！ 圧倒的多数は，オリエントの奴隷たちの子孫であった。この希望喪失がローマ人のストイックな世界観の背景にある。
●ゲルマンの民族移動。ローマに新鮮な血を注入した。→文化の高揚。北イタリア，スペイン，フランス，イギリス。中世の文化の担い手となる。騎士制が開花した。
●ドイツ中世。東エルベの獲得という最大の出来事を，今までよりもさらに印象深く扱うこと。ヴァイクセル川とエルベ川の間のゲルマン人の土地。中世での偉業が成し遂げられる＝民族国家建設。当時初めてである。フランスにはなかった。
●近代史。国際化。ドイツ性が疎遠となる。ドイツの血，言語，法，国の理解→世界観＝復権を。古代研究の中から，血の紐帯＝国境地の同志と外地のドイツ人を結合する。血縁国との運命共同体→北方の高い文化を保持する。
●「第一次世界大戦敗戦後＝ドイツの存亡がかかる。自由主義とマルクス主義の脅威。これを乗り越え，ルール闘争に始まり**民族社会主義［ナチ］自由思想**（der nationalsozialistische Freiheitsgedanke）の出現，ポツダムの日のドイツ民族共同体建設［の誓い］に至る民族覚醒を扱うものとする。」（これを訴えたのが，内務大臣 Dr. フリックである。1933年5月9日閣議において）

※［結論］
●歴史教育の二つの要諦。
　①**国民学校での歴史教育**──2年生から始まる。3年生＝故郷。4年生＝英雄。
　　　　　　　　　　　　　　5年生＝先史時代，古代。
　②**国民学校上級，高校から**──ヒトラーと結合する。
●偉大な民族発展の可能性の基本線，並びに推進力を学習する→歴史の生成に邁進することである。

※

以上，内務大臣「歴史教科書要綱」を，本省『プロイセン文部省報』にて公刊する。ベルリン，1933年7月20日

　　　　　　　　　　　　　　　　　　　　　　　　　［プロイセン］文部大臣
　　　　　　　　　　　　　　　　　　　　　　　　　委託を受けて：シュトゥッカート

文部大臣告知 Bekanntmachung ── UIIC 6301

（出所：Zentralblatt 1933, S. 197-199.）

　発足間もないナチス国家から出されたこの『歴史教科書要綱』は，元々は，思想・イデオロギー部門を扱う内務省の「告知」である（内務大臣告知。内務大臣はヴィルヘルム・フリック[3]）。この内務省告知を再録し，文部省［当時］告知として発令の任に当たったのが前章で触れた文部省局長シュトゥッカート

(Wilhelm Stuckart, 1902-1953) であった[4]。

　「歴史教科書要綱」は，ドイツ民族が欧州で突出した優秀なる「北方人種」であるとの民族観から，歴史を「**人種**（Rasse）」の立場からとらえる（「人種は人格の固有性ならびに民族の固有性の土台である」）。この人種主義歴史像は，とくに，「前文」の7点と結論が重要である。いま，それらを箇条書きに整理すると次のようになる。

3）ヴィルヘルム・フリック（Wilhelm Frick, 1877-1946）――ドイツの政治家。国家社会主義ドイツ労働者党（ナチ党）国会議員団長，テューリンゲン州内相兼教育相，ドイツ国内相，ベーメン・メーレン保護領総督を歴任。全権委任法，ニュルンベルク法，強制的同一化政策の制定，ナチス式敬礼の義務化に大きく貢献した。ニュルンベルク裁判において死刑判決を受け，処刑された。（日本ウィキペディア。最終閲覧：2016年3月12日）・［補足。大要］法律家。ヒトラー蜂起参画，ナチ党へ。1930.1.23 テューリンゲン内相・文相。連立バウム・フリック政府（Baum-Frick-Regierung）。1933.1.30 ヒトラー内閣入閣，内相。官吏任用法，また人種理論唱道，これの法律化，断種法制定に最大貢献。T4作戦主導。内務，警察，教育，教会行政に携わるも，やがてヒトラーと疎遠。内相はヒムラーへ。ニュルンベルク裁判で絞首刑。（ドイツ Wikipedia。最終閲覧：2016年3月12日）

4）シュトゥッカート（Wilhelm Stuckart, 1902-1953. 当時31歳）――1933年5月，ナチ党法律顧問でシュテッティン市長（暫定）だった彼をプロイセン文部省局長に招聘したのは，ヘルマン・ゲーリング（Hermann Göring, 1893-1946）だった。シュトゥッカートは，文部省において「官吏任用法」（1933年4月7日）の実施施行，また「人種学省令」（1933年9月13日）制定など，ナチスイデオロギー確立とその法制化に辣腕を振るう。1934年5月，ライヒ教育省が創設され，翌6月シュトゥッカートは次官（Staatssekretär），7月にはライヒ次官（Reichsstaatssekretär）となっている（ドイツ Wikipedia「Wilhelm Stuckart」，最終閲覧：2016年4月23日参照）。

　だが，このシュトゥッカートと教育相ルストとの関係は急速に悪化，「次官の不臣従」問題は，ヴェルフ王家（ブラウンシュヴァイク）聖遺物のプロイセン州買い取り問題（州首相はゲーリング）やルスト腹心の私的失敗暴露問題とも関わってベルリン中に知れ渡る。ライヒ教育省内ののっぴきならない関係は，1934年11月13日，シュトゥッカートへの「休職」で終わりを迎えた。数ヵ月後の1935年3月11日，シュトゥッカートはライヒ／プロイセン内務省次官に就任（内相は上記フリック），以後彼は終戦まで，断種法やT4作戦，ヴァンゼー会議など，ナチスの重要な内政また政策決定過程に関わった。シュトゥッカートにとって，「ウンター・デン・リンデン館（Das Haus Unter den Linden＝プロイセン文部省／ライヒ教育省）に良い思い出は全くなかった」由である。

　（Vgl. Anne C. Nagel: Hitlers Bildungsreformer : das Reichsministerium für Wissenschaft, Erziehung und Volksbildung 1934-1945. Frankfurt am Main : Fischer Taschenbuch Verlag, 2012, S. 57.）

> 1．ドイツ民族の卓越した力，先史時代から。
> 2．歴史において人種（Rasse）の重要性が考慮されなくてはならない。
> 3．国際的視点に対して民族思想（völkischer Gedanke）を考慮。
> 4．帝国領土の外で暮らす種属同胞（Stammesbrüder）の運命に思いをいたす民族公民思想（volksbürgerlicher Gedanke）。今日全ドイツ人の3分の1が外地に暮らす。
> 5．文化史に対して政治史（politische Geschichte）。
> 6．英雄思想（heldischer Gedanke），指導者思想（Führergedanke）。
> 7．英雄的世界観（heldische Weltanschauung）。
> 　　　　　　　　　⇓
> ●歴史教育
> 　①国民学校での歴史教育──2年生から始まる。3年生＝故郷。4年生＝英雄。5年生＝先史時代，古代。
> 　②国民学校上級，高校から──ヒトラーと結合する。
> ●偉大な民族発展の可能性の基本線，並びに推進力を学習。歴史の生成に邁進する。

　戦前わが国の『國體の本義』（1937（昭和12）年）[5]を彷彿させる本省令は，しかしながら，これとは本質的に異なる歴史観を備えている。すなわち，歴史を貫く視点（わが国の「肇國の大精神の一途の展開」に比肩）に「人種の重要性」を置き，この「卓越した」ドイツ民族が，「指導者」に率いられて，かつての「北方人種」によるヨーロッパ支配を企図するという歴史観である。歴史の教育は科学としての歴史，すなわち個人・市民を基礎とし，それぞれの社会の文化を尊重する平和の学，国際主義に貫かれた民主主義的歴史を去って，「政治史」を中心に置き，「生徒の政治判断と意志形成」を優先するイデオロギー注入主義の歴史教育である。それは理性の陶冶，「学び」を止め，かかる「歴史」を学んで「歴史の生成」というナチスのヨーロッパ支配の企図と行動に「邁進

5）［國史の眞義］「國史は，肇國の大精神の一途の展開として今日に及んでゐる不退轉の歴史である。歴史には，時代の變化推移と共にこれを一貫する精神が存する。我が歴史には，肇國の精神が儼然と存してゐて，それが彌々明らかにせられて行くのであるから，國史の發展は即ち肇國の精神の展開であり，永遠の生命の創造發展となつてゐる」。（文部省編『國體の本義』昭和12年［1937年］，文部省，p. 63。（出所：国会図書館000000713777（http://dl.ndl.go.jp/info:ndljp/pid/1219377）　最終閲覧：2016年4月23日）

する」ことを目的とした。歴史は行動原理であった。

(2)「外地ドイツ人協会」(Verein für das Deutschtum im Auslande)

　そのヨーロッパ支配の梃子とされたのが，一方で，ドイツの周辺とりわけ東方を「生存圏」として確保しようとする「地政学」理論であり，他方で，これの戦略として動員されたのが「生存圏」上に暮らす「外地ドイツ人保護」論理であった。人種論と地政学，「外地ドイツ人」は，ナチス・ドイツ歴史観に不可欠の構成要素だったのである（そのため本論では「地理」にも触れることとする）。

　人種論については前章で不十分ながら触れた[6]。地政学については，「地理」のところで触れたいと思うので，ここでは「外地ドイツ人」につき言及してみたい。

　『歴史教科書要綱』の前文で「民族公民思想（volksbürgerlicher Gedanke）は，民族思想（völkischer [Gedanke]）と緊密に結び付かなければならない」と述べられた。この「民族公民（Volksbürger）」とは，ドイツ国内の「国家公民（Staatsbürger）」と同一の種族に属するドイツ人，すなわち「**外地に住んでいる種属同胞（außerhalb wohnende Stammesbrüder）**」である。彼らは，第一次世界大戦の敗北によってドイツと切り離され，主としてドイツの東部，北部に暮らすドイツ人であり，その数は「全ドイツ人の3分の1」に達する。これらのいわゆる「**外地ドイツ人**」(Auslandsdeutsche)（これはのちにニュルンベルク法（「ドイツ人の血と名誉を守るための法律」[Gesetz zum Schutze des deutschen Blutes und der deutschen Ehre, 1935年9月15日] ならびに「帝国市民法」[Reichsbürgergesetz,

---

6）小峰総一郎「ライン地方のあるギムナジウム（4）」『中京大学国際教養学部論叢』第8巻第2号 2016/3。
　なお，人種との関係で「アーリア人」（Arier）について触れるべきであるがここではそれは割愛する。ただ，ヒトラーが「支配種属」と言う「北方人種」たる「アーリア民族」は，本来は「インドヨーロッパ語族」の中の「アーリア人」を意味するもので，それは厳密には印欧語族の中で中央アジアに残った「インド・イラン人」だということ，ナチス・ドイツが唱道する「アーリア人」は，「本来の意味の『アーリア人』から少なからず逸脱している」，「民族主義的意味に転化」させたものであることは述べておきたい。青木健『アーリア人』講談社，2009，p. 12。

1935年9月15日］）に基づいて「民族ドイツ人」（Volksdeutsche）と称される）[7]に思いをいたし，彼らとの「統合」を誓う「歴史」がめざされた。じつは，「外地ドイツ人」との連携とそのための「**外地ドイツ人協会**」（Verein für das Deutschtum im Auslande）への支援・振興は，ワイマール共和国時代に，プロイセンのベリッツ文相（Otto Boelitz, 1876-1951）下で進められていた。それは，学校単位で「外地ドイツ人協会」の諸活動を展開し，かつ，これに教員のみならず上級生徒の加盟も促せとしている。それまで外国に暮らす児童生徒への文化支援を展開していた平和主義的な「協会」は，ワイマール時代に性格を一変させた。すなわち，第一次世界大戦敗北の結果，ヴェルサイユ条約によりドイツ北部・東部の旧領土が割譲されたのだが（東部にはポーランドが建国（再興）），「協会」はこの地に留まった数百万人のドイツ人支援の民族主義運動と接合する。それは，ドイツ外務省も含み込んで，ドイツ人の文化自治要求,「失地」「回復」運動となって展開されていく[8]。ナチス政権は，このワイマール時代のドイツ主義運動を巧みに利用したと言える[9]。「外地ドイツ人」省令は，これら国境内外ドイツ人との広汎な連帯を呼びかけた。

外地ドイツ人省令[10]

> Nr. 152　各学校における「外地ドイツ人協会」
> （Der Verein für das Deutschtum im Auslande in den Schulen.）
> ［大要］
> ●プロイセン文部省は，すでに1921年12月18日省令において，外地のドイツ人

7） とくに，新生（再興）ポーランドに暮らす「ドイツ人」（ドイツ系少数民族）については，小峰総一郎『ポーランドの中の《ドイツ人》——第一次世界大戦後ポーランドにおけるドイツ系少数者教育——』（学文社，2014），参照。
8） Vgl. Eser, Ingo :»Volk, Staat, Gott!« : Die deutsche Minderheit in Polen und ihr Schulwesen 1918-1939. Wiesbaden : Harrassowitz Verlag, 2010.（Veröffentlichungen des Nordost-Instituts ; Bd. 15）. また，小峰（2014）参照。
9）「外地ドイツ人協会」（注12参照）
10） „Der Verein für das Deutschtum im Auslande in den Schulen. 1933. 5. 8". （各学校における「外地ドイツ人協会」）プロイセン文部省令 UIIC 383 UIIO, AIII. 1. In: Zentralblatt 1933, S. 139-140.

並びにドイツ人組織を保護・育成する「外地ドイツ人協会」(Der Verein für das Deutschtum im Auslande) の努力につき注意を喚起してきた（同省令UII 26597 UIIIAについてはこれまで公刊されていなかったので，末尾に付録として印刷した）。以下の省令は，先に1932年8月29日付省令（III 1099, in: Zentralblatt 1932, S. 237) で「外地ドイツ人協会」活動の全面的な展開はまさに喫緊のものであると希望した「外地ドイツ人協会」の，各学校グループにおける活動の理由を述べたものである。

1. 切り離され縮小された外地に暮らす3000万［ママ——小峰］ドイツ人同胞の経済的・精神的状況につき，個々の教科ならびに全教育活動で理解を深めること，また，生徒たちに，これら切り離された民族同胞すべてとの文化協同体意識・民族的共属性を覚醒・確立させることは，学校の自明の義務であり，課題である。そのための取り組みは，［まずは］協会の各学校グループが支援し，［次に］協会がこれを支援する，というのが最も本質的な形である。
・「外地ドイツ人協会」各学校グループ——1922年より青年生徒が志願してこれの担い手となってきた。この中で青年は超党派，超宗派の活動に団結し，これと共に彼らは民族的救援事業の実践活動へと育てられてきたのである。
・監督庁も，協会の各学校での活動発展に得心されることであろう。
・校長・教員にすすめよ。年報にも記入せよ。
2. 旧法援用。集会禁止に当たらず。親も許容をもって。
3. 催し物——毎年開催。
・昨年ベルリンに当局参加した。成功であった。

ベルリン，1933年5月8日

　　　　　　　　　　　　　　　　　　　　　　　［プロイセン］文部大臣 ルスト

各州長官ならびに行政長官（学校局）殿
UIIC 383 UIIO, AIII. 1.

【付録】

　　　　　　　　　　　　　　　　［全文］

　ヴェルサイユ講和条約は**数百万人**［ママ——小峰］**のドイツ人民族同胞**をドイツ帝国から切り離し，これを外国諸国の住民とした。この切り離された民族同胞の困難な闘いを支援し，彼らがドイツの芸術・文化を保持し続けられるよう援助することは，すべてのドイツ人の義務，かつまた青少年の義務でもある。
　［そのため］学校には重要な課題が課せられている。それはすなわち，学校の全段階で，このために適切なすべての授業とりわけドイツ語，歴史，地理の授業において，かつてドイツに帰属していた地域ならびに住民，海外ドイツ人に思いを致し，外地ドイツ人と同じ様に，［国内の］生徒らの中にもドイツ文化共同体意識及び民族共属意識を保持，覚醒させるという課題である。

第 5 章　歴史，地政学

　とりわけ重要なのが，これを学校段階から始めて，新ドイツ国境の向こう側のドイツ民族・ドイツ文化は，その地でドイツ人学校を維持ないし新設することによって最もよく保護・振興されるのだ，という認識を押し広げることである。数年間にわたり，この種の努力のすべてを束ねてきた外地ドイツ人協会は，かかる活動において効果的な支援を展開している。
　すでに多くの都市で，生徒団が当地の外地ドイツ人協会支部の指導のもとに団結し，外地ドイツ人救援活動に加わってきたことに鑑み，本官は，これらの活動の重要性に思いをいたし，全種類の学校で，学校当局ならびに教員団の承認のもと，外地ドイツ人協会自身が，年長男女生徒をメンバーに募ることを承認することとする［＝外地ドイツ人協会に年長生徒の参加をみとめる］。
　生徒募集は，同協会または地区支部が催す特別講演会を通じて行うこととする。本官は，各学校当局が，この種の努力に全面的寛容をもって取り組まれるものと確信するところである。

ベルリン，1921年12月18日

　　　　　　　　　　　　　　　　　　　　　　　　　　プロイセン文部大臣
　　　　　　　　　　　　　　　　　　　　　　　　　　　　　　ベリッツ

各州学務委員会並びに各州長官殿
U II 26597 UIIIA, III. 1.

（出所：Zentralblatt 1933, S. 139-140.）

　筆者（小峰）はさきに，リューテン上構学校で行われたマリア・カーレ講演会(1931年12月)に触れた。郷土の生んだ女性詩人，ブラジルで「外地ドイツ人」でもあったマリアの民族的な講演会は，当校の「外地ドイツ人協会」が主催したものである（"Verein für das Deutschtum im Ausland" は1933年4月に名称をVolksbund für das Deutschtum im Ausland（「外地ドイツ人民族同盟」に改めているが，上記省令との関係から本書ではこれを「外地ドイツ人協会」のままとする）。当時「外地ドイツ人協会」[11]は，発足当初（1881年）の目的，すなわち外国のドイツ人とドイツ本国とをつなぐ架け橋・文化交流の役割を去り——そこには，第一次世界大戦敗北後の国境変更に反対する国民運動，「失地回復」運動が展開されたことが背景として挙げられる——，外務省の財政支援も得て，保守化，民族主義化していた（なかでも新生ポーランドに「ドイツ系少数民族」として残留したドイツ人の「文化自治」要求運動が見落とせない。ポーランドにおけるドイツ人少数民族運

動の代表的指導者がクルト・グレーベだった[12]）。リューテン校の講演会は，まさにこの「**外地ドイツ人省令**」の求めるその通りを実践したものと言って良い。

---

11)「**外地ドイツ人協会**」（Der Verein für das Deutschtum im Auslande）の略史は次の通りである。

　●元々：「全ドイツ学校協会」——1880年にウィーンで「ドイツ学校協会」（Deutscher Schulverein）設立。これのベルリン支部が1881. 8. 15，帝国ドイツ内約50のバラバラの支援組織を「全ドイツ学校協会」に統一せよと決議。「全ドイツ学校協会」は外国ドイツ人支援を「ドイツ学校協会」のように墺洪帝国内に限定せず全世界ドイツ人に広げるとした。同会設立4年後に（1885末）会員はドイツ帝国に12,000，支部は140に及ぶ。1923には州協会13，支部600，会員360,000，諸学校700。

　●大戦後ヴェルサイユ条約・サン・ジェルマン条約で国境変更，住民移動行われ，保守・民族主義化。外務省の財政支援も得て，同会は，1920年代の国境再変更めざす反動的・ドイツ民族主義的運動の一翼に連なる。同会は，あらゆる手段で「外地ドイツ人」保全闘争を推進した。当時会員は250万人。

　●1933: Volksbund für das Deutschtum im Ausland（「外地ドイツ人民族同盟」：これもVDA）「外地ドイツ人民族同盟」はナチ外国部門（エルンスト・ヴィルヘルム・ボーレ部門長）に下属。ルドルフ・ヘスがこれを統括。1935年に，VDAと「民族ドイツ人評議会」（Volksdeutscher Rat, 1933設立。Karl Haushofer代表）は，ヨーロッパ・アメリカの「民族ドイツ人」（„Volksdeutsche"）保護につとめ，「外国ナチ党（NSDAP/AO）」が，外国の「帝国ドイツ人」（„Reichsdeutsche"）・海外の「民族ドイツ人」を［すべて］保護する，と宣言した。（ドイツ Wikipedia（「Der Verein für das Deutschtum im Auslande」）参照 https://de.wikipedia.org/wiki/Verein_f%C3%BCr_Deutsche_Kulturbeziehungen_im_Ausland 最終閲覧：2016年5月27日）

12)　**クルト・グレーベ**（**Kurt Graebe, 1874-1952**）——ポーランドにおけるドイツ系少数者運動の代表的人物。セイム（ポーランド国会）議員（1922-）。「全ドイツ人学校委員会」（Der Allgemeine Deutsche Schulausschuss: ADS, 1919. 9. 13, ブロンベルク設立）議長。1924. 10. 22セイムでドイツ人の「文化自治」要求するもポーランド文相これを拒絶 (Vgl. Eser, S. 306, 350)

　●在ポーランドドイツ人同盟代表（1917-37）。国際連盟ドイツ系少数者代表。欧州ドイツ人連合会長。1930反ポーランド活動のゆえに逮捕，6ヵ月勾留。第二次大戦で再び国防軍に。大戦後ヴァイクセル・ヴァルテ同郷人同盟設立，議長。（ドイツ Wikipedia「Kurt Graebe」https://de.wikipedia.org/wiki/Kurt_Graebe　最終閲覧：2016年6月21日）

2. リューテン上構学校の歴史教育

(1) 歴史教育をめぐる状況

　リューテン上構学校における歴史教育は、上記のような敗戦後ドイツを支配する民族主義的機運、そして特に、ライン地方における占領軍への反対運動——ライン占領に対するサボタージュ闘争やフランス占領軍に対する「反雑種キャンペーン」（アフリカ系フランス兵士とドイツ人女性との間に生まれた混血児・「ラインラントの雑種」Rheinlandbastardへの攻撃）[13]のただ中で展開された。そこでは、上記「歴史教科書要綱」に述べられた、ナチス歴史観に基づく民族主義的歴史、すなわちアーリア民族（＝ドイツ人）の「優越」を前提とする人種主義的歴史、英雄（＝指導者）中心の歴史、政治と直結する行動原理としての歴史の教育が行われたであろうことが予測される。ブラハトは、歴史教科書要綱に象徴されるナチ党の歴史観と、現場の歴史教育・歴史授業の間の、歴史教育論の役割に注目している。高名な歴史学者、あるいはギムナジウムの歴史教師たちの教育論を歴史教育雑誌に探りながら、ナチズム歴史観が彼らに「受容」されていくプロセスを丁寧に辿っているのである[14]。

　シュネー（Heinrich Schnee, 1895-1968）は、当時高名な歴史家で、実科ギムナジウムの教員だった。彼は、旧ドイツ帝国シュレジエン州のポーゼン生まれ。ブレスラウ大学で学位を得て、パリ大学、ケンブリッジ大学にも学び、ライン地方ゲルゼンキルヘンで実科ギムナジウム教員となった（同校は1933年「ア

---

13) 「ラインラントの雑種」（Rheinlandbastard）——前章参照。1937年からはこれらの子どもたちの逮捕、断種が始まり、その数は400人に上ったと言われる（英独 Wikipedia「Rheinlandbastard」https://de.wikipedia.org/wiki/Rheinlandbastard,「Rhineland Bastard」https://en.wikipedia.org/wiki/Rhineland_Bastard　最終閲覧：2016年5月31日）。
14) カイムは、「ナチス教育の日常史」の中で歴史の授業を扱っている。そこでは科学とナチスイデオロギーとの接木の困難さが述べられていて興味深い。Vgl. Keim, Wolfgang : Erziehung unter der Nazi-Diktatur. Bd. 2. Kriegsvorbereitung, Krieg und Holocaust, Darmstadt : Primus, 1997, S. 48-52. カイムはブラハトの指導教授であり、本書にはブラハトの研究成果も取り入れている。Vgl. a. a. O., S. 102.

ドルフ・ヒトラー＝ギムナジウム」と改称。シュネーは1945年まで同校勤務)。シュネーは「ドイツ歴史教員連盟」(Verband deutscher Geschichtslehrer: VdG, 1913設立)に所属し，雑誌『過去と現在』(1911創刊)に論文を多数執筆した。シュネーの生地はポーゼンである。そこは，ドイツが第一次世界大戦敗北後，新生ポーランドに割譲したドイツの「失地」であった[15]。彼の論を受けて「歴史教員連盟」のフーンは，国家による歴史の道具化に反対，歴史は生徒に「畏敬と義務，責任意識，職務への忠誠を自覚させる」ものとし，歴史教育は，「国家，祖国への服属と犠牲心，民族共同体信仰」を育成することを目標とすべきだとした[16]。ワイマール共和国時代に，歴史を科学としてとらえ，歴史認識と社会発展とを結びつけた「徹底的学校改革者同盟」(Bund entschiedener Schulreformer)の歴史家カヴェラウ (Siegfried Kawerau, 1886-1936) がドイツ歴史教育界に屹立しているが[17]，シュネーらの歴史観は，それとは対極に位置するものである。「歴史教員連盟」は，シュネーに倣って「帝政の『継続』とナチス歴史観を先取り」していた。シュネーの歴史教育論は次のように整理される (大要)。

1．個人・民族の特性の成長源，根本基盤としての「人種」。
2．獲得された知を我が民族に利用，霊を作り変える。
3．全個人が民族の人種的存続に責任をもち，生存への意志を強化する。
4．自由進歩理論，民主主義，他の平等理論の克服 (全ヨーロッパ主義，人間性信仰…)。
5．指導者思想の発見と意味の強化。

---

15) ハインリヒ・シュネー (Heinrich Schnee, 1895-1968) ——「Heinrich Schnee」(ヴェストファーレン史ページ Internet-Portal „Westfälische Geschichte") http://www.lwl.org/westfaelische-geschichte/portal/Internet/finde/langDatensatz.php? urlID=5547&url_tabelle=tab_person (最終閲覧：2016年6月15日)。
16) Vgl. Bracht, S. 538.
17) カヴェラウについては舩尾日出志「S. カヴェラウの社会科教育論序説——1924年の「歴史教授のための国際大会」から」『愛知教育大学教育実践総合センター紀要』第8号，2005, 参照。また私もかつて徹底的学校改革者同盟とカヴェラウについて述べたことがある。小峰総一郎『ベルリン新教育の研究』第6章，風間書房，2002。

6. 北方に規定された民族は西欧文化の創造者である。
7. ドイツの学校における歴史教育の出発点は，地方人種の故郷だ。
8. 指導者達とその行動，全成功，そして彼らがドイツ的本質と公民性の強化において成し遂げたことを正当に価値づけること。
9. 外国民族に引き継がれた文化財をしっかりと価値づけ，それらが我々の本質の確立と政治的文化的発展に果たした意義を価値づけること。
10. 外国文化以前の北方人種文化を確認し，そのうえで，ナチズムはそれを刷新する最終的試みであることを自覚させること[18]。

ナチス「歴史教科書要綱」（省令）を忠実に反映したこの人種学的歴史教育論は，ナチス覚書「中等学校歴史教員現場実習養成提言」(Denkschrift "Vorschläge für die berufspraktische Ausbildung der Geschichtslehrer an höheren Schulen") に採り入れられる[19]。他方，「歴史教員連盟」は解散，ナチス教員連盟に合流したのであった[20]。

さきに，ヒトラー・ユーゲントと関わって当時青年団体が丸ごとナチス青年団体に画一化されたことを述べたが，歴史学者，歴史教育家の団体もまた，有力な歴史教育論者シュネーの論を先導として，ナチスの人種学的歴史観に丸ごと「画一化」していったわけである。

(2) アビトゥーア筆記試験・口述試験（歴史）

さて，このようななかで展開された上構学校歴史教育の「成果」が，アビトゥーア試験（筆記，口述）で問われることになる。以下に，ブラハトが丹念に掘り起こしたアビトゥーア試験記録を，大要紹介する。そこから，当上構学校で実際に行われた歴史教育の姿をうかがうことが可能である。（なお，ブラハト自身の叙述や評価は【ブラハト】として資料部分と区別した。適宜小峰の補足も

---

18) Vgl. Bracht, S. 549-550.
19) A. a. O., S. 551.
20) A. a. O., S. 557.

入れてある。[　　]で表示。)

1) アビトゥーア 1933（試験官：二級教員 H.）
A．筆記
・3テーマ中2テーマが6人の生徒に選択された。
(一) 激化するUボート戦に関するヘルフェリヒ（蔵相）とフォン・ティルピッツ（海相）の理解を2つの現存覚書を元に論ぜよ。さらに、いずれの理解がより正しかったか、[第一次世界]大戦の推移を見通しながら、考察せよ。
（補助教材）クムステラー『歴史資料集』（12号、クヴェレ／マイヤー、pp. 12-15）
・本問は5人選択。
ヘルフェリヒは、蔵相の立場で米軍との決裂忌避の意見を述べた。
フォン・ティルピッツはUボート戦推進論。
【ブラハト】 トーンは、両人の判断の「間違い」を叙述。ヘルフェリヒ（蔵相）をより評価。教員が「正答」とするものは無し。
(二) ゾムバルトの政治指導者概念は、前世紀の政治指導者の中でどのように具体化しているか考察せよ。
・ゾムバルトの考察に生徒は、Führer [指導者] は神意を体現する、規律、自治＝共同体構成原理だとする。
・ドイツに真の指導者欠く。最後がビスマルク。但し、彼が真の指導者たる基準なし。
【ブラハト】 ヒトラーへの言及はない。
(三) ドイツの政治的発展に対する王朝ならびに王族に関するビスマルクの見解を、彼の『思考と回想』1巻13章から引き出し、述べよ。それと関連して、近代までのドイツの発展は、ビスマルクの見解の正しさをいかほど示しているか考察せよ。
・本問は選択なし。

B．口述

　三つの口述問題と質疑は次の如く。（大要）

（一）ウーラントの大ドイツ主義について

『記録』——受験者は大ドイツ主義は正しい，今日，オーストリー併合が望まれる，と答えた。

　　問——ラサール・マルクス対立，ビスマルクとラサール・マルクス，ラサールはロマン主義か？

　　　　唯物論者マルクス，マルクス「資本論」その意義

（二）ワイマール憲法は先行憲法の考えをいかほど発展させているか。

『記録』——フランクフルト憲法，1871年憲法とワイマール憲法，上院・下院　述べる。

　　問——カイザーの1871年憲法への姿勢。特徴づけの意味は絶対的か。王の名前…。英国の同盟政策，フランス，日本，ビスマルクと大陸封鎖…。

（三）ナポレオン三世布告について。

『記録』——フランス王へのナポレオン三世の企て，人民の獲得…述べる。

　　問——本宣言の中の政治家概念，ナポレオン三世の事績。

・問題は，大ドイツ主義からヴェルサイユ条約に及ぶ。また，ナポレオン三世。

　【ブラハト】　注目すべきは，ワイマール共和国の現実の政治的発展に言及が無いことである。

2）アビトゥーア 1934（試験官：一級教員 Dr. フェルディナント・ハンマーシュミット Dr. Ferdinand Hammerschmidt）

A．筆記

・ドイツ科選択科目で歴史を11人，地理を数人が選択した。以下テーマと解答である。

（一）「シュタインの民族的改革案（1806/1807）の理想を述べ，今との関連を論ぜよ」（大要）

・2人がシュタイン改革の理想を述べたが，社会対立等には及ばず。

　　…シュタインSteinもヒトラーHitlerも，民族共同体のために貢献した。

ヒトラーは労働と理想とを与えた。農地＝民族の土地だ。

　　　土地は民族のため。全階層が民族のために働くことが必要…

　【ブラハト】　ここには農民の土地＝非私物，が述べられ，後半の問いには，

　　　民族の官吏Steinとの史観表る。

　　　　　　　　‖

　　　　ナチズム前史

(二)「我々の世代の課題を，ビューロの政策に関係させて述べ，彼の政策の判断を

　　行え」（大要）

・2人が本問選択。大戦期の彼の政策と破滅を述べた。

　　ビューロの対ロシア，イギリスとの同盟可能性を述べ，孤立は困難とする。

(三)「ドイツの労働者問題の発生と解決方法」（大要）

・5人が選択。マルクスのボルシェヴィズムよりナチズムが勝るとし，

　　　…ヒトラー――全能視

　　　…労働者＝共同体の一員，また，その自覚が必要とする

　　　…労働者問題の原因――民族疎遠

　　　　　　　　↓

　　　　　民族共同体の中へ

　　　　　見学旅行の印象を付す

　　　…理想的視点から――孤立を救済せよ，相互的に

　【ブラハト】　これらの叙述――労働者問題の歴史的究明なし。

　　　　ナショナルなナチ国家帰属を述べるのみ

　　　　　　　資本主義社会

　　　　　　　　　↕

　　　　　　　　民族共同体

　　　・ここには，教師の期待が反映されている。

　　　・アビトゥーア解答には，ナチ体制の合理化，あり。

　　　　　・無批判の民族共同体統一

　　　　　・偉大なる人物中心の歴史観見える

　　　　・今日の必然性無く，想像上の民族共同体論
B．口述
・口述も中心は講義風に解答するもので，形式は筆記と同様。
（課題）
　・ドイツ統一におけるビスマルクの業績
　・第一次世界大戦の基本推移
　・ブランテンブルク・プロイセン発展の概観
　・ルイ14世の国
（質問）
　・国家連合と連合国家の違い
　・シュレスヴィヒ＝ホルシュタイン問題における重要人物名
　・1934.1.30 王家（ホーエンツォレルン家）と人民に関するヒトラー演説中の注釈
　・比較せよ――指導者と人民，フリードリヒⅡ世（大王）とヒトラー
　【ブラハト】　課題と質問の最後の問いは歴史の現代化をはかったものだが，口述試験の全性格を変更する程のものではない。
　　・その限りで，口述試験に，筆記試験以上の特質を見出すことはできない。

3）アビトゥーア1935（試験官：一級教員Dr.フェルディナント・ハンマーシュミット）
A．筆記
・テーマと生徒筆記を引用して論じよう。
（一）「〈我々の未来は水にあり〉。ヴィルヘルムⅡ世の言を引き，これをナチ的知見から判断せよ」
　〔大要〕
・3人の生徒が，ヴィルヘルムⅡ世をナチ的に批判，それはナチの言い回しの同義反復である。
　…ヴィルヘルムⅡ世はドイツ破滅に責あり。工業を一面的に推進し，農業を放

置した。健全な田舎の大地に立つ農民こそ，プロレタリアに代って登場すべきであった…。

　　…植民地＋本国
　　　　　↓
　　　一大空間経済（die Großraumwirtschaft）

【ブラハト】　ここでは人口増→植民というカイザーの政策を述べる。しかし，反英国の帝国主義思想は問題にされず。
　　　　　　‖
　　大戦の反省なし。
　　「一大経済圏」のみ目標
　　ドイツ人のための「隣国」のみを問題とす。
　　　　　↑
・これは当時の**地政学**教義を反映。
　　　　　｜
　　　領土拡大による中間地帯の保全戦術

（二）「絶対主義国家と対比してナチ国家の特徴を述べよ」

・本テーマを3人が選択。課題を忠実に反映。内容的に3人同一。
　　…絶対主義は現代国家制度の創始者。
　　…ナチ国家は民族共同体。
　　人民の信頼から発している。
　　…ドイツ的＝「総統民主主義」
　　ナチ国家の統治構造：臣従，相互信頼
　　民族直結の国家，党――課題である。
　　…ナチ軍隊――ナチ世界観と民族のため。
　　民族――軍，一体化，義務関係
　　　　　↓
　　　罰，規律，戦術
　　…民族＝倫理的共同体目標（sittliche Gemeinschaft Ziel）

ナチ国家では民族共同体経済の労働倫理がある。

   土地，食料
       ↓
   工業：民族の利益に奉仕
    「食料，原材料，土地」を自国の空間に
   農・工業
       |
   中産（手工業者，商人）
       ⇓
   ナチ国家へ

  【ブラハト】　ここには，イデオロギーとしてのミトスあり。社会対立を隠す。
          ‖
    「共同体」願望

保守思想の受容がワイマール時代広汎に広まる。

ナチ・システムへの疑念は無い。

  「…司法権問題について，ヒトラーは述べる。1934.6.30のこと〔レーム暗殺〕もだ…」

・ここには，レーム暗殺も「合法」とされる。教育は党の期待を表現——党歴の長さや貴族の出自より（学校）教育，重要。
・また，党の経済政策，自給自足経済モデルあり。

(三)「…土地所有関係の歴史と，ナチの農業政策第一」
・この問いに解答なしは，生徒の農家出身を考えると不思議だ。

B．口述
・口述4問に生徒は良く答えた。『記録』は大雑把だ。

(一)「第一次大戦の会戦の特徴」

『記録』

    …海戦を解答。中心問題には不十分。口述で生徒の知識の十分なことが分かっ

た。…優…

・試験で何が戦争の問題なのか無く，単に会戦のみ。生徒はマルヌの海戦を述べたのみ。

(二)「ドイツ農民の状態を歴史概観せよ」

『記録』

　…ゲルマン農民文化から発し，中世まで及ぶ。試問では，生徒は農奴制の成立を立論した。ローマ法，農民戦争は歴史的に正しく見ている。また，プロイセンのシュタイン・ハルデンベルクの農民解放とその結果，及び，今日の「世襲農地法」も良く押さえられている。優（sehr gut）…

　【ブラハト】　生徒は十分な知識を持っていて，ナチの「世襲農地法」施策へと現代化されている。生徒の意見は筆記では述べられていて，それは農民の「資本主義的賃農業」からの解放，土地は人民のものなので，農民には誠実に土地の営みが委ねられているわけだ，とする。

(三)「ビスマルクは如何にして第二帝政の外交的姿勢を安定させたか」

『記録』

　…生徒はビスマルクのフランスとの関係，植民地政策等を十分に述べた。しかし，2国同盟の意義と危険性は十分ではない。独ソ再保障条約知らず。三国同盟の脆弱性はよく分かっている…可。

　【ブラハト】　本問で，生徒は帝政史に関わるも，ヴィルヘルムを問題にせず。ビスマルク帝国確立と統一がポイント。個人の叙述を去って，本来の同盟政策を中心に述べなければならなかったのである。

(四)「ドイツ史の中の戦闘形式」

『記録』

　…生徒は古代ゲルマンの話を述べる。…傭兵隊，シャルンホルスト将軍…。可

　【ブラハト】

・「戦闘方式」はナチ歴史に関連。広い知識内容を含む。内容視点にナチ的思考，特に「ゲルマン人」への言及が必要とし，積極的な意義づけが求められた。

第5章　歴史，地政学

・教員は，再生産知識を求め，素材との格闘は放棄している。
・人種主義少し，キリスト教史なし。

4) アビトゥーア1936(試験官：一級教員Dr.フェルディナント・ハンマーシュミット)
A．筆記
(一) テーマ「1800年以降のドイツ統一の段階。特に顧慮すべきは，ナチスによるこれの完成である」

・全員が本問に取り組む。1800年頃の小国から1848年の革命，ビスマルク---オーストリアとビスマルクの対立---ワイマール共和国へ。
「優」sehr gutの答案次の如く。

　…ワイマール革命＝カオスもたらす小ドイツ革命：最悪だ。
　議会主義，解体の極致。唯一の善は統一すなわち帝国の力と権力が今，鉄道と財政権限へ移ったことだ。…

【ブラハト】
・本答案［上記］は，ナチによる統一の完成を述べる。次の解答も同様。
　…1000年の統一の願いが実現した。1. 憲法，2. ラント権縮小（実は廃止－ブラハト）。総統国家は途上だ。
　　司法，教育も国へ
　　統一国家の担い手――自由で自覚的な民族
　　　　　　　↓
　　　　　・労働創成
　　　　　・農民健全化
　　　　　・軍強化
　　　　　・国際連盟脱退

・6人の生徒がこれに取り組む，論調はワイマール共和国否定，第三帝国の中央集権的統一国家礼讃。
　　　　ワイマール（多党化）＝分裂
　　　　　　↕

135

　　　　　中央集権（民族共同体）：ナチ国家

　　　　　第三帝国：連邦主義解体

(二) テーマ「ゲルマンドイツ史の最重要国防形態から国防教育の特徴を跡づけ，ドイツ現代ナチ国防政策の中でこれが完成していることを示せ」

・本問に2名が解答したが，1名は不可。他の「優」生徒も，国防教育目標が（課題に反して）不明瞭と注文を付けられた。

・〔この生徒たちは〕ゲルマンドイツの国防形態を，封土制度として（騎士時代），また傭兵，国民軍の生活形態の非独立性，所有形態，武器技術及びそれらの変遷を述べた。そして第一次大戦につき，次のように言及する。

　　…国民軍の（第一次）大戦の中で技倆が試されるはずだった。

　　　しかし故郷が犠牲にされたとき，国軍の技倆が残ってはいなかった。…SPDの宣伝あり。彼らは故郷へ帰った。…

・こうしてドイツは再軍備（1935.3），36個師団を備える。生徒は国防教育を述べた。

　　…青少年の国防教育→全国民の国防意識

　女性も国防へ，全国民の兵士化

　　【ブラハト】　当時，匕首伝説，売国奴宣伝，が共和国にあり。平和主義の
　　　　　　　　逆宣伝多し。教育を軍事化し，兵役義務を布き，軍備を整えること。

　　　　　　　　　　　　‖
　　　　　　　　　ナチの中心概念

(三) テーマ「総統による帝政期外交の批判」

・1名が，わずかに墺伊同盟の限界に言及。反英親ソのドイツ政策述べる（但し，英日へは二面作戦）。

　　…東方は…生命線だ…

　【ブラハト】

　　・生徒は，新協約はヴェルサイユの孤立であるとし，これを脱却すること，東方を生命線とする一方的史観を採る。

　　・教師はこれを修正しなかった。

B．口述

・5問の口述あり。

（一）「ドイツの国家形態　a) オットー大帝の封土国家　b) ドイツの領邦国家の通常形態，絶対主義国家プロイセン」

　・すでにワイマール共和国時代に，カトリックの学問者に神聖ローマ帝国史観あり。生徒もこれには応じて，オットー大帝の中心権力，ドイツの皇帝，国家的視点…を述べた。

（二）「近世北方民族とヨーロッパ」

　・「優」の生徒はカール5世から19世紀まで扱う，但し，北方人種への注目は見られず。内容的に期待を述べた。

（三）「ブランデンブルク・プロイセンの拡大」

　・生徒は，オーデル，エルベのスラブ民族侵入からヴェルサイユなどを扱う。「プロイセン精神」を明瞭に述べて「優」。

（四）「プロイセンの偉人（大選帝侯，フリードリヒ・ヴィルヘルム，フリードリヒ大王，シュタイン（ハルデンベルク））

　・偉人史である。「歴史は偉人が作る」史観，生徒に反映。
　…失望自由主義者が西欧民主主義へ…

（五）「ヒトラーの発展史」

『記録』

　　…社会主義，マルクス主義——間違い
　　　　↕
　　民族共同体，社会精神
　　総統の戦争体験——国家と社会主義へ警鐘
　　ユダヤ人と人種主義
　　農民の状況，中世の農民，キリスト誕生期の国家
　　手仕事，牛馬賦役，…

【ブラハト】

　・的外れな答も「可」へ。ナチ施策の強要行われる。逸脱は不可能。

　　　　　　　　↕

　単純化により，生徒の負担減ではある。

　　ビスマルク批判，「ユダヤ人ラサール」，生徒は「民族分裂のユダヤ人」
　とする。
　　　　　　　　∥
　教師の一方的な
　　　・人種憎悪
　　　・イデオロギー
但し，人種そのものへの言及は，教師，生徒共になし。

5）アビトゥーア 1937（試験官：一級教員 H., 一級教員 Dr. フェルディナント・ハンマーシュミット）

〈i〉 OI アビトゥーア（試験官：一級教員 H.）

・学制短縮に伴う UI アビトゥーアのために OI アビトゥーアが 1 月早まったので，3 人のアビトゥーア生は一級教員 H. が行い，かつ筆記試験を欠いた。

B．口述（のみ）

（一）「ヒンデンブルク告知後のヤング案と，その現代的意義を述べよ。」

・短い『記録』。生徒はシュトレーゼマンの政策のうえでロカルノ条約を論じ，国民諸党による拒否を述べた。

・ドイツは賠償を支払えず，ヤング案と共にドーズ案は崩壊。

・シュトレーゼマンは履行政策（Erfüllung）家と攻撃されるのだった。

・民族主義グループ，党は「祖国への裏切り」と非難，生徒もこの立場。

（二）「ナショナリズムとファシズム，その成立，本質，指導者を論ぜよ。」

・ナチスはミュンヘン一揆（1923.11.9）失敗
　　　　　　　↓
　「合法的権力」へ
　　・「ドイツに帝国主義なし」「ムソリーニは指導者・独裁者，ヒトラーは人間かつ人民の指導者」

【ブラハト】 授業でこのような比較が行われていたことを物語る。
(三)「ビスマルクの同盟政策」
・ヒトラー外交＝ビスマルク外交の伝統，継承と合理化。
　生存圏（Lebensraum）概念を土台とし，主張。

〈ⅱ〉ＵⅠアビトゥーア（試験官：一級教員Dr. フェルディナント・ハンマーシュミット）
A．筆記
・年限短縮で教材縮小，テーマも簡略化
(一)「シュリーフェン作戦」
・大戦開戦時の作戦
東——ロシア軍攻勢
西——削減
【ブラハト】
　　・作戦の細部＝試験の縮小
　　　　　　　∥
　　　民族権侵す，政治論なし。
(二)「1900年頃の世界情勢」
　　・中国，日本含め当時の状況述べる。英・独の孤立，フランス・ロシア同盟，
　　　ビスマルクの大陸攻撃述べる。
(三)「ヒトラー『わが闘争』第1巻137頁の箇所」
・『記録』より
　　…当時の社会状態，民族共同体に敵対する階級闘争，人種問題，生存圏運動，
　　ナチ世界観の人種問題と世界観が正しく認識されている。更なる発展も正しい。
　　ドイツ的本質に対する大衆，正しく認識，民主主義否定…
【ブラハト】
・これらは『わが闘争』の正当化である。
・カール・ルエーガー（Karl Lueger, 1894～ウィーン市長，キリスト教社会党）の
　影響あり。

・またゲオルグ・フォン・シェーネラー（Georg von Schönerer）の「全ドイツ連盟」（Alldeutscher Verband）の影響も見られる。

(四)「ヒトラー『わが闘争』の中のナチス経済政策」
・『記録』より

　…労働者と小産業者の疲弊，ストライキによる問題。これに対し今日は民族共同体であり，労働は国民的。…中世の土地所有，農民と領土。…資本商人，民族の奉仕者──大部分理解

　【ブラハト】
　　・内容は空疎。評価に値しない。

B．口述
・口述は少数，OIを欠く生徒たちの試験であるため
・内容はヒトラー史

　【ブラハト】

　　　非歴史的，護教的で楽天的
　　　経済政策
　　　　　∥
　　　非本質的，理論欠く

・これを正当化する授業が行われていたわけである[21]。

総括と評価

　以上をもとに，ブラハトは当校教学を次のように総括する。（大要）

特徴
・ここには「ナチズムへの抵抗としての歴史」（Gies）は無い。適合するのみ。
・教員に反セム主義，あいまいに出る。昇進モチーフあり。

　　　　大戦トラウマ，反ワイマール共和国
　　　　　　　　　↓

---

21) Vgl. Bracht, a. a. O. S. 570-601.

　　　　民族共同体，愛国に接続
　　　　　　　↓
　　　　ナチ化
・「現代」を判断材料とする。但し，ワイマール共和国はネガティブ評価。
　　　　　　　↓
　　　　民族主義運動に接続
　　　　内政＜外交
・期待値が語られる
・解答の模範型
　　　　中心――民族共同体
　　　　「民族に奉仕」。内容空疎
・決まり文句とプロパガンダ
　　　　　　　↑
・これには他教科，学校生活，ヒトラー・ユーゲントからの影響あり，と[22]。

　以上に見られるごとく，リューテン上構学校の歴史授業は，ナチス歴史教科書要綱を忠実に反映した内容であったと言ってよい。それとともに，ここには，歴史を担当する一級教員ハンマーシュミットの思想が強く表現されていたのである。（後述）

3. 地理，地政学教育[23]

(1) 地理教育論

　「地理は第一義的に，中等学校の若者を完全なドイツ人に，かつ完全なナチス

---

22) Vgl. Bracht, S. 601-602.
23) 筆者（小峰）は地理学，地政学には暗い初学者である。わずかに，ナチズムの地政学や生存圏論が，教育現場でどのように扱われていたのかを間接的に描くのみである。地政学に関しては，曽村保信『地政学入門』（中央公論新社，1984），山内昌之・佐藤優『新・地政学』（中央公論新社，2016）などを参照した。

人［国家社会主義人］に教育する（die Jugend der höheren Schulen zu ganzen Deutschen und ganzen Nationalsozialisten zu erziehen）という使命を負うものである。」

　1938年のナチス教則大綱（「中等学校の教育・教授」1938）は，中等学校における地理授業の目標をこう述べる[24]。ワイマール時代に，帝政期の国家主義的教育への反省から，生徒の探究を通した科学的な地理教育がめざされた（地域学Landschaftskunde）。[ただ，リヒャート改革で創出された「ドイツ高等学校」「上構学校」の「文化科」に組み込まれた「地理」は，リヒャートの保守・復古の教育改革構想に与するものではあったが，実地教育，生徒による研究グループなど，帝政期にはなかった探究的「新教育」を備えていた。]だが，「ナチス教員連盟」に連なる地理教育家は，これら科学的，実践的な地理教育を否定，地理をナチズムの〈人種〉イデオロギーと結合させたのである。

● 「…生物学的思考はあらゆる教科で授業原則とならなければならないのであるから，他の教科においても，とりわけドイツ語，歴史，地理においては，この課題を遂行しなければならない。この場合，それらの科目は生物学と関連させて扱うものとする。」（1933.9.13 プロイセン文部省令「諸学校における遺伝学ならびに人種科」）[25]
● ［4.］地理　中欧理解に資する。ドイツ民族と先行人種との関係を深化。ユダヤ人とは峻別。事例：過去と現在。血の純粋性，植民地・文化地理学。文

---

24) （＝教則大綱，地理目標）(Erziehung und Unterricht in der höheren Schule : amtliche Ausgabe des Reichs-und Preußischen Ministeriums für Wissenschaft, Erziehung und Volksbildung. Berlin: Weidmann, 1938, S.109.) ちなみに，歴史に関しては次のごとくである。
　　（歴史――目標）ドイツ民族の本質と偉大さ，その内面的外面的自己主張のための運命的諸闘争が歴史教育の対象である。(A. a. O., S. 69.)
25) „Vererbungslehre und Rassenkunde in den Schulen." In: Zentralblatt für die gesamte Unterrichts-Verwaltung in Preußen. 1933. S. 244.
26) „Vererbungslehre und Rassenkunde im Unterricht." In: Reichsministerialamtsblatt Deutsche Wissenschaft, Erziehung und Volksbildung. 1935. S. 45.

第 5 章　歴史，地政学

化的達成，これは環境ではない。人間が闘い取るもの。(ライヒ教育省令「授業における遺伝学ならびに人種科」大要，1935年 1 月15日)[26]

　1934年，「地理教員連盟」はナチス教員連盟へ合流，ナチの地理専門官ブルハルト (Albrecht Burchard) は，同連盟に「**地政学研究委員会 (Arbeitsgemeinschaft für Geopolitik)**」を組織して (1937年)，地理の教育内容にナチスの外交政策，経済政策，人口政策，4 ヵ年計画，帝国改造，国防の諸課題等を盛り込むのだった[27]。

---

27) アルブレヒト・ブルハルト (Prof. Dr. Albrecht Burchard, 1888-1939)——イエナ大学教授，ドルトムント，ミュンスター教育アカデミー教授。著書に『国と季候』(Staat und Klima, 1928) など。Vgl.「ヴェストファーレン歴史協会」https://www.lwl.org/LWL/Kultur/HistorischeKommission/die-kommission/ehemalige-mitglieder/ehemalige-mitglieder-buchstabe-b/albrecht-burchard　最終閲覧：2016/06/18
　●ナチス教員連盟 (Nationalsozialistischer Lehrerbund: NSLB) は，時局の地理・地政学教育に対応するため　①「**ライヒ地理学専門委員**」(Reichssachbearbeiter für Erdkunde, 1934) を設け，他方　②「**地政学研究委員会**」(Arbeitsgemeinschaft für Geopolitik: AfG, 1932——ナチ党にヘス指導下で設立) をナチス教員連盟と「統合」させた (1937年)。ライヒ地理学専門委員に抜擢されたのが，ナチ党古参党員でフランクフルト (オーデル) 教員養成大学学長・教授の上記ブルハルトである。のちに，ミュンスター大学地誌学教授に政治的任官されるブルハルトは，専門委員として，ナチスイデオロギーを「地理学的に」根拠づけたのであった。
　●また，既存の地理・歴史・ドイツ科・生物を「人種学」的に再解釈してドイツ民族の生存圏論 (Lebensraum——空間の人種規定説) を展開したのが，地政学研究委員会座長のヨハン・ウルリヒ・フォルカースだった (Johann Ulrich Folkers, 1887-1960：ロストック教員養成大学歴史学教授)。ドイツ民族は「土地なき民」である；そのため彼らは民族の空間課題を自覚し，ヨーロッパ中央に「血と土」の「生存圏」を創出しなければならない——フォルカースはこう述べるのだった。Vgl. Heske, Henning: Und morgen die ganze Welt. Norderstedt : Books on Demand, 2015, S. 63-142.
　●ナチス・イデオロギーを土台とし，民族生存圏学を中心に位置づけた「ナチス地理学教育概念図」(Modell der Konzeption des nationalsozialistischen Erdkundeunterrichts) を，ヘスケは次のように描いている。
　これは，ヘスケが，当時の 2 つの地理学雑誌，『地理学新聞』(„Geographischer Anzeiger") ならびに『地理学雑誌』(„Zeitschrift für Erdkunde") に掲載された地理学諸論文に基づいて構図化したものである。「血と土」，「生存圏」，「土地なき民」というナチス・イデオロギー (プロパガンダ) は，ナチス人種学理論および既存の郷土科と連接して，民族生存圏獲得と植民地地理学・国防地理学構築にまで邁進する——。ヘスケはまことに的確に「ナチス地政学的地理教育」を表現したと言える。Vgl. Heske, S. 253.

その結果1938年の中等学校教則では，**地政学**（Geopolitik）を扱うよう定め，かつ，［ヨーロッパ］諸国の只中に位置づくドイツの存立を扱うこと（生存圏論）が盛られたのである。

　　教材－第8学年　…Ⅲ．諸国に囲まれた国としてのドイツ帝国
　　ドイツ帝国の中央立地とその地政学的影響（die Mittellage des Deutschen Reiches und ihre geopolitischen Auswirkungen）；ドイツの国境；陸・海・空（対

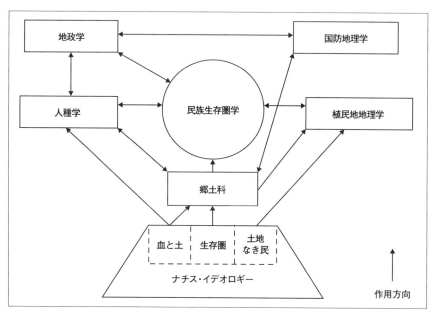

(出所：Heske, S. 253.)

図5-1　ナチス地理学教育概念図

28) Erziehung und Unterricht in der höheren Schule, S. 123. なお，ハンス・グリムの小説『土地なき民』（Grimm, Hans: Volk ohne Raum, 1926. 星野愼一訳，鱒書房，①1940，②③④1941）に，この時代の生存圏渇望をうかがうことができる。ちなみにこの小説第①巻を，戦前，椎名麟三が好意的に批評している（1941年2月）。筆者（小峰）が東京都下の古書店から購入した翻訳本の中の一冊には，「小野寺蔵書印」，「小野寺」の2つの押印が見られた。1940（昭和15）年11月，スウェーデン公使館附武官となり，欧州軍事情報を日本に送った陸軍軍人・小野寺信（妻は小野寺百合子）と何らかの関係があるのかも知れない。

144

第5章 歴史，地政学

空反応，対空防衛）の軍事的安全；国境地帯の保全。ドイツ帝国と他の列強・諸民族との政治的関係，通商条約，友好条約，植民地要求，ドイツ植民地の返還要求[28]。

これらを扱うに当たっては，「生活に近く」，「郷土の諸状況との結合」を行いながら，生徒が印象深くこれら教材を内面化することが目指された[29]。「子どもから」，「生活接近」という新教育の「方法」が踏襲されたのだった。
このような経過のなか，地理授業がナチズム教化と結びつくのである。

(例。気象学でフェーン現象は次のように解説された)
…ドイツ・フェーンは，…マルクス主義に汚染された国土を浄化する。
…神に遣わされた3人の指導者(Führer)，それはゲーテ，ビスマルク，ヒトラーだ…，と[30]。

ナチ時代のすべての地理授業がそうであるわけではないが[31]，これらは科学とは無縁のイデオロギー宣伝だと言わざるを得ない。

(2) アビトゥーア筆記試験・口述試験（地理）
以上のような一般的な地理教育方針が，当リューテン上構学校でどうなされたのか，また，なされなかったのかを，ブラハトは同校文書館に残されたアビトゥーア試験記録に基づいて跡づけたのである。

1）アビトゥーア1933（試験官：一級教員 Dr. H.）
A．筆記
・次のテーマから選択。テーマを示し，筆記につきコメントする。

---

29) Ebenda.
30) Vgl. Bracht, S. 605-606.
31) Vgl. Keim, S. 51-52.

（一）アイフェル・モーゼル地方の特性と成立を，コッヘムの地図に依り，リプシウスの地質図と結びつけて描け。（1名）
（二）1897-1916のリッペ川，エムス川周辺の27流域地の降雨状況を描け。降雨関係を記述し，地形スケッチと結合して論ぜよ。（3名）
（三）ブラジルは何故経済発展がアルゼンチンより遅れているか？（4名）
・はじめの二問は非政治的。（三）は4名選択。ドイツの移住地としてのブラジルが述べられる。生徒はこれに，「黒人の力を利用して白人が土地を利用」と白人史観を述べた。

B．口述
・三問設定
　・山の成立理由，気象図の分析
　・8都市［明示なし――小峰］の立地研究
　・ドイツ民族の年齢構成を，図に基づき論述。海岸形態。
・筆記，口述も地理授業の枠のもの。
　　ブラジル・アルゼンチンの比較は，「教則」の「国民性」に関連。

2）アビトゥーア1934（試験官：二級教員H．）
A．筆記
・次の3問を教師が選択（大要）
（一）ブレーメン湾とシュヴィネ河口の10万分の1地図に基づき，海岸地方の地理の比較。地方の成立と人間の手による形成。
（二）オーストリー併合の地理学的，地政学的理由。将来展望，特に両国の経済発展にとって。資料付き。
（三）地図と写真により，ドルトムントとその地方の成立史を地理的に説明。特に，ルール地方との関連に注目しながら。
　【ブラハト】
　・これらは，ドイツ限定である。
　　ヴェルサイユ条約への反対を，経済面から説明することを期待してい

る。
　　・しかし，驚くべきことに，生徒は，政治的テーマを選ばず。
　　　ここには，教師と生徒との溝がある。
B．口述
・口述に於ては，筆記での経済的関係により深く入りこむ。（大要）
（一）ライン・ヴェストファーレン史
『記録』より
　　…その資源，産業，1870年以来の工業発展の意義…
　　好条件を記さず。入植人口に言及は 1 名（m. H.［助言によって（mit Hilfe）の意か――小峰］）。
（二）ドイツの東部国境とドイツにとっての未来
　　　　　　↓
『記録』より
　　…東部国境は山脈が無く未定であることを正しく述べた。
　　国境の河の流入が正しく把まれていない。ゲルマン人の3回の東方移動は正しく叙述されている。質問で，十字騎士団の入植が詳しく答えられた。大部分は助けなしで。東方国境のなだらかな山の連なりが述べられるべきだ。
　　マズール湖沼地方の戦いの叙述は正しく答えられず。古ゲルマンの闘いの中での低地の意義，はm. H.［助言によって］答えた。
（三）ヨーロッパの在外ドイツ人と，全在外ドイツ人のドイツにとっての意義
『記録』より
　　…在外ドイツ人の数は正しく答えられた。オランダ，ベルギーに対する発展は正しく述べて，フラマンは，m. H.［助言によって］言及。エルザス・ロートリンゲン言及，過去のオーストリアのドイツに対する立場は述べられた。今日の意味は不知。チェコのドイツ人の配置と状態はごく不正確にしか答えていない。ベーメンの歴史は僅かに知る。
（問）我が民族の現在・未来にとって地理は何と考えるか？
　　外国ドイツ人の強化には，まず第一に農民の保護が必要であることがm. H.［助

言によって〕述べられた。ヘルマンの会戦で，兵士の抵抗により土地の安定が得られたことを，m. H.〔助言によって〕答えた。

【ブラハト】
・外国ドイツ人の意義——特にヴェルサイユ条約の結果としての——や，地政学的叙述，これらはいずれも
　　　　　　　‖
　　　教師の期待する内容

3）アビトゥーア 1935（試験官：一級教員 Dr. H.）

A．筆記

（一）「メーレン地方地図に地理と郷土史はどう反映するか」（教材利用）（大要）

（二）「ザールと周辺地との経済結合を，ザールラントの地理的自然的構成から述べよ」

（三）「地中海におけるフランスとイタリアの利害衝突」（付図あり）

・上問で

（一）は 0 人，（二），（三）は各 2 人解答。

（二）ヴェルサイユ条約下で，ザールは住民投票を行う〔1935.1〕。きわめてアクチュアル。

（三）は，イタリアとフランスの利害対立に関わり，アフリカ，小アジアの植民地問題にも及ぶ。特にイタリアの過剰労働力の発見がポイント。

「…イタリアはドイツと同様に生存圏（Raum）を求めている…」

・フランスは外国人（黒人）を必要としている（工業，軍隊）。

イタリアはアビシニア領有論を先取りする。

B．口述

・口述では，ハルツ地方の自然など扱う。

人口密度，民俗，耕作，6 人種〔北方人種，西方人種，東方人種，ディナール人種，東バルト人種，ファーレン人種〕の説明

【ブラハト】　・これらはいずれも，授業の姿を表している。

4）アビトゥーア 1936（試験官：一級教員 Dr. H.）

A．筆記

（一）「大戦後のオーストリー・ハンガリーの自然的生存条件」〔大要〕

（二）「ヴェストファーレン内の相互経済ならびにドイツ全体の経済を，地図と表によって描き，地理的に説明せよ」

（三）「ノイヴィーダー盆地と周辺の，地質構造と火山現象を地図に依り説明せよ」

・1名が（三）を，残り4名は歴史的政治的テーマ（一）を選ぶ。

（一）につき生徒は「恥辱のサン・ジェルマン条約」を想起し，オーストリア，ハンガリー，チェコスロバキアは不安要因であると，「力の平和」(Gewaltfrieden) 論に立脚して述べた。教員のコメント

「…少数者のドイツ人は最高の文化を保有していることが浮彫りになっている…」

【ブラハト】 課題からは，「政治的」だと言うことはできない。

また，解答から，ヴェルサイユ平和条約観をナチ的典型と言うことはできず，ただ保守的と言いうるのみ。

B．口述

・筆記と同様。生徒はイタリアの輸出入や，ドイツの位置，形，国境をフランスと比較する。また，ゲースト地方〔北海の砂地〕の新市形成を，地図を使って述べたりした。

5）アビトゥーア 1937（試験官：一級教員 Dr. H. と二級教員 H.）

〈ⅰ〉ＯⅠアビトゥーア（口述のみ）

・5名のＯⅠ生，リューテンの山脈形成や地理，農家等を説明。

〈ⅱ〉ＵⅠアビトゥーア

A．筆記

・テーマは不詳。視学ゴールドマンの臨席。試験の必然性無く，他の理由か。

B．口述

・4問。統計によりドイツ，フランス，イギリス，アメリカの比較，工業と

地方の関係，入植条件などを問う。

　【ブラハト】　試験官，ナチ的でない[32]。

総括と評価

　以上の分析をもとに，ブラハトは，リューテン校の地理，地政学教育については以下のように評価する。（大要）

「ナチ的」とは言えない
・地理のテーマと試験，生徒の解答の特徴：純粋ナチ的色調とは言えない。
・また，人種学も多くはない。
・ただワイマールの保守論はあり。
2人の教師は，ともに，ナチ的ではない。
アビトゥーア科目として，地理を選択することが少ないこともあったかもしれない。

‖

　これらを見るとき，ヘスケの研究のように「明らかにナチス教員連盟の言う通りの理論内容」，「授業実際は全体として，それをわずかしか逸脱できなかった」との定式は少なくとも疑問である，と[33]。

　農村の一地方都市で，ナチス教育が全体として社会，学校生活を覆うなか，地理という教科内容（文化）の論理と知識の教育を尊重した事例は，きわめて注目に値する。

まとめ

　ドイツの高名な教育学者にフランツ・ペゲラー（Franz Pöggeler, 1926-2009）

32）Vgl. Bracht, S. 610-617.
33）Bracht, S. 617.
34）ドイツ Wikipedia「Franz Pöggeler」（最終閲覧：2016年6月1日）

第5章　歴史，地政学

が居る（居た）。カトリックの信仰心厚く，宗教と教育，成人教育，国際教育などに多くの研究教育をなした。欧米各国に研究滞在，アジア諸国も頻繁に訪れ，なかでもユダヤ人国家イスラエルを20回以上公式に訪れたことは注目に値する[34]。レートマーテ Letmathe（今日のイーザーローン市の市部）の裕福な家庭に生まれたペゲラーは（父は市長），国民学校入学直前に環境が一変した。父が突然解任されたのだ。ナチ党の政権掌握（1933.1.30）後間もなくのことである。その席は，行政学の専門教育も受けていない当市ナチ党幹部に襲われた。のちに解任根拠は「官吏任用法（1933.4.7）」の第4条「…民族国家に献身する保証の無き官吏」（政治的資質）とされたが，父はカトリック中央党のシンパで，同法が主たる対象とする社会民主党員や共産党員などではなかった[35]。少年ペゲラーは，国民学校を経て，リューテンの上構学校で学ぶことになる。この短縮ギムナジウムにおいては**一級教員Dr. ハンマーシュミット**が学級担任で，同時にドイツ語，歴史の担当だった。これらの科目に関わる彼の豊かな学問性，また深く厚いキリスト教の信仰が，ペゲラーの性格形成に大きく影響した。なかでも，神に対する自らの位置づけは，ナチ時代に出会ったどの宗教教師よりも強固だったという。ペゲラーは晩年「ハンマーシュミットは私の最重要の教師(mein wichtigster Lehrer)でした」と記している[36]。じっさいハンマーシュミットは，アビトゥーア試験の歴史責任者として，筆記試験を出題し，口頭試問を行っている。また前章で触れたように，「研究グループ」では，彼の「ゲルマン前史」（1933夏）や「わが闘争」（1933/34冬）が当校最大の参加者をあつめ（22

---

35) Pöggeler, S. 36-39. ミュール＝ベニングハウスによると，同法第2条（職能不十分），3条（非アーリア民族），4条（政治的資質）の理由で罷免されたプロイセンの地方自治関連職は，上級職211名，中・下級職約136名で合計約347名。これは当時プロイセン地方自治関連職総数13,663名（概数）の約2.5％に当たる（5条〈異動甘受〉，6条〈合理化〉を入れると6.5％）。ペゲラーの父は，この罷免347名の中に入っていたものと思われる。Vgl. Sigrun Mühl-Benninghaus: Das Beamtentum in der NS-Diktatur bis zum Ausbruch des Zweiten Weltkriegs. Droste Verlag, 1996, S. 68.
36) A. a. O., S. 109. ちなみに，ハンマーシュミットのような断固たるキリスト者ものちにナチ党員となるが，それについてペゲラーは，この時代に小さな町に共住する者には「断然理解できる」（durchaus verstehbar）；彼にとって入党は，自分の大胆なキリスト信仰への，また教員職への攻撃に対する防衛だったのである，とする。S. 111.

名），学校のナチス化の先導であった[37]。

　私は，ブラハトの叙述中にペゲラーの名前を発見し，かの教育学者がこの学校に学んでいることにある種の親しみを覚えるとともに，ペゲラーにとって当上構学校はいかなる存在だったのだろうかとの疑問も湧いたのである。それがこのたび，ペゲラーの自伝をたどることによって幾分か解明することができた。

　ペゲラーのキリスト教信仰は，生家と家族，そしてライン地方の敬虔な宗教風土の中で築かれたものだったが[38]，ペゲラーにとってリューテン「上構学校」は青年期の人格形成に大きな役割を果たしたのである。すなわち，ナチスによる父の市長職解任の結果追われるように転居した小町リューテンの，短縮型ながらラテン語や宗教を深めることができる「ギムナジウム」で，彼は深い信仰心と豊かな学識を備えた稀有の教育者に出会い[39]，キリスト教による自己陶冶に目覚めたのだった。いまその師，一級教員Dr. フェルディナント・ハンマーシュミットの人物像を紹介すると次のごとくである。

一級教員Dr. フェルディナント・ハンマーシュミット
（Studienrat Dr. Ferdinand Hammerschmidt, 1893-1948）
●司祭，大戦と負傷
1893　Bürenの農場主の子として生まれる。
1913　アビトゥーア試験合格，フランシスコ修道会学校で哲学，神学着手
1914　第一次大戦，ロシアで膝負傷
1916　受勲と傷病手当除隊
1920　司祭（Paderborn）叙階，Paderborn, Münster 本局の

ハンマーシュミット
（ブラハト氏より）

---

37) 4章参照。
38) この地方（ザウアーラント Sauerland）の教会のナチ化については，Bürger, Peter: Friedenslandschaft Sauerland.（edition Leutekirche 1），Norderstedt: BoD（Books on Demand），2016参照。
39) 「ネズミ学校」（Rattenschule）と渾名された当上構学校（校舎にネズミが出没）に志願者の4分の1は不合格。62名の級友と勉学開始。シュタインリュッケ校長は，当校が地方「英才」の学校だと叱咤激励。この校長や教員の多くは，ペゲラーの目には，権威的な州官吏教師であった。Pöggeler, S. 77-96.

第5章　歴史，地政学

> 　　　　　教区司祭として勤める（-1922）。負傷が司祭活動の障害になったので教員志望
> ●ギムナジウム教職
> 1924　　Münster大学博士「詩人としてのマルチン・グライフ，心理的美的分析」
> 1925　　第一次国家試験合格（ドイツ語，歴史，芸術史）「良」（gut）
> 1926　　教育論文草し，第二次国家試験合格「秀」（Auszeichnung），オランダのドイツ人学校勤務（-1928）
> 1928　　ヒンデンブルク（上シュレジエン）の国立上級リチウム教員（Münster PSKの推薦。1928.3.27教団より特免［司祭職解除］受ける）
> ●リューテン上構学校へ
> 1933/34　自ら志望してRüthen着任。「哲学入門Ⅰ」「ラテン語Ⅱ」（「ドイツ語」「歴史」）
> 1933.4.29　他の教員と共にナチへ集団入党
> 　　　5.1　ナチス教員連盟加盟（1936文献鑑定者）
> 1934.4.1　ナチ民生局加入（1935/36地区グループ指導者代理）
> 1935　　冬期救援組織地区グループ全権代理
> 1936.9.1　ナチ戦争犠牲者生活保障会員
> 1938　　赤十字会員[40]

　清貧と禁欲のフランシスコ修道会で学んだハンマーシュミットは，本来，聖職者として生きるはずだった。だが，第一次世界大戦で負傷し，司祭活動の障害になったため教職を選んだ[41]。ハンマーシュミットは，ギムナジウム教員であるとともに〈郷土芸術〉家でもあった。彼は，〈カトリック農民〉の中に①新しい理想信仰，②現代的・理想的な生活形式（＝中世の力）を見出して，脱個人主義，家族，血統，民族性を理想化した。その結果，ナチス〈民族運動〉は「個人主義を克服」，ヒトラーは「民族共同体」を創出して個人主義の現代を克服すると見なしたのである。

　ハンマーシュミットは，1933年4月29日ナチ党に入党，精力的にナチ活動

---

40) Vgl. Bracht, S. 400-401. また，ノルトライン・ヴェストファーレン人名録　http://nw-bib.de/HT012868162参照（最終閲覧：2016年6月7日）。
41) 2014年は第一次世界大戦開始100年だった。人類初の総力戦である大戦は，とくに，多くの若者の人生を奪い，ねじ曲げた。本来ならば幸福な自己実現がはかられたであろう行き道に，それとは別の人生（生，また死）を歩ませたのである（デュ・ガール『チボー家の人々』参照）。ハンマーシュミットの人生もまたそのような，運命に翻弄された生であった。そしてはじめ消極的であったにせよ，やがて教え子に熱烈にヒトラーとナチズム崇拝を強いる側になって行ったのである。

を行った。たとえば「夏至祭」で：

①1934年演説――「炎を高く掲げよ！　炎は我らに時代転換とドイツ人興隆の次の1000年を想起させる…火は，マルクス主義が冷えさせてしまったものを蘇らせる。ナチ思想に結合力あり。闇の国（Finsternis）の光は火だ。全世界はマルクス主義，個人主義の闇夜に抗す。民族の闇夜にドイツの希望の光，闘争，ナチズムの光が新しい1000年を輝かすのだ…」

②1935年演説――宗教者として，ナチ思想はゲルマン伝統と結合すると唱導[42]。

他方，ハンマーシュミットは1940年に「親ユダヤ」であるとして一人の生徒から告発を受けている。だがクラスは彼を擁護し，結果，件（くだん）の生徒は譴責処分された。

授業場面で，ハンマーシュミットの授業テーマ（ドイツ語，歴史）は宗教的。こうした姿を，のちに生徒は「ナチ追随」とも，「最良の教師」とも言う。ペゲラーは「確信キリスト者，偉大なドイツ語・歴史教師」[43]とした。

これらを見るとき，ハンマーシュミットは評価の分かれる人物だと言える。一方ではナチのプロパガンディスト，他方で，カトリック農民の篤い信仰と素朴な共同体生活をたたえる大地のキリスト者。いずれにしても，ハンマーシュミットは信仰に，歴史・文学に，そしてまたナチズムに「篤く」突き進んだ熱情家で，そのカリスマ性が若者を引きつけた，と言える（ウェーバーの言う預言者・煽動家教師を想起させる（『職業としての学問』）[44]。ハンマーシュミットには，シュタインリュッケ校長のような，時代に棹さして巧みに生きる教育官僚の行き方はできなかった。

しかしそれがためハンマーシュミットはナチスイデオロギーの唱道者となる。そして，「ナチ教則（1938）」が言うように「…中等学校の若者を完全なドイツ人に，かつ完全なナチス人［国家社会主義人］に教育する」（die Jugend

---

42）Vgl. Bracht, S. 418.
43）Bracht, S. 422.
44）ウェーバー（尾高邦雄訳）『職業としての学問』岩波文庫（原著1919年，初訳1936年，改訳1980年），p. 50.

der höheren Schulen zu ganzen Deutschen und ganzen Nationalsozialisten zu erziehen）ことを達成しているのである。

　一方ペゲラーも，ヒトラー・ユーゲントに加入して，ナチズムとその国制の中に自己の生きる道を見出すのだった。これを促進したのが上構学校教学であり，リューテン校を囲繞するナチス教育態勢であった。
　ハンマーシュミットもペゲラーも，ともにナチスドイツ・イデオロギー（歴史観）の中に積極的に自己を投企した。それとは距離を置くもう一つの生き方もあり得たが――地理教師一級教員Dr. H. やヴィルヘルム・カーレ（弟）のような――，彼らは人格陶冶に誠実であろうとした。その彼らのたましい（Seele）が，「救済」を幻想させる歴史装置に出会ったとき，彼らは愚直に「時代」を生きざるをえなかった[45]。ハンマーシュミットとペゲラーの歩みを見るとき，システムとしてのナチス教育態勢というものの威力を思い知らされる。

　しかし歴史は科学である。それは「時代」の規範やイデオロギー，行動原理ないしプロパガンダとしての「歴史」を去って，相互対等な諸個人・諸民族が織りなす生存の事実知（Wissen, Kenntnis）と，それらを貫く関係構造を明らかにする科学（Wissenschaft）としての歴史でなければならない。それはウェーバー謂うところの「知的廉直」に属することがらである。

「知的廉直
　　…すなわち，一方では事実の確定ということ，つまりもろもろの文化財の数学的あるいは論理的な関係およびそれらの内部構造のいかんに関する事実の確定ということ，他方では文化一般および個々の文化的内容の価値いかんの問題および文化共同社会や政治的団体のなかでは人はいかに行為すべきかの問題に答えると

---

[45] ペゲラーは，キリスト教とナチズムとは矛盾しなかった；学業とヒトラー・ユーゲント活動とは截然と区別され平和的に共存していた，としている。Vgl. Pöggeler, S. 81, 180.

いうこと、——このふたつのことが全然異質な事柄であるということをわきまえ…る［ということである］。…預言者や煽動家は教室の演壇に立つべき…ではない」[46]

したがって歴史の教育（教師）は，自己の立場を謙抑し，「事実をして語らしめる」（ウェーバー）ことにつとめるべきである。時代は下るが，今日オランダの中等学校で試みられている歴史授業は，個々バラバラの事実が，その後いかなる時代の網を織りなすことになるかを生徒に科学させるものである。リヒテルズ直子の指摘から——。煽動家の「歴史」とは異なる〈科学としての歴史〉として参考にしたいと思う。

「覚える歴史ではなく考える歴史へ——想像力を育てる

…歴史の教科書を実際に開いてみると，歴史の流れや出来事の経緯を記述したものだけでなく，様々な歴史資料が掲載されているのがわかります。いろいろな時代の新聞記事，ビラ，プロパガンダ，手紙の一部，その時代に生きた人の伝記の一部，などです。これらの資料を読みながら，ある特定の時代の特定の社会で，その資料が人々にとってどのような意味をもつものであったのか，を生徒に考えさせます。また，新聞やビラなどに書かれた文章を読ませ，一体どれが客観的に信憑性があり，どれがプロパガンダなのか，それはどういう点から判断できるのか，ということをみんなで話し合いながら議論させます。

こうした授業には，国の態度としての公式歴史解釈は全く介在していません。無論，独裁や侵略が悪であることには疑いの余地はありません。けれども，右の［この——小峰］ような歴史教育は，ある社会で大きな歴史的出来事が起こる時，それを支えたり，それに反対したりする個人の側の何らかの必然的な背景がある，

---

46) ウェーバー，前掲書，pp. 45-50.

という事実に,生徒たちを目覚めさせようとしているように思います。ある地域や国が戦争に向かうとき,社会全体,国全体をそういう方向に導いていくいろいろな条件があり,一つそういう方向で社会が動き出すと,それは一人の人間の力では抗しがたいものになること,そうなってしまう前に,一人ひとりの市民がしっかりと事態を見極め判断していくことがいかに大切であるか,ということを少しでも子供に伝えようとしていることが窺えます」[47]。

若者の理性を育て,その幸福な自己実現をはかっていく──〈歴史〉の教育は,まことに大きな課題と使命を備えていると言えるのである。

---

47) リヒテルズ直子『オランダの教育』平凡社,2004,pp. 162-163.

第6章

ナチス教育学

リューテン上構学校文書館資料
(写真:筆者撮影,2005.6)

「ドイツ文化科」の理想を追求。
第2代校長フルック
(Dr. Hans Fluck)
(写真:ブラハト氏より,2005.6)

はじめに

　ドイツ西部,農村カトリック地域(ライン地方,ヴェストファーレン州ゾースト郡リューテン町:当時)の短縮6年制ギムナジウムたるリューテン上構学校は,旧師範学校の「存続」を主たる動因とし,ワイマール共和国の教育民主化,中等教育拡大の理想も併せ伴い,兎も角も開校した(1926年春)。それが完成(1931/32年度)して間もない1933年1月30日,ナチ党の権力掌握・ヒトラー政権の成立を迎える。同校教学は必然的にナチス教育学の支配するところとなった。とりわけ政教協約(コンコルダート,1933年7月20日)が,カトリック教会とナチ党との「親和」を推し進め,その結果,授業内・授業外を問わず学校生活の全体がナチス教育態勢となっていくのだった。この過程で教員団の

第 6 章　ナチス教育学

ナチ党集団入党，さらにはアビトゥーア試験結果の修正変更という事態にまで至るのである。教員，生徒・父母，さらには地域社会，そして教会も，挙げてこの状況に自らを投企した。ブラハトは，この政治と教育の只中で変転する中等学校を（＝民主主義とナチズムの緊張の場における中等学校制度），同校のアビトゥーア記録を通して描いた。筆者（小峰）はここで，最初の問題設定に立ち返って同校教育のまとめを行い，併せてこの研究のもつ意義について考察したいと思う。

1. リューテン上構学校教学をめぐって

　ベルント・ツィメク（ボッフム大学）は，「中等学校体系の拡大と分化」において，上構学校は旧教員養成機関の継続形としつつも，上構学校がアビトゥーアを付与する一般教育機関であることの意味に注目している。1922年に，ドイツ国諸州が上構学校アビトゥーア協定を取り交わして（1922.12.19の「上構学校に関する協定」で「上構学校」のアビトゥーア権を承認，上構学校を正規の中等学校として認可――小峰），下級学校の卒業生に幅広い教養教育・キャリア教育を提供することが実現し，中等学校数の制約を補完したのだ，と。1914年の時点でプロイセンに師範学校は男子校186，女子校18（合計204校）存在したが，1931年には，その場所に79校の独立上構学校（男子校，女子校）が建った。だが，これらは名実共に選抜校であり，それらの占める割合は，プロイセン全中等学校のうち校数で8.6％，アビトゥーア合格生で5％を占めたに過ぎなかった，とする[1]。

　リューテン上構学校は，プロイセンで100番目に設立された最後の上構学校である。これが立地するリューテン町は，ライン地方のカトリック農村だった。上構学校の創始者ハンス・リヒャート（Hans Richert, 1869-1940）は，地方農村

---

1) Vgl. Zymek, Bernd: „Expansion und Differenzierung des höheren Schulsystems". In: Langewiesche/Tenorth (Hrsg.): Handbuch der deutschen Bildungsgeschichte. Bd. V. 1918-1945, München: Beck, 1989, S. 171-172.

青少年に「ドイツ的教養統一」を実現し,その健全な活力を吸い上げようとした。リューテン上構学校は,そのためのまさに格好の条件を備えていたと言える[2]。

だが,現実はどうであったか。ツィメクが述べるように,師範学校後継学校たる当校もまた,「名実共に選抜校」であったことは間違いない。第1章で,筆者(小峰)は次のように述べた。

> …生徒たちはリューテン町よりも,近在から多く進学した。なかには,ある雪の朝,馬と橇とで2時間半も苦闘して登校した女生徒もいた。生徒の進学動機は,ドイツ高等学校(=「ドイツ的教養」)という民衆的な学校理念,ないしそれを修得して郷土の小学校教員になるというのではなしに,ここを経由すればアビトゥーア(=大学進学)に至れるという,今までにはなかった専門職キャリアへの道であった。生徒そして親を惹きつけたのは,内容ではなく「制度」にあった。

この評価は,その後に若干の考察を行った今も変わらない。かつてリューテン師範学校時代には,近在からの生徒はリューテン町内に下宿して修学し,卒業後は近隣のカトリック国民学校教員となっていった[3]。だが,上構学校がそれまでの師範学校にない「大学」への道を保証したために,リューテン上構学

---

2)「中等学校の改革は…統一学校体系の中の中等学校の位置づけというところに改革の本質的意味がある。つまり中等学校を国民学校および大学と有機的に結合するということは,中等学校をドイツの教育制度の全体運動の中に組み込むことを前提としているからである。この全体運動への組み込みは,単なる組織的組み込みという類のものであってはならず,一つの理念的結合を意味するものでなくてはならない。それは内容的には国民学校とも接近するということを意味しているのであって,このような中等学校で将来の国民学校教員が教養を身につけるということがすでに現実の中に意義深く出現しているのである」。Die Neuordnung des preußischen höheren Schulwesens. Denkschrift des Preußischen Ministeriums für Wissenschaft, Kunst und Volksbildung. 1924, Berlin: Weidmannsche Buchhandlung, 1924, S. 3-4.(プロイセン文部省(編)(小峰総一郎訳)「プロイセン中等学校制度の新秩序」『中京大学教養論叢』35(1),1994.9, pp. 282-283.「新秩序」の起草者はプロイセン文部参事官ハンス・リヒャートである。[後述])

校は次第に完成教育機関＝師範学校から大学への「通過」教育機関（ないし上昇機関）として「名実共に選抜校」となったと言える。ペゲラーの回想にあったように，当校に志願した者のうち4分の1が不合格になっていた[4]。

生徒の出身層が中産層にあることはさきに触れたところであるが（第1章），これをさらに生徒家庭の経済状況に分け入って見てみよう。生徒数は，次表に見られるように開校以来着実に「増加」した。しかしこれは，その裏に一定数の落第，退学，また編入があっての数なのである（落第率は毎年50％だったという）[5]。

表6-1　リューテン上構学校生徒数（1926-1930）

年度	1926/27	1627/28	1928/29	1929/30	1930/31
入学者数	20	23	19	17	23
総数	20（男16，女4）	40	55	68	91

（出所：Vgl. Bracht, S. 296.）

表6-2　生徒数［学年別］（1934-1937）

学年	1934/35	1935/36	1936/37	1937/38
OI	9	15	12	17
UI	15	11	11	16
OII	10	15	20	42
UII	29	27	25	37
OIII	26	26	37	30
UIII	24	38	37	23
計	113	132	142	165
うち女子	27	35	31	46
宗　派				
カトリック	106	126	136	157
福音派	7	6	6	6
非宗派	-	-	-	2
計	113	132	142	165

（出所：Vgl. Bracht, S. 440.）

---

3) Bracht, Hans-Günther: Das höhere Schulwesen im Spannungsfeld von Demokratie und Nationalsozialismus: ein Beitrag zur Kontinuitätsdebatte am Beispiel der preußischen Aufbauschule. Bern: Peter Lang, 1998, S. 273.
4) Pöggeler, Franz: Aufgewachsen in zwei Reichen: Kindheit und Jugend 1926 bis 1945, Bern: Peter Lang, 2009, S. 77-96.
5) Vgl. Bracht, S. 321.

退学理由の大半は経済問題である。学費は年間200マルク（ライヒスマルク：RM）だったが，1930年からは240マルクに引き上げられた。だが，世界恐慌（1929）の時期にこの地の農家は窮乏化，生活は困窮した。1929年の全生徒68名中，学費の減免は次の如くである[6]。

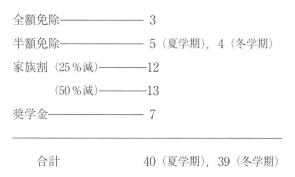

　つまり生徒の58.8％，約6割の生徒が学費減免措置を受けていたわけである。授業料以外にも生徒は通学費，そして下宿生であれば相当の下宿代を負担しなくてはならない（寮〈＝私邸への公費補助〉が備わったのは外部生が増大した1935年のことだった[7]）。かかる状況下では，家計の困窮は即，退学に結びつかざるを得なかった[8]。

　この困難を踏み越えて生徒また親を修学に駆り立てたもの，それは「ギムナジウム」修学を通しての大学への道，地位上昇への期待であったと言わざるを得ない。ブラハトの叙述で興味深いのは，1932年のアビトゥーアに際し，将来の小学校教員を志望する者ゼロ，との指摘である[9]。また，新たに女子に開

6）Vgl. A. a. O., S. 297.
7）Vgl. A. a. O., S. 443-444.
8）ある生徒の親は軸回し工として月100マルクを稼いだ。しかし次第に収入が減り，1931年に失職した。当局から40マルク補助を受けても，20マルクの学費［月額であろう──小峰］が払えない，と元リューテン行政庁に訴えた。当局は，子どもを学ばせたいなら工場に行けと答えたのみ。「金持のためにある中等学校に単純労働者の子弟が通うのは，神の秩序ではなかった」と生徒は回想する。(A. a. O., S. 323.)
9）A. a. O., S. 366.

かれたギムナジウム教育機会を経て大学に学んだ3名女子のうち，2名が博士となっている[10]。女子の退学率の少なさと，全体のアビトゥーア合格者の少なさを考慮に入れると（最初の3年間は30％，20％，40％だった[11]），旧師範学校になかった進路が生徒を上構学校に惹きつけたと言ってよいであろう。

　これらを総合して見たとき，ライン地方の一地方農村のリューテン上構学校は，従来の師範学校よりもさらに，農村中産層の学校になったと言える。「大学への道」を保証したために，生徒の出身地域はより広域化し，学校維持のためには都市のギムナジウム落第生を編入生として受け入れた。上構学校は，町の中産層たる非大学卒官吏および自営農子弟の学校であり続け，下層階層の修学は，経済がこれをきびしく排除したのである。

2. ドイツ学カリキュラムとの関係

　次に，上構学校の「ドイツ学」カリキュラムの成果如何につき考察してみよう。リューテン上構学校は「上構学校型式の邦立リューテンドイツ高等学校」である。

「上構学校」（Aufbauschule）は国民学校（初等学校）の「上に構築された」（Aufbau-）学校（Schule）という，短縮型の「学校型」を意味した。［短縮型の中等学校として，実科ギムナジ

ドイツ高等学校の創始者，プロイセン文部参事官
ハンス・リヒャート
（Hans Richert, 1869-1940）
（写真：Margies, 1972.）

10）A. a. O., S. 367
11）A. a. O., S. 321.

ウム型（Realgymnasium：ラテン語と 2 近代外国語必修，近代カリキュラムのギムナジウム）と高等実科学校型（Oberrealschule：2 近代外国語必修，理系カリキュラム），それに後述のドイツ高等学校型（Deutsche Oberschule：2 近代外国語必修，ドイツ文化のカリキュラム）とがあった（ギムナジウム型の上構学校はない）]。これは，当時存在した同じく 6 年制の中等学校である「実科学校（Realschule）」からは大学進学ができないのに対して，上構学校から大学進学が可能であった（アビトゥーア試験の実施権をもつ）。その意味で，上構学校は従来のエリート学校であった**ギムナジウム**（2 古典語＝ギリシア語・ラテン語必修，文系カリキュラム）と同等である。エリート子弟が，それまで併設の予備学校から直接ギムナジウムに進級したのに対し，同校は大衆教育機関たる国民学校を経て入学，6 年後これを卒業すれば（アビトゥーア試験合格）大学進学が可能となったのである。カリキュラムは国民学校と基本的に同じで，外国語は 2 近代語である（英語とフランス語を念頭に置いた）。ドイツにはそれまで各地に 6-7 年制の「師範学校」(Lehrerseminar)が存在して初等学校教員養成を担っていた(宗派別)。上構学校が 6 年制の「初等後」の学校であることから，人々は上構学校は「師範学校の後継学校」と受け止めた。そして事実，多くの地域で「師範学校」を廃止して，これを「上構学校」に移行させていたのであった（リューテン上構学校もそうである）。

　他方「**ドイツ高等学校**」（Deutsche Oberschule）は，それまでのギムナジウムがギリシア語・ラテン語を必修とし古典文化を主内容とする中等学校であるのに対し，「ドイツ文化のカリキュラム」を主内容とする学校という教育理想，教育内実から生まれた中等学校である。これは，プロイセン文部参事官**ハンス・リヒャート**による保守・復古の教育改革の中で創出された第 4 の正系校種だった。「ドイツ文化を主内容とする」ということは国民学校のカリキュラムが中心を成すということであり，古典外国語（ラテン語・ギリシア語）は必修とせず，外国語負担を軽減してドイツの歴史・文化，ドイツ哲学を重視して，ギムナジウムとの差別化を図ったのである（それでも 2 外国語必修）。

　わが国のこれまでの研究においては，上構学校とドイツ高等学校とが明確に

第6章　ナチス教育学

区別されて両者の発展が独自に記述されてきたとは言えず，ときに二つは併置されたり，あるいはまた同一のもののように捉えられたりしてきた[12]。その理由は，当のドイツにおいて上構学校，ドイツ高等学校の全容が漠としており，それらについての研究もごく断片的だったからである[13]。

筆者（小峰）は，ベルリン，ノイケルンの「カイザー・フリードリヒ実科ギムナジウム」(Kaiser-Friedrich-Realgymnasium) で**フリッツ・カルゼン**（Fritz Karsen, 1885-1951）によって展開された新教育を研究する過程で，自由な教育実践を保障する舞台としての「上構学校」・「ドイツ高等学校」に行き当たった[14]。ただ，これは都市における「上構学校」という例外的な展開であって，

---

12) そのようななか，阿部重孝はドイツ高等学校と上構学校の違いと特性を明確に区別して論述している（阿部重孝「ドイツに於ける学校改革」(1922年)，「新しいドイツの高等学校」(1923年) ＝ともに『阿部重孝著作集 第六巻』日本図書センター，1983年所収）。
ただ残念なことに，これらの論考にも『欧米学校教育発達史』(1930年，『阿部重孝著作集 第七巻』日本図書センター，1983年所収）にも，2校種を創出したハンス・リヒャートへの言及はない。「リヒャート改革」は，単にドイツ高等学校・上構学校の創設に留まるのではなく，統一学校制度の実現を念頭に，ドイツ的な思想世界（＝文化科）を核にして中等学校と初等学校との教育内容的な統一をも企図したのだった（＝「ドイツ的教養統一」。これは阿部「ドイツに於ける学校改革」論文に言及あり）。そのため文化科の授業を重視し，これに全授業時間数の3分の1を割り当てるとしたのである（拙訳「覚書」，305ページ）。こうしてギムナジウムを始めとする全中等学校は，それまでの外国語・外国文化偏重を改め，ドイツの思想世界を土台とした教養統一を図るとしたのである。私は先に，リヒャート改革とドイツ高等学校・上構学校を理解するため，「リヒャート覚書」と「ドイツ高等学校・上構学校教則」を資料として訳出した（プロイセン文部省（編）（小峰総一郎訳）「ドイツ高等学校・上構学校教則大綱 (1924.3.13)」『中京大学教養論叢』第34巻第1号，1993.7，プロイセン文部省（編）（小峰総一郎訳）「プロイセン中等学校制度の新秩序 (1924.3.13)」『中京大学教養論叢』第35巻第1号，1994.9）。
ハンス・リヒャートについては，Dieter Margies: Das höhere Schulwesen zwischen Reform und Restauration: die Biographie Hans Richerts als Beitrag zur Bildungspolitik in der Weimarer Republik. Neuburgweier/Karlsruhe: Schindele, 1972. が，体系的な研究書である。
13) リタ・ウェーバーは上構学校を教員養成史の中に位置づけて考察している。Weber, Rita: Die Neuordnung der preußischen Volks [s] chullehrerbildung in der Weimarer Republik: zur Entstehung und gesellschaftlichen Bedeutung der Pädagogischen Akademien. Köln; Wien: Böhlau, 1984. (Studien und Dokumentationen zur deutschen Bildungsgeschichte, Bd. 26.)
14) 小峰総一郎／フリッツ・カルゼン『現代ドイツの実験学校』明治図書，1986，参照。

上構学校は本来大都会ではなく、地方農村の立地を前提とした。ギムナジウム生徒が故郷を離れ、寮などに寄宿していては、都市の生活と文化に病んだガリ勉・外国文化一辺倒を生み出してしまう。そのため、これまで中等教育機会から閉め出されていた生徒、すなわち、家から通うことしか許されない才能と意欲のある地方青少年の修学を念頭に置いていた（地方青年の「健全な生命力」の吸い上げ）。筆者はその後、プロイセン文部参事官ハンス・リヒャートの人物研究、ならびにワイマール時代プロイセンにおける中等学校改革の特徴を描いてみたのであるが[15]、ブラハトの上構学校研究は、まさにこのリヒャート改革が狙いとした地方農村都市で、上構学校教育がどのように展開されたのかを、実例に即して解明した一大研究成果なのである。とりわけ、上構学校教育の中心的カリキュラムである「ドイツ科」（ドイツ学）の展開を具体的に知ることができ、これまでの研究上の欠落を埋めるものと言える[16]。

　さてその「ドイツ学」カリキュラムであるが、結論的に言えば、ハンス・リヒャートがめざしたような「ドイツ的教養統一」（諸文化を、ドイツ語ドイツ文化を軸に統合するという理想。図6-1参照)[17]は困難だったと言わざるをえない。

---

15) 小峰総一郎「ハンス・リヒャートとプロイセン中等学校改革」日本教育学会『教育学研究』63（4）, 1996, 参照。
16) ライナー・ベッスリングの「ドイツ科」研究は、「ドイツ・ゲルマニスト連盟」（1920年に「ドイツ的教養協会」Gesellschaft für deutsche Bildung へ改称。同年の全国学校会議に出席）の代表者ヨハン・ゲオルク・シュプレンゲル（Johann Georg Sprengel, 1863-1947）の「ドイツ的倫理」に基づくドイツ語作文を取りあげている。彼は、生活圏からの体験を掘り起こし、読み、話し、作文することを通して「ドイツ的倫理」を自覚させるとする。ドイツ的倫理形成授業の研究ではあるが、事例はごく断片的である。Bessling, Reiner: Schule der nationalen Ethik. Johann Georg Sprengel. Die Deutschkundebewegung und der deutsche Germanistenverband, Frankfurt am Main: Peter Lang, 1996, S. 181-182.
17) Schmoldt, Benno: Zur Theorie und Praxis des Gymnasialunterrichts（1900-1930）. Eine Studie zum Verhältnis von Bildungstheorie und Unterrichtspraxis zwischen Paulsen und Richert. Weinheim/Basel: Beltz Verlag, 1980, S. 110.

第6章　ナチス教育学

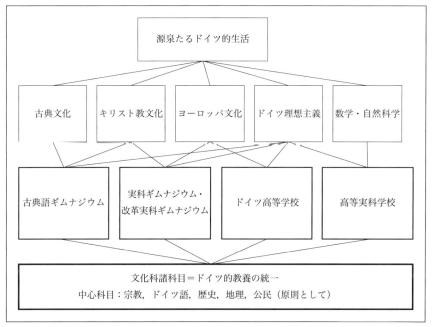

図6-1　リヒャートのドイツ的教養統一と学校型
（出所：Schmoldt, 1980, S. 110.）

　リューテン上構学校は，住民の受け止めとしては地方英才を集める短縮型の「ギムナジウム」であることから（校種上は「ドイツ高等学校」），カリキュラムにラテン語を置いた（ドイツ文化重視の「ドイツ高等学校」でありながら）。アビトゥーア合格を高める目的のもとで，また地元のカトリック教会の要求もあって，ラテン語教育の優位は揺るがなかった。リヒャート教則に盛られた科目の合同なども編成することはできなかった。生徒の探究を重視した協同学習は，いくつかの研究グループ（Arbeitsgemeinschaft）を組織・実施することができた。しかし，理科方面の科目では，生徒の探求が尊重されたが，ナチ時代のドイツ語グループ学習では，哲学・ドイツ語教員ハンマーシュミットがナチ著作を扱い（「ゲルマン前史」（1933夏），「わが闘争」（1933/34冬）），学校のナチス化の急先鋒であった（第4章，第5章参照）。

　むしろ，ドイツ学カリキュラムに果敢に挑んだ具体例（成功例）として

は，第 2 代校長フルック（Dr. Hans Fluck）の取り組みを挙げうる（在任 1930-1932）。

授業内容
1．特徴
・ドイツ語の授業は，学校の教則と教員の傾向によって内容が決まった。
・OIの目標はドイツ理想主義[18]。これに副次テーマも入る。
2．読書教材
・1931/32　OIのドイツ語（フルック校長）
①授業教材——ゲーテ（ファウストⅠ，概略Ⅱ），ハイネ（政治詩，散文），シュミットボン（7つの峰のかなた），現代ドイツ散文，印象主義，象徴主義。ツィーグラー（田舎守備兵クリル），R.ワグナー（さまよえるオランダ人，タンホイザー（UI），ニーベルンゲンの指輪，マイスタージンガー），表現主義，戦争。
②個人教材——ゲーテ（ライネケ狐），ケラー（マルチン・サランダー），グリルパンツァー（嘘つきへの痛み），インマーマン（宮廷），コルトゥム（ヨブシアーデ），G.ハウプトマン（選択でウェーバー，ハネルの空への旅，選択でビードーの毛皮，選択で御者ヘンシエル，選択でバラ・ベルント）。
③私的領域——ドラマ，演劇，ハウプトマン，またゲーテ，ケラー，グリルパンツァー。

---

[18]「第一年級ドイツ語は，教育活動の中心にドイツ的生活の最高の教養時代たる「ドイツ理想主義」を置く。第一年級ドイツ語はドイツ理想主義をその精神史的諸前提の中から理解し，それが全生活領域に対してもっている根本的意義を明示するものとする。また，ドイツ理想主義の大作家，思想家をできるだけ深く掘り下げて理解することに努め，古典時代から現代までの時代を理解するための架け橋とする。…第一年級上級の目標は「ドイツ理想主義」を如上の精神運動の完成，統合として明らかにすること，ならびにその偉大な代表者——中でもゲーテ，シラー——がドイツに及ぼした大いなる影響について理解させることである。そこで授業では個々の作品の講読に留まることなく，各作品を作家の生涯や全時代背景と関連させて理解することが必要である。…」（「ドイツ高等学校・上構学校教則大綱（1924.3.13）」Ⅰ．文化科　第一年級ドイツ語，小峰訳（1993），p. 304-305.

第6章　ナチス教育学

3．親民族主義（eher völkische Richtung）でなく，労働者的でもない

・読書教材を見るとき，他校で普通の親民族主義的なもの——フレックス，グリム，ヨースト，また，クライスト——が突出している訳でなく，又，労働者文学もない。

・国民的保守的自己理解（national-konservatives Selbstverständnis）——ドイツ的な内容，田舎・郷土の文学，政治社会的テーマを歴史的に扱う。市民の自己理解は田舎の牧歌と結合している。

4．クラス作文テーマ，宿題テーマ（1931/32）

・フルックの指定したクラス作文テーマ，宿題テーマ

第一課題：クラス作文（テーマ選択）

　a）新学年に思う

　b）ゲーテ・ファウストの復活祭散歩は私に何を語るか？

　c）私が1931年のモーツァルト記念日に演説したいと思うこと

　d）アーサー・シュリッグのモーツァルト史『ウェルギリウスの墓にて』に即し1770年頃のヨーロッパ意識の中の古代

（5 短時間授業）

第二課題：宿題（テーマ選択，但し教師の許可つき）

　a）パン穀物によるドイツの補給

　b）日常生活から

　c）リューテン耕地の土質

　d）現代農業の状況

　e）石祝いに思う

　f）鉄製作工場を行く

　g）炭化水素化合物とその意義

　h）飛行機の意義

　i）鉄道の未来

　j）ゲーテ『ファウスト』第一部の歌

第三課題：クラス作文（テーマ選択）

a）現代生活で我々に特に目立った現象は何か？
　　　b）日常生活で人はどのように勇気を示すか？
　　　c）友に何を感謝するか？
　　　d）貴方はファウストの友人になりたいですか？（ファウスト第一部）
　（5 短時間授業）
第四課題：現代ドイツ詩の一節を選んで様式を探究せよ
　（5 短時間授業）
第五課題：私の人生，私の教育歴（6 短時間授業）
第六課題：エルンスト・マッハの実証哲学完成への道，デトレフ・フォン・リーリエンクローンは実証哲学者か？
第七課題：アビトゥーア作文（5½時間。各60分）[19]

【ブラハト】　作文テーマは精確に叙述されるよう選んである。生徒のテーマ選択あり。よく選ばれたもの：ゲーテ・ファウスト1b，2j，3d，A4など。[20]

　フルック校長は，リューテン上構学校のアビトゥーアを高めるために地方学務委員会が送り込んだ人物だった。この要請に応えるため，彼は，教員組織，授業内容などの上構学校教育の内部充実とともに，他方で積極的に学校を地域に開いていった。地域住民に音楽や文化の集いを設け，父母，地域住民の生活と信仰に立脚した学校づくりを進めたのである（フルック自身，ピアノの名手であった）。ナチ時代に左遷された彼は，カトリック主義の立場からナチズムに不服従を貫いた。その彼の授業は，ドイツ理想主義を軸として，諸文化の統合をめざすリヒャート文化科構想を，リューテンの地元の要素も取り入れて実践したものと言ってよい。

---

19) Vgl. Bracht, S. 330-334.
20) A. a. O., S. 334.

第6章　ナチス教育学

3. ナチス体制下のリューテン上構学校

ブラハトの研究は，ナチス体制下の中等学校教育研究として大変意義深い。何より，これまでドイツにおける研究では断片的にしか究明されて来なかった「ナチス教育学」の実践展開をうかがうことができるからである。それは以下の三つのレベルから成る。

プロイセン邦文部大臣
初代ライヒ教育大臣
ベルンハルト・ルスト
（Bernhard Rust, 1883-1945）
（写真：Nagel, S. 41.）

①ナチスカリキュラムとその展開——とりわけ**生物・人種科**，歴史，**地理・地政学**，ドイツ語
②学校行事，生徒活動——とりわけ**民族政治科実習**（Nationalpolitische Lehrgänge），学校における**ナチス青少年団体活動**，協同学習，志操教育，ナチスのアビトゥーア試験介入を含む学校の「政治化」
③教員団，地域と学校——個々の教員の「ナチ化」（信仰と「政治」との対立葛藤・「調停」），教会・地域と学校との関係

(1)「ナチス教育学」、「ナチスカリキュラム」

初めに日本との関係に触れておこう。

戦前わが国国制は天皇制国家体制であり，成熟した市民社会を基礎に築かれた近代国家ではなかった。その教育研究は，封建遺制根強くかつて立憲君主制をとったプロイセン・ドイツと「近しかった」。特にプロイセンが，教育と軍事により近隣諸国を支配し強大化する姿は，日本の行き道と重ねられたと言える[21]。1933年のナチス体制成立後の日本の教育研究は，ナチス教育の一面的な紹介・礼賛にあふれていた[22]——「同盟国」ドイツ（日独防共協定の締結は

171

1936（昭和11）年11月25日である）の国家教育，愛国心教育，労働奉仕，青少年組織，ヒトラー・ユーゲント，等々——。ところで，そもそもこの「ナチス教育学」とは一体いかなるものであるのか。1942年の雑誌『ドイツ』は「ナチス教育特集」を組んで，ドイツの学校教育，教員養成，成人教育・社会教育，政治教育，国防教育から植民地政策等にまで及ぶ広汎な内容を扱っている[23]。だが，そこに「ナチス教育学」とはいかなるものかは必ずしも明瞭に示されているというわけではない。同誌はベンツェの「国民社会主義教育の目的」を掲載するが，これが「ナチス教育学」を説明しているとは言い難い。「国民社会主義教育（ナチス教育）」は次のように描かれるのみである。

「　　目　　的　　国民社会主義教育は若い人々に彼等が国民の一員としてドイツ国民の生活や国家及び社会を維持し，向上せしむる能力を付与するのである。これが為には自然の遺伝及び人種法則の意義に立脚して，個々人の健康を増進させる事が必要である。健康を増進させる事は単に肉体のみならず，性格又は精神にも少なからず及ぶのである。肉体と霊及び精神の先天的の神聖な均衡は——尤もこの均衡は被造物に関係なき世界観や教育理論の支配の下に攪乱され，又我々はこの均衡に背き，就中肉体や性格を等閑に付し霊及び精神を狭めたり歪めたりするのであるが——鍛錬に依って一定の促進度で原状に復され，維持され，強固にされるのである。それ故凡ゆるドイツの少年少女は明朗な潑剌とした智力を有する清い心と強固な意志を健全にして人種的に立派な肉体の中に持ちたいといふ理想に向って進むのである。然し之等の特質は真の協同体意識がこの特質に融合する時始めてドイツ国民にとって価値あるものとなるのである。…自己の利益が社会の福祉を害ふなら自己の

---

21) ドイツが19世紀末から20世紀初頭にかけて行ったポーランド住民の同化政策は，「帝国」日本の朝鮮人，中国人同化政策のモデルをなしたと言える。朝鮮總督府［編］『ポーゼン州國語教育に關する調査報告』［朝鮮総督府］，1913，参照。調査者は当時ドイツ留学中の保科孝一である。日本の植民地同化政策については駒込武『植民地帝国日本の文化統合』岩波書店，1996，ならびに浅野豊美『帝国日本の植民地法制——法域統合と帝国秩序』名古屋大学出版会，2008，が雄渾である。
22) たとえば百々巳之助・景山哲夫『ヒットラー・ユーゲント』刀江書院，1938；下松桂馬『平和の武装獨逸勞働奉仕制度：青年教育運動の再建』刀江書院，1937；新見吉治『ナチス祖國愛の教育』三友社，1935，など。

利益はヒットラーが吾々に生活の範を示した所謂，公益は私益に優先すといふ根本命題に戻らねばならぬ。…凡てのドイツ人は運命に縛られた一家族を為すが故に，各個人は国民の一員として全員の安危に対して共同責任を負ひ，従って全力を盡して自国民に奉仕せねばならぬといふ精神を養ひ，之を強要せねばならない。…さればドイツ青少年教育及び凡ての教育の目的は総じて密接に協力し，包括的な二重のものである。

　　1．人種的に健康にして有為の個人養成教育

　　2．社会の一員への準備教育（国民教育）

両者は別個に分離する事は出来ず，相互に提携して継続的に目的を達成して行くのである。両者を分離して説明せねばならぬとしても，両者が密接不離の関係にある事は後天的に於て常に気付くであらう。…」[24] と。

「ナチス教育学」，「ナチスカリキュラム」は，ディシプリンとして体系化さ

23）雑誌『ドイツ』1942年11月上旬号の内容を示すと以下のごとくである。

　　瀧口潔「國運の消長と教育制度——巻頭言」／蠟山政道「日本に於ける國民組織の特徴」／石橋長英「ドイツ植民地の發展と植民政策」／ルードルフ・クラウスミューラー「國民社會主義勞動員の枠内に於ける全面的後進者指導」／ベンツエ「國民社會主義教育の目的」／安藤堯雄「ドイツの政治教育」／山本政治「ドイツに於ける教育者の養成に就て」／「一九三六年のドイツ學制改革（フランクフルターツアイツング紙所掲）」／平沼良「ドイツ學校教育」／多田鐵雄「ドイツの社會教育」／マツテウス「ドイツに於ける成人教育事業」／黒澤得男「大森獨逸學園を觀る」／平沼良「ドイツ國民學校參觀記」／原田瓊生「反共十字軍夏の陣」／オット・モスドルフ「ドイツ國防軍指導法」／ウエルネル・コルラート「榮養整備論」／内田昌夫「月間國際情勢展望」／秦禮介「經濟時事 ドイツ勞務者對策」／秋吉元作「現代ドイツ作曲界概觀」／「世界の動向 ドイツ情報 日本＝獨逸＝西亞＝佛蘭西＝中南米＝ソ聯＝米國・英國」［以下略］

　　これに対し，文部省はドイツにかかわる教育調査を周到に行い，これを報告・公刊している。

　　文部省教育調査部編『歐米に於ける中等教育制度改革問題』文部省教育調査部，1935．
　　文部省教育調査部編『獨逸の高等學校』文部省教育調査部，1941．

　　ちなみに外務省は，ヨーロッパ，ドイツと東京間で電信・書簡による報告，連絡を緊密に取り合い，外交を展開している。（筆者（小峰）は，かつての，ポーランドにおけるドイツ系少数民族の教育問題にかかわり，それらデジタルアーカイブのいくつかを参照した。（アジア歴史資料センター https://www.jacar.go.jp/about/index.html）所収）

24）『ドイツ』11月上旬号（ナチス教育特集），日独出版協会，1942，pp. 30-31．

れることは困難であった。それは，ときにベンツェにより，またシュトゥッカートによって，ヒトラー『わが闘争』の諸言説を引用して授業方針，青少年政策，教員養成，学校制度と関わって述べられたが，これをそのまま「ナチス教育学」，「ナチスカリキュラム」と言うことはできない[25]。例えば，民族政治科実習（Nationalpolitische Lehrgänge）が，学校教育を超える「ナチス教育学」の典型であるとされたが，これは〈学校〉か〈隊列（軍隊）〉かの対立のなか，試行数年で「禁止」となっている。「ナチス教育学」の軸たる「人種学」，「歴史学」，「地政学」も，学問的信憑性・体系性に貫かれていたとは言えない（第5章参照）。さりながら，「ナチス教育学」を今回行ったリューテン上構学校の事例に則すと，以下の構造総体と考えることができる。

　①ワイマール保守思想，反ヴェルサイユ，外地ドイツ人運動等を与件としてヒトラーのまとめた『わが闘争』を始点とする。
　②これに基づく人種学，地政学，歴史学を中心とした「ナチスイデオロギー」生成。
　③このナチスイデオロギーを軸にした人間形成計画（ナチス教育学・ナチスカリキュラム。教育制度，教員養成等を含む）。
　④家庭，学校，青少年団体，労働組織，軍隊等を通したナチス教育の実践

---

[25] ヘールマンの『教育学辞典』（Hehlmann, Wilhelm: Wörterbuch der Pädagogik. Stuttgart: Kröner, 1971.）にはナチス教育に関わる重要項目は殆ど見出せない（ヒトラー，強制的同質化 Gleichschaltung，ヒトラー・ユーゲント，人種学，ナチズム，ナポラ等々）。その後継書であるベームの『教育学辞典』にはヒトラー・ユーゲント，ナチズムの記載はある。ただ「ナチズム」（「ナチス教育学」）は次のように記述されるに留まる；「ワイマール共和国の反民主主義思想〈非合理主義・反知性主義，卑俗な生の哲学，基本概念としての民族・生活・グループ・同盟・有機体〉から育まれたナチズムは，新教育の個人主義を批判し，他の独裁同様に全体的な教育国家をも目指した」と。そして，ナチス教育学は，国家を誇りとして（ヒトラー），人種として健康な人間，冷たい知性より情念的な新しい政治的人間の形成を目指す；1938年教則大綱はそのような「ナチ的人間」の形成を謳っているとして，科目の特徴を記し，教育諸政策――校外青少年組織，教育行政（ライヒ教育省創設1934），学校制度，教員養成，大学自治剥奪，を述べる。ベームによれば，1938年教則が一応の「ナチス教育学」，「ナチスカリキュラム」との理解である。Böhm, Winfried: Wörterbuch der Pädagogik. 12., neuverfasste Aufl. Stuttgart : Kröner, 1982, S. 381-382.

第6章 ナチス教育学

貫徹。

⑤党と祖国に献身する「ナチスト青少年」の形成。

以上を図解すると図6-2のようになろう。

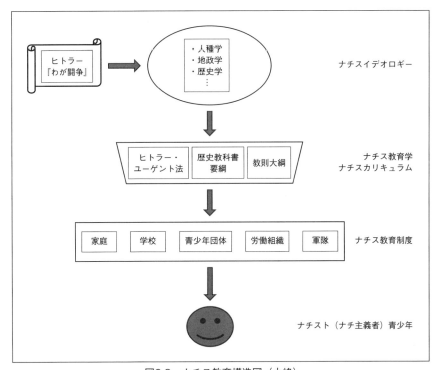

図6-2 ナチス教育構造図（小峰）

ナチスイデオロギー，ナチス教育学を中核とし，これを取り囲んで教育の組織編成（教則編成，青少年組織化，統一学校制度，男女別学，上構学校中心の中等学校制度，教員養成大学新設，ナチスエリート校創設，等々）が準備され，それらシステムがこれまでの教養エリートとは異なる庶民階層出自のナチ・エリートによって専管される。授業はナチス教員団体（「ナチス教員連盟」）の統制のもとに定型化され，簡易教材使用強制がそれ以外の授業（探究的学問的な授業，生徒活動を尊重した授業と学校生活）を排除する――という全体構図，これら〈総

体〉が「ナチス教育」として「確立」されていったのだと言える（第4，5章参照）。

（2）学校の態勢，生徒の活動

「ナチス教育学」は〈学校〉の陶冶（Bildung）を〈社会〉［＝民族共同体（Volksgemeinschaft）］における教育（Erziehung）に代置した（「ナチス教育学」における教育（Erziehung）は「錬成」ないし「教練」に近い）。

ナチ期のリューテン上構学校教学も，必然的に知識エリートの〈陶冶〉から民族共同体に奉仕する〈ナチ的人間錬成〉に取って代わられたのである。教則（1938）は言う。

> 「あらゆる真の教養は生から生まれる；その生は生を通してのみ点火されうる。ナチズムは教育と陶冶の全体系に代わって生と行動の優位を主張する；それが偉大な全文化発展の法則だからである。政治的行動が新秩序の生みの親である…」[26]

学校の授業と教学態勢，生徒活動は，挙げてこの目的に向けられた。

筆者（小峰）は先に，「**民族政治科実習**」（Nationalpolitische Lehrgänge）に注目して，この試行がなぜこのライン地方において早期大々的に実施されたのかを問うた。それは，当地が「国境地帯」であったからである（第3章参照）。そしてこの国境地帯では，フランス軍内の植民地出身兵（黒人）による現地女性への暴行陵辱事件が頻発し，これへの反対運動が広汎に展開されていた（「ラインラントの雑種」に対する「黒い汚辱」キャンペーン）。知性教育中心の〈陶冶〉よりも，民族共同体に奉仕する〈ナチ的人間錬成〉への希求が，国境地帯の抱える現実からの要請に合致していたと言える（第4章参照）。

郷土の詩人マリア・カーレは，同校の宗教教師である弟（ヴィルヘルム）と

---

[26] Erziehung und Unterricht in der höheren Schule. 29 1. 1938, Berlin: Weidmann, 1938, S. 10-11.

は異なる形で上構学校教学に深く関与した。彼女は，ブラジルで祖国ドイツの敗戦に遭遇している。外地に暮らす「外国ドイツ人」への思いは，自らの経験と重なっていた。帰国してのち，彼女は「外地ドイツ人協会」に加わり，外地ドイツ人への支援活動，「民族政治科実習」を通して同校の授業，生徒活動に熱烈に参加したのである（第2章参照）。

かつてのドイツ領に留まった民族ドイツ人，第一次世界大戦敗北後にデンマーク，ポーランド等の中の少数者・少数民族となった「外地ドイツ人」が，ドイツ語・ドイツ文化の教育を求める「文化自治」を筆者はさきに研究した[27]。この［特に新生ポーランドにおける］ドイツ系少数民族は，一方では祖国帰還を押し留められた存在であり[28]，他方で，彼らがポーランドに留まることが「ドイツにとって東部国境修正の要求を強化することにつながる」存在とも考えられたのである[29]。

リューテン上構学校にける国境地方についての学習は，同地の「外地ドイツ人協会」（Volksbund für das Deutschtum im Ausland）と結んで外地のドイツ系少数民族支援，彼らの文化自治を推進するものだった。これが，ナチス体制成立後には，ヒトラーの生存圏構想，地政学戦略となって，ドイツの中欧支配と結びつくのであった。生徒らは，授業の中で，研究グループの中で，さらにまた校内に組織されたヒトラー・ユーゲント活動を通して，ドイツの運命に加わることを自らの責務と自覚していったのである。

(3) 生育歴作文——ナチス教育の「成果」

このことがアビトゥーア生の「生育歴作文」にうかがえる。生育歴作文とは，

---

27) 小峰総一郎『ドイツの中の《デンマーク人》——ニュダールとデンマーク系少数者教育』学文社，2007；——『ポーランドの中の《ドイツ人》——第一次世界大戦後ポーランドにおけるドイツ系少数者教育』学文社，2014，参照。
28) 川手圭一「マイノリティ問題とフォルクの思想」伊藤定良・平田雅博編『近代ヨーロッパを読み解く』ミネルヴァ書房，2008，pp. 300-301。
29) 川手圭一「第一次大戦後ドイツの東部国境と『マイノリティ問題』」『近現代史研究会会報』第58号，2006，p. 6。

アビトゥーア受験を前にして，ドイツ語作文の時間に自己の生育歴を綴るものである。生徒はそれまで，家庭や学校生活，交遊に即して自己形成史を綴っていたのであるが，「1933年革命」を体験しナチス錬成教育を重ねてきた生徒は，次第に党（ナチ党）と民族の運命に自分を重ねてゆく。ブラハトの掘り起こした生徒作文からいくつか紹介してみよう。

A. 1934年アビトゥーア生 ［1933年12月の生育歴作文。大要］

　1934早春のアビトゥーア試験に向けて作文。1931，1932年と明らかに異なる点——ナチズムと関係する記述が明瞭である。ときに詳細に綴られている。

　①ドルトムントのSA行進でナチズムを身近に感じた。生への勇気，民族への奉仕だ。

　②ドルトムントのSA行進は，現代ヒトラーの力を表現。四肢を制御。ヒトラーはドイツを再び栄光に導ける唯一の人間だ。最良の一日だった。

　③ヒトラー理想を共にした。総統＝民族の産物。

　④僕の最大の夢は，林務官か農業学習だ。しかし民族全体に奉仕したい。民族の福祉にだ。父は兵士，僕はSA，職務は喜び。ヒトラーに仕えられぬと不幸だ。

　⑤ナチに初めは不安を感ず。しかし，やがてナチズムが真実の土地に立つことを発見した。1931年にブレーメンとハンブルク行。民族離散を知る。…ナチ集会に初参加。ルスト演説，教職を捨て党に生きる姿に感銘。…真実を党誌の中で読む。1933年ヒトラーの姿を見た。信頼。だが，今なお他の信仰あり。今，それと闘っている。

　⑥SAのため忙しい。勉強できない。休みたい。

　⑦スポーツの中に総統の要求あり。アビトゥーアに合格したら指導したい。「健全な精神は健全な身体に宿る」。

　⑧ユダヤ人即ち，資本主義の犠牲となった根無し草への怒り。農民は誇りだ。

⑨スポーツが好きだ，ユダヤ人の友がいる。英語は世界語だとすすめてくれた。しかし，道は異なる。友情は去り，ハーケンクロイツ旗の下に立つ。ユダヤ人とは会わない。

⑩［女生徒］学校と宗教，そして父からの影響あり。時代を克服する力を相続。もう女の子には戻らない。…[30]

B. 1937年アビトゥーア生［1936年12月の生育歴作文。大要］

　1933年体験は1937年のアビトゥーア生にも反映した。同校で生徒らはHJ（Hitler Jugendヒトラー・ユーゲント）に殆ど加入，早くから忠誠を誓っていた[31]。他にBDM：Bund Deutscher Mädel（ドイツ女子同盟），JM：Jungmädelbund（少女団）に加盟。さらにはSS：Schutzstaffel（親衛隊）やSA：Sturmabteilung（突撃隊）に加わるアクティブ生徒もいた。これら団体を通して参加した大行進や党大会の印象は，生徒の心に強く焼き付けられた。1936年当時のアクティブ生徒は述べる。

①「反ボルシェヴィズムの党大会に出た…ヒトラーを見，演説を聴いた。彼に従おうと決意した…」。

②ヒトラーは誰も妨げられない…。ニュールンベルク党大会の印象。

③HJ行進に参加した。総統の祖国再建を確信した。

　このとき，上記3人の男女生徒は，家庭の事情，ないしHJ/JM(ヒトラー・ユーゲント／少女団）の理由のみでアビトゥーア受験を許可された。学力不足だが，「人格全体を顧慮して」の受験承認であった（各種編隊活動）。
　他方，一般メンバーのナチズムへの一体感はさまざまであった。

---

30) Vgl. Bracht, S. 445-448.
31) 第3章参照。

④家庭は，古い宗教的体制→理解はなかったが1934にHJ加入。

⑤「少年団は多宗派間の，しかし反ユダヤ同盟だった。僕はここで初めて静かに学べた」。

⑥僕は同じ理想のために倒れた同志の担架の下に2度立った。（対立グループの争いで）

⑦ドイツ語教師は若い心をつかんだ，僕は彼に感謝する，云々。

⑧ファウストに感動した，云々。

⑨資本主義は血の紐帯の運命結合の自覚の下で解体している。

⑩「知よりドイツ精神」

⑪生徒らによる問題解明に一層習熟して，僕は，わが国の詩芸術作品をより深く内面的に理解することを学んだ。

⑫1918年11月に卑劣な［祖国］裏切り。「アカ」と「ユダヤ人」を憎悪する，云々。

⑬思い上がりへの贖罪述べる。[32]

以上述べられたのは，生徒たちへのナチス教育の「成果」である。アビトゥーア試験に臨むに当たって生徒が綴ったのは，生徒たちの18年間の自己の形成史である。アビトゥーア試験に及第するため，教員に阿（おも）っていることは考えられるが，若いたましいは，「純粋に」ナチス世界観と民族の運命に自己を投企している。まことにナチス教育は，心意・肉体・知識に亘る，若者の人格全体をナチスト錬成したと言ってよい。

---

32) Vgl. Bracht, S. 451-454.

第6章 ナチス教育学

（日本は2015年「戦後70年」だった。わが国も，昭和16〈1941〉年3月1日の「国民学校令」が青少年の教育目的に〈錬成〉教育を謳い（「國民學校ハ皇國ノ道ニ則リテ初等普通教育ヲ施シ國民ノ基礎的錬成ヲ為スヲ以テ目的トス」国民学校令　第一条），併せて国民に『臣民の道』を公刊して〈1941.7〉，社会全体に，「国体」を体しこれを日常生活の中で実践する国家奉仕の人格を求めたのである。）

(4) 教員団，地域と学校

　リューテン上構学校はアビトゥーアを付与する「中等学校」となり，旧師範学校以上に地方の文化的象徴となった。上構学校は，「学校ミサ」を行い，カトリック住民の宗教的要求に応えてラテン語教育を推進した。かつまた音楽や文学を住民に開いていった。教員団は戦後の経済難のなか，学位をもつ一級教員中心に編成された。近在や都市からやってくる下宿生は，町の経済にも寄与した。学校は地域と住民に愛着されていたと言える。

　だが，ナチ時代となり，カトリック教会がナチ党との**政教協約**（コンコルダート；1933年7月20日）を締結してからは，学校，教会，住民とナチス支配は一体化した。かかる体制の中で，教員団のナチ党集団入党，アビトゥーア判定の「修正」，アビトゥーア受験資格の「緩和」が引き起こされたのである。父母・教会・地域住民には，もはやナチズム以外の別の価値選択は無くなったのだった。

　カトリック中央党シンパのペゲラーの父が，レートマーテの市長職を追われて一家で田舎町のリューテンに辿り着くのはこのような時代であった。（そのペゲラーはこのリューテン上構学校で，一人の熱烈なナチスト教師の感化のもと，党と祖国に献身する「ナチスト青年」となっていくのである（第5章参照））。

まとめ―ブラハト研究への書評，授業実践の教育史研究

　最後に，ブラハトのリューテン上構学校研究に対してドイツ人研究者がどのように受け止めたかを紹介し，併せて授業実践の教育史研究がもつ可能性につ

いて記すことにしたい。

(1) ブラハト研究への書評
　本書に対してドイツの研究者からなされた書評は，大要次の通りである［見出しは小峰］。

①ハンス・ゲオルク・ヘルリッツ（Hans-Georg Herrlitz）氏（『ドイツの学校』，1999）
１．概要
　　大冊の博士論文であるブラハト氏の本研究書は，［中央ではなく］地方の事例を扱っている。これは注目に値する。また，ギムナジウム史研究ではこれまで副次的にしか扱われなかったプロイセン上構学校の歴史を扱ったものであることも，注目される点である。上構学校は大学への道を切り開いた。これによって，ワイマール時代は中等学校の進歩［大衆化］を実現したと言われるが，それは果たして本当かと，氏は問うている。
２．二つの貢献
　　①リヒャート覚書（1922）からルスト教則（1937）へ。氏は中等学校の発展史の中に上構学校を位置付け，上構学校という少数の中等学校の歴史を事実に即して明らかにした。だが，ドイツ高等学校型のこの上構学校は，プロイセンの中等学校の中では少数で，その特徴たる文化科ゆえに，ワイマール共和国の民主主義理想への寄与は大きくなかったことを明らかにした。
　　②その研究は，田舎町（リューテン町）の完全なる資料に依拠し，リューテン上構学校を政治，社会，経済，文化的背景の中において描いた。授業内，授業外の生活を通して。そして氏は，ワイマール時代からナチス第三帝国までの教育が〈連続〉していることを明らかにしたのである。
３．教員団，アビトゥーア試験克明
　　また，当上構学校の教育を担う教員を克明に描いていること，そして何よ

りも，アビトゥーア試験の実際を，当代の教科教育論とともに詳細に描いている点はまことに注目に値する。
4．疑問
　①氏は「上構学校＝身分的」である点を否めないと結論づけるが，これは果たして説得的であると言えるか。
　②また，上構学校教育がワイマール時代から第三帝国まで〈連続〉と言うが，この「連続性」は十分描出されているかについても疑問が残る。
5．いずれにせよ，氏の研究がカトリックの日常世界への「ナチス第三帝国の巧みなる侵入」を跡づけたことは疑いない[33]。

②ジークフリート・ブレメケ（Sigrid Blömeke）氏（『教育科学旬報』，2000）

1．ナチ時代の学校研究をめぐる特別の困難と欠落
　　これまでナチ時代の学校研究には特別の困難があった。すなわち，
　　①戦争中の資料消失や戦後の全否定［非ナチ化］による記録「廃棄」で頼れる資史料が欠けていた。そのため，
　　②「ナチス・イデオロギー」による一方的断定や中央省令による性急な叙述で終始した。それは学校の日常生活，また授業の叙述もそうであった。
　　③加えて当事者の証言，身近な出版物での生徒たちの証言は，多くなく，かつ自分たちの受けた教育・学校への批判は出され難（にく）かった。
　　これらにより，ワイマール共和国時代からナチス体制への移行・確立期の，事実に即した研究——ナチス体制の各局面おける生徒，学校態勢の変化，学校運営，教育行政変貌の分析——は極めて少なかった。
2．プロイセンの上構学校
　　上構学校は1922年プロイセン導入，110校以上。「才能ある」小市民子弟や都市の労働者子弟に中等教育機会［＝大学進学を可能とさせる］を開いたものだが，これは統一学校理念には反する。だが，これにドイツ共産党，社会

---

33) H. G. H.: „Neuerscheinungen". In: Die Deutsche Schule, 91. Jg., 1999, H. 1, S. 114-115.

民主党，ナチ党も期待を寄せた。特にドイツ高等学校型の上構学校はナチ・イデオロギーに適合するものと認められ，そのためナチスは1933年以後矛盾なくこれを振興したのである。

3．個別研究としての特異な成功

　本研究は，ヴェストファーレンでの17校の上構学校の一つ，リューテン上構学校の教育――1932年までの設立期，1937年の安定期に至るまで――を，アビトゥーア筆記・口頭試験，学校記録の分析をもとに複合的に考察したものである。特に，ドイツ高等学校型のイデオロギー科目であるドイツ語，地理，歴史，生物の各教科を詳細に扱っている。

4．学校のナチ化

　それとともに，学校のナチ化過程が，教員の行動分析（1933年5月1日のナチ党集団入党ほか）や，地方のカトリック教会との関係から描出されている。このような体制の中で，リューテン上構学校の教育はワイマール共和国とナチス第三帝国との間で断絶はなく，連続していたと言いうる（1935年以降，部分的な逸脱は認められるが）。

5．評価と注文

　ブラハトの研究はパーダーボルン大学での周到な教育史研究に基づくものであるが，方法論的期待を述べるならば，

　　①戦間期と戦後研究も欲しい，

　　②他校についての研究も欲しい，

と考える次第である[34]。

③P. D. 氏（『政治教育文献注解』1999）

　パーダーボルン大学博士論文でブラハトは，ワイマール共和国からナチ時代にかけてのプロイセン上構学校の歴史を，多様な問題枠組みから描き出した。研究の契機は，［戦後，］当校の生徒たちがナチ時代の自校の歴史を探求

---

34) Blömeke, Sigrid: „Buchbesprechungen". In: Vierteljahrsschrift für wissenschaftliche Pädagogik, Bd. 76, H. 1, 2000, S. 87-88.

究明する中で逢着した，当時の人々の葛藤であった。

　第一部で氏は，プロイセン上構学校史を述べ，上構学校の発展は一体どれほどその当初のねらいに添うていたのかを解明している。氏はまた教員，教員団体の中で，また教育行政，ナチ党の中で権力掌握と結びついた上構学校への期待と希望とを考察している。

　上構学校の個別史研究である第二部では，短縮ドイツ高等学校型リューテン上構学校の実相解明が行われている。氏の焦点は当校の民主主義力量の吟味であり，ナチズム支配に収斂し行く同校のすがたである。氏の十分に吟味された検証によって，リューテン町上構学校の転変は，プロイセンの地方上構学校の運命を本質的に体現していることが浮き彫りになっている[35]。

④マルティナ・シュヴェールホフ（Martina Schwerhoff）氏（『ヴェストファーレン研究』1999）

1．概要

　本書は，プロイセン上構学校の一たるリューテン上構学校の，1926年の設立から1937年のナチスによる学制改革までの展開を扱った，パーダーボルン大学博士論文である。氏は，一方でリューテン上構学校の設立過程を辿りながら，プロイセン上構学校の像を典型化した。他方，1933年が上構学校教育の断絶であったのか，それとも連続であったのかを問うている。

　上構学校は，今まで中等教育を締め出されていた田舎生徒にアビトゥーアへの道を切り開いた。それは，多くが従来存在した師範学校に取って代わるものであった。

2．上構学校の教育

　リューテン上構学校もそのようなものとして発足した。現在同校校長でもあるブラハトは，その設立期，また1933-1937年のリューテン校の姿を，資史料を駆使して描き出している。設立期は財政問題がネックとなり，開校に

35）P. D.: „Rezension". In: Annotierte Bibliographie für die politische Bildung, 1999, S. 192.

黄信号がともった。また，ナチズム期の教育に関しては　①教員団の精査(個人調書，戦後の非ナチ化資料，元生徒らへのインタビュー，出版物・演説・発言〈戦後も含む〉)，②アビトゥーア試験(筆記，口頭，作文)，これへの教員団の評価〈欄外書き込みも含め〉，を吟味して同校の「正統授業」を浮き立たせ，さらに研究グループや生徒集団（ナチ団体）の展開にも分析を行っている。

3．学校の社会史

同校はドイツ高等学校連盟とカトリック教会の支援のもとにスタートしたのであるが，やがてナチズム期には変化，上構学校を振興するナチス教育理念に適合するとともに，多くの利益団体の庇護にも依ったのであった。

同校教員団は連続し，その志操はカトリック主義，保守主義，反議会主義，反自由主義である。これにより上構学校はナチズムを留保なく受容，ドイツ民族，土地，共同体，指導者，が高唱される。教員に加えて教会もこれを補完した。注目されるのは，キリスト教とナチズムとの対立が，ユダヤ人追放や労働者運動駆逐には向かわなかったことである。その後ナチズムからの離反があったが［ナチ党離党ほかを指すか──小峰］，同校は一部別の教材を取り入れただけだった。

4．「正統授業」を描出

ブラハトは同校のアビトゥーア記録，資料で「正統授業」を描く。注目されるのは，教員団の「優」評価やコメントが，「正統授業」を浮き彫りにしていることである。

5．評価

ブラハトは教員団と授業内容に注目して本研究を展開しているが，生徒の家族，団体，行事，フィルムなどさらに対象としうるであろう。

1933年で教員団は断絶なく連続する。だが教育については新しい授業内容が教員団に受け容れられたのである[36]。

---

36) Schwerhoff, Martina: „Rezension". In: Westfälische Forschungen, Bd. 49, 1999, S. 652-654.

書評の最後に，ブラハト氏の博士論文の指導者で，本研究を『教育改革研究』シリーズに収めたカイム教授の「まえがき」も紹介しておこう。

⑤**ヴォルフガング・カイム（Wolfgang Keim）氏（パーダーボルン大学教授［当時］）**

1960-70年代からナチス研究多い。しかし，ブラハトの研究のユニークさは次の点にある。

①上構学校研究——中等学校の中の一短縮校種，上構学校を対象とする。

②個別史——リューテン（Rüthen: 北ライン・ヴェストファーレン州ゾースト郡リューテン町）の同校で20年教員，校長。この同校を対象とした個別史である。

③ワイマールとナチズムの断絶vs.連続——ワイマール共和国からナチ時代への断絶と連続を問う。

ドイツ高等学校の形式と内容を，アビトゥーア資料から探る。

カトリックの色濃いリューテン町で，同時代の証言，また，ときに矛盾する後代の非ナチ化過程の証言も吟味している。

これらを通して „völkisch-national"（民族的・国家的）とは何であったかを吟味した。

本研究が幅広く読まれることを望むものである[37]。

これらの書評は，それぞれに視点の違いはあるが，いずれもブラハトの研究が二つの時代——ワイマール共和国とナチス第三帝国の時代——にわたる「変化」の中の中等学校を究明したことを，特にその授業実践を歴史的に究明する仕事に分け入った点を高く評価している。本書が「上構学校」という中等学校の傍系に位置する学校種の教育——その授業組織と教育内容——をアビトゥーア試験記録から丹念に探り，ナチ時代における地方上構学校のリアリティーを描き出したことは間違いない。

---

37) Keim, Wolfgang: „Vorwort". In: Bracht, a. a. O., S. 7-10, 裏表紙.

以上の書評において，ワイマール時代とナチ時代の教育の「連続性」は大方の認めるところである。ただシュヴェールホフは，ワイマール時代とナチ期で教員団は「連続」し，その「カトリック主義，保守主義，反議会主義，反自由主義」志操がナチズムを留保なく受容したとする。この意味では上構学校教育はワイマール時代とナチ期で「連続」であるが，授業には「新しい内容」が受け入れられたとして，授業内容的な「断絶」を指摘している。これはもっともであるが，私にはブラハトの「連続性」論を覆すほどのものだとは思えない。

　むしろ，ブレメケ氏の，1935年以降「部分的な逸脱」が見られたという指摘は，リューテン町における「ナチズム受容」の質を示しているように思えて興味深い。実際，リューテン上構学校教員団は1933年5月1日にナチ党に集団入党したのであったが，その後離党したり（ヴィルヘルム・カーレ），ユダヤ人支援を行ったり（教員T.），一旦はナチス「人種学」を唱道するも再び科学的生物学へ回帰するといった事態（Dr. S.）が見られた。また，フルック校長の姿勢は明らかにナチ党不服従であった。ナチズムは必ずしも，カトリック知識人教員の心情の奥にまで入り込んではいなかったのである。

(2) 展望——授業実践の教育史研究

　ブラハトは，第二次世界大戦でも失われなかった学校文書館のアビトゥーア記録，作文，授業記録という第一次資料を掘り起こし，読み解いて，これまでのドイツ教育史書にはなかったやり方で，教育史研究を組み立てて見せた[38]。これはまことにユニークで意義深い。併せて，地方の教育当局資料も駆使してアビトゥーア修正事件を描くなど，中央の教育行政史，カリキュラム行政史で

---

38) Schmitt, Hanno: „Am Ende stand das Wort »Umsonst«. Nationalsozialismus an Marburger Schulen". In: Magistrat der Universitätsstadt Marburg (Hrsg.): Kirche und Schule im nationalsozialistischen Marburg. Marburg, 1985, でシュミットは，マールブルクにおける教育実態を生徒の生活に即して描き出す。ナチス抵抗教員の存在とこれへの停職処分(S. 201-203)，ナチ・イデオロギーを問う作文テーマ（S. 270-271.）など。しかし，いずれも断片的であることは否めない。

は見えなかった現実の中等学校を浮き彫りにしている。ただ，これをさらに授業実践の教育史研究とするには以下の諸点が望まれる（望蜀の感を免れないが）。

今回ライン地方を焦点とした研究を跡づけながら，「民族政治科実習」や「ラインラントの雑種」に関わる時代の動き，「ヒトラー・ユーゲント」「外地ドイツ人」保護運動を知るにつけ，ブラハトの研究には大きな政治＝社会的構図が欠けていると感じた。これをいま少し掘り下げないと，ドイツの中のライン地方の位置づけや，プロイセン文教当局におけるナチス化戦略のちがいは見えて来ない――ルスト文相は，シュトゥッカートやシーラッハらに対しては旧来の文部行政の枠内に留まる。そのため，文部省・教育省内における官僚とヒトラー・ユーゲント急進派らとの対立・相克も生じているのである――。また，「ナチス教育学」とは何であるのかについては，仮説でもよいので大胆に提起してほしいと思う。さらに，当地はカトリック地域であり教会の教育への関わりはきわめて大きいと思われるが，これについては言及は少ない。わずかに，上構学校設立時の関与，カリキュラムへのラテン語教育期待，を述べたに留まる。教会の教育への対応，ナチズムへの姿勢も知りたいところである[39]。

さて，これらをふまえ，リューテン上構学校史の語るものをまとめると以下のごとくとなるであろう。

ワイマール時代のリューテン上構学校は，カトリック地域のニーズから（「ドイツ高等学校」の構想とは異なって）ラテン語を第二外国語に備える短縮中等学校となった。特に第二代校長フルックは学校の学問性を高め，カトリックの学校文化（学校ミサ，宗教授業）を築き，地方色を採り入れたドイツ文化科を実践して地方の学問教育機関として着実に成果を上げつつあった。しかし，その後のナチズム体制下に，教員個人の消極的抵抗は認められるにせよ，ナチスの

---

39) ブラハトは，最近は当地の教会や信仰運動の研究を行っているようである。Bürger, Peter: Friedenslandschaft Sauerland.（edition Leutekirche 1），Norderstedt: BoD (Books on Demand), 2016. 参照。

教育支配はごく「正当に」浸透していった。アビトゥーア記録は、そのことを如実に物語っている。上構学校教育は、ナチズムで「断絶」したのではなく、「連続」していたと言えるのである。

「学校は…一つの社会的な制度である」と勝田守一は言った[40]。リューテン校もまた、民主主義とナチズムという二つの時代の「制度」であった。ナチス時代には、ナチズム「教化」を当然のごとくに受け止め、反映し、「時代」のニーズに対応したのである。また、農村地方の「ギムナジウム」として地域に屹立し続けたリューテン校は、ワイマールの教育民主化、中等教育を拡大する「真正の変化」を実現したとは言えない。それは地方英才のための「上昇学校」であった。否、当校は大学への道を保証したことにより、旧師範学校以上に「選抜」機関化したのである（これには卒業生分析も重要となろう）。

「制度」に規定されつつも、「人類の文化的なもろもろの価値（科学・芸術）を媒介にして、子どもを社会的な個人に育てる」、そのような「開かれた社会的統制」の教育、「創造的な社会的統制」[41]の教育は、次の時代を俟たなければならなかったのである。

●現在のリューテン校とブラハト氏

ブラハト氏は現在は退職し、地方史の研究家として過ごしている（宗教、抵抗運動、マリア・カーレやハンマーシュミットの研究）。校長在職中は、研究とともに学校の教育力を高める改革に果敢に挑んでいった。教員団の若返りをはかり、学校の教育力を高めた。45分の細切れ授業に代わる67.5分制授業を導入、これにより、それまでの一日6コマの授業から4コマ制へ。また、ベルを

---

40) 勝田守一「学校の機能と役割」『教育と教育学』岩波書店, 1970, p. 432. 勝田は、「望ましい国民」を育て上げる「教化」は、「外的な権威を背景にして、行動に固定化を要求する」、それは「子どもの生活の現実の価値を否定」し「科学や創造的な芸術の価値は、本質的に無視される」という。同上, pp. 440-441.
41) 同上, pp. 443-444.

廃止，生徒を信頼して彼らの学問探究を尊重した（——このインテンシブな授業形態は「リューテンモデル」として多くの参観者を集めている——）。その結果，生徒の学力は多くの項目で州内の最高レベルに達した。これらの事績によって校長はノルトライン・ヴェストファーレン州から表彰を受け，父母の要請で任期を1年半延長されたのである（フリードリヒ・シュペー校HPから[42]）。

ブラハト校長と筆者
（写真：Rüthner Hefte, Nr. 37, 2004/2005, S. 48.）

　筆者は2005年の在外研究時に同校を訪れ，氏の研究についてうかがうとともにアビトゥーア記録のいくつかを複写させていただいた。今回，氏の研究を紹介しながら，筆者自身ナチス教育についても多少深めることができた。心より御礼申し上げたい。

---

42) フリードリヒ・シュペー＝ギムナジウム校HP http://www.fsg-ruethen.de/fsg/index.php/unsere-schule/schulgeschichte-1 （最終閲覧：2016年3月6日）

補論

ラガー (Lager) ——ナチス「キャンプと隊列の教育」——

教員ラガーにて
(写真：Kraas, 2004, S.265.)

ヒトラー・ユーゲントの
キャンプファイヤー
(写真：コッホ, 1981, p.57.)

1. 緒言

ナチス第三帝国（1933-1945）時代の教育はどのようなものだったのだろう。

私はこの間，ナチス時代ライン地方のギムナジウム教育を紹介，研究する中で，一方で「ナチス教育学」自体の生成は困難であったこと，しかし他方で，ナチスの教育は「学校」の教養主義的知識伝達教育を否定し，〈社会〉全体での教育，すなわち身体・心情・ナチズム志操形成を核とする擬似軍隊的な錬成の教育＝「キャンプと隊列（„Lager und Kolonne")の教育」をこれに代置し，押し広げたと仮説的に述べた（第3章）。

それを象徴するのが，例えば「民族政治科実習（Nationalpolitische Lehrgän-

補論　ラガー（Lager）──ナチス「キャンプと隊列の教育」──

ge）」である。それは、中等学校上級生徒（男女）が通常の学校を離れ、学校田園寮（Schullandheim）ないしユースホステルで2週間にわたって展開する現地宿泊実習であった。学校の枠を超えた生徒集団は、まずもって、国境地帯の学校田園寮で民族的課題を自覚しながら、スポーツ・祝祭・ナチズム思想学習・郷土学習を展開する；実習を主導するのは、ペダンチックな学問者教師でなくヒトラー・ユーゲントであった。寝食を共にする生活協同体は仮想の民族共同体と理解され、彼らはやがて、ここでの錬成教育を基礎に民族と祖国に自己投企するナチスト青年となっていくのである。民族政治科実習は、ナチス「キャンプと隊列の教育」の原型となったのである。だが、民族政治科実習はあくまで「学校」枠内の教育活動と捉える帝国教育大臣ルストと、ヒトラー・ユーゲントおよびナチス教員連盟との対立は先鋭化し、やがて、青年運動一元化の中で「禁止」を余儀なくされるのである（1936.12.3）[1]。

だが、「キャンプと隊列の教育」は民族政治科実習の中止で終わったのではない。否、むしろ「キャンプと隊列の教育」はナチス教育の精髄と理解され、これが中等学校にとどまらず、大学・初等教育・職業教育等の学校教育、大学教員も含む教員の再教育、職業集団での教育、法務専門職、医師・助産婦の職能教育等々と結合し、これら集団が、自覚的にナチス帝国に一元化統合する装置となっていったのである。さらに一般の市民・労働者・青少年・婦人・女子もそれぞれのナチス団体に組み込まれ、団体が行う**ラガー教育**は、成員をこの小民族協同体に強固に結びつけ、結果、彼らをドイツ民族＝ナチス第三帝国に統合したのである（それは、戦前日本の「総力戦」体制下の国民統合を想起させるが、ナチ党（と総統ヒトラー、ナチス諸機関）に指導されるナチス第三帝国の国民統合と、軍部主導による日本の国民統合とは、形と内容を異にする[2]）。

さて、この小民族協同体を大民族共同体へと結合させる「ラガー教育」を研究対象とするユニークな歴史研究がドイツで現れた。アンドレアス・クラース

---

1) Scholtz, Harald: Erziehung und Unterricht unterm Hakenkreuz.（Kleine Vandenhoeck-Reihe, 1512）, Göttin-gen: Vandenhoeck & Ruprecht, 1985, S. 50.
2) 後述注17, 18参照。

(Andreas Kraas, 1962-)の「教員ラガー」研究，およびラガー全般についての研究である。

①アンドレアス・クラース　『教員ラガー1932-1945──政治的機能と教育学的展開』（バート・ハイルブルン：クリンクハルト社，2004）

（Andreas Kraas: Lehrerlager 1932-1945: politische Funktion und pädagogische Gestaltung. Bad Heil-brunn: J. Klinkhardt, 2004.）

②アンドレアス・クラース：「ドイツ人というものを彼の親密な生活空間の中で体得する──教育形態としてのラガー」（クラウス-ペーター・ホルン／ヨルク-W・リンク（編）『ナチズムの中における教育諸関係』バート・ハイルブルン：クリンクハルト社，2011, S. 294-318）

（Andreas Kraas: „Den deutschen Menschen in seinen inneren Lebensbezirken ergreifen – Das Lager als Erziehungsform, 2011." In: Klaus-Peter Horn/Jörg-W. Link（Hrsg.）: Erziehungsverhältnisse im Nationalsozialismus. Bad Heilbrunn: Klinkhardt, 2011. S. 294-318.）

これは，今までのナチス教育研究では見えなかった要素を可視化した。

①すなわち一方でナチス団体（特にヒトラー・ユーゲント，突撃隊）の指導を通して小民族協同体を大民族共同体に組み入れていく形式，装置，内容を解明する。
②他方，それとともに「ラガー教育」は，それら集団メンバーの心情・連帯感・同胞意識をこの小民族協同体と大民族共同体に強く結びつけ，党（ナチ党）と国家を「自分の集団」，自身と不可分の存在であると強固に〈自覚〉させるのである。
（ラガー（Lager）の訳語としては，冒頭に用いた「キャンプ」の語のほかに，「合宿」，「露営」等の表現が思い浮かぶが，以下に述べるように，Lagerはそれらすべてを含みこむものとして使われているので，小論では原語のままの「ラガー」と表現する。）

補論　ラガー（Lager）――ナチス「キャンプと隊列の教育」――

そこでは，旧来のナチス教育研究――すなわちナチス教育の機構や行政，制度，人物，思想，カリキュラムの研究――には捉え切れなかったものを掬い取ろうとしているのである（それらは敢えて言うならば，体験教育・体験要素，心情要素・身体要素・人格性，労働教育・田園教育・塾風教育，儀式教育――等々となるであろう）。私はさきに，中央教育研究所（Das Zentralinstitut für Erziehung und Unterricht zu Berlin）の後史に関するクラースの詳細な研究（「教員ラガー」Lehrerlager研究）に打たれたことであった[3]。

そこで今回は，クラースがこの教員再教育を始めとする「ラガー教育」一般をナチズム教育の本質形態として分析した上記②の内容を紹介してみることにする（一部割愛）。

2. アンドレアス・クラース：「ドイツ人というものを彼の親密な生活空間の中で体得する―教育形態としてのラガー」大要[4]

(1) 序論（S. 295-297）

・統合化＝ラガー［Lagerキャンプ，合宿］。積極像＝ナチズム。ナチズム

---

3) ベルリン中央教育研究所（Das Zentralinstitut für Erziehung und Unterricht zu Berlin）についてはベーメの研究が体系的である。Böhme, Günther: Das Zentralinstitut für Erziehung und Unterricht und seine Leiter: Zur Pädagogik zwischen Kaiserreich und Nationalsozialismus. Neuburgweier: G. Schindele, 1971.
私はかつて，ワイマール時代ベルリン新教育の中の同研究所を研究したことがある（小峰『ベルリン新教育の研究』（風間書房，2002，第6章）。そのとき依拠したものの一つがベーメの研究である。ただ残念ながら，この研究はナチス時代を扱っていない。本章でクラースが述べているように，ナチス教育に果たしたベルリン中央教育研究所の役割はきわめて重大だった（ナチス人種学教育，教員再教育ほか）。この中央教育研究所の知られざる後史が，このたびクラースによって新しい視座の元に果たされたと言ってよい。Vgl. Kraas, Andreas: Lehrerlager 1932-1945: politische Funktion und pädagogische Gestaltung. Bad Heilbrunn: J. Klinkhardt, 2004.

4) Vgl. Andreas Kraas: „Den deutschen Menschen in seinen inneren Lebensbezirken ergreifen – Das Lager als Erziehungsform, 2011." In: Klaus-Peter Horn/Jörg-W. Link (Hrsg.): Erziehungsverhältnisse im Nationalsozia-lismus. Bad Heilbrunn: Klinkhardt, 2011, S. 294-318."

イデオロギーの育成に。
- 非日常的自然の中で。町から孤立した空間。自然に近く，しかし外とは隔絶された空間。そこでは音楽・スポーツ，ゲレンデスポーツ，軍事的・儀式的要素（militärische und rituelle Elemente）に貫かれる。精神的・音楽的活動を伴った旗行進，演劇的活動，講演，作業共同体，合唱・演劇活動。それらは，指導者原理を目指した小さな民族共同体とナチズムへの情念的共感の体得を目指したものである。ペーター・ドデックはこれを「強制共同体演出の決定的装置」（das entscheidende Instrument zur Inszenierung der Zwangsgemeinschaft）と述べる。
- 統合ラガーの起源はすでに1933年以前に遡る。それらの根は，ワンダーフォーゲルの形式である。これらには教育的な意味もあった。それらの目標は，民族共同体（Volksgemeinschaft）である。
- 生活形式宣言。ナチス後簇生（そうせい）。1920年代型回帰。たちまちラガーは普遍的な意味をもつようになった。その形態は多様——農村奉仕（Landjahr），学童疎開，**民族政治科実習**（Nationalpolitische Lehrgänge），ヒトラー・ユーゲント，ナチス少女団——。全教育を貫く。
- 100以上の統合ラガー名称あり。まことに多様。内容的ごちゃまぜあり。機能——教育的，国家的役割もつ。元は成人教育向け。その後職業人のナチ化促進に援用。→ラガー：最重要の教育へ。

(2) 研究状況並びに考察方法（S. 297-298）

- 研究は緒に就いたばかりである。
  ①特に新機関については体系研究少なし。例：農村奉仕，学童疎開，帝国労働奉仕，さらにまたそれ以外のラガー形式について，それらの機能，教育的・方法的形式，実態，かつまた類型，共通性と違い，ニュアンスについて確かめた研究はない。文献は特に**実戦ラガー**（Einsatzlager）と**教育ラガー**（Schulungslager）の違いを述べている。それは，著者の判断によるならば，教育ラガーは明確な教育的使命と，ナチス統合ラガー

補論　ラガー（Lager）——ナチス「キャンプと隊列の教育」——

（Integrationslager）の典型である身体訓練・精神教育・余暇造形という根本構造を備えるからなのだった。

②しかし区別は不十分である。一部の著者研究者は，ナチス的ラガーシステムの間の区別に注目する。しかし今後の研究においては，ラガーの目標，役割，形態，実践並びにそれの効果についてさらに究明されなくてはならない。

③ナチス統合ラガー（Integrationslager）についての研究の大部分が，組織の歴史研究に偏っている。教育形態，実践，現実などは十分研究されなかった。

　客観的状況の研究はされるが，参加者の主観的，並びに積極的な回想体験などについての研究は，今後その教育形態と関わって究明されるべきであろう。

④ナチス統合ラガー（Integrationslager）のシステマティックな研究はごく例外的である。

⑤本研究の重点
　（1）最も広い意味で教育的ラガーを扱う。
　（2）なかでも支配的な教育ラガー，よく研究された教員ラガー（Lehrerlager）を重点にする。
　（3）ナチス教育ラガーの目標と自己理解［3］，具体的政治的自己理解［3-1］，それらの教育学［3-2］，組織的方法的構造［3-3］。またこれらがラガー実践，ラガー体験［主観的］にどう反映されたか［5］，を区別して扱う。

⑥さらに，ナチスの重要なラガー教育諸組織にも言及する［4］。

(3) ナチス教育ラガーの目標と自己理解（S. 298-305）

　ラガー教育：政治目標から→教育貫徹。政治と教育，区別は必要。ラガーは政治的に基礎付けられる。教育学的自己理解とは区別が必要。

①ラガーの政治的自己理解

1935年，ホルフェルダー（Albert Holfelder：のちの教育省局長［ボイムラー腹心——小峰］）は，ナチス下の教育・教育学価値の変遷を述べる。

　これまでの，個の伸張要求と教師・国家要求との対立→国家要求を優先する。教育は今後政治基準による。権力安定に奉仕すべき。

　「ナチス教育学の変遷

　　　・個人の教養（individualistische Bildung）→協同体教育（Gemeinschaftserziehung）

　　　・理解（Verstand）よりも意思，感情（Willen, Gefühl）

　　　・自由主義的陶冶材（liberalistisches Bildungsgut）→民族的陶冶材（völkisches Bildungsgut）

　　　　　　　　　　　↓

　　　・個人，教育者，国家との緊張関係⇒これからは国家の利益のため。

（Holfelder: Ende, 1935, S.10.）」

●実践の優位

●ラガー教育——ヒトラーとナチ党（NSDAP）に定式化された政治目的の遂行
　　　　　　　それは個人を知性，情念から行動に導き，定式原理を自己の
　　　　　　　モチベーションと参加にまで至らしめるもの

●これ（ラガー教育）は体得（Ergreifen）し，実体験（erleben）するものである。

②ラガー教育学

・このラガーの自己理解達成は教育的に行われる。ナチス文献でラガーは政治的に述べられるのみ。ベンツェ（Rudolf Benze：ナチス教育の推進者。中央教育研究所長——小峰）はこれの教育学的側面を，1943年に，ベルリン中央教育研究所回顧に寄せてこう述べた。

　　　・…身体（Körper）・性格（Charakter）・精神（Geist）は等価。
　　　・ラガーでは互いは同志。教育的。制服着用。互いを「君」（Du）で呼び合う。

（Benze, Erziehung,1943.）

補論　ラガー（Lager）――ナチス「キャンプと隊列の教育」――

「共同体」概念がラガーとナチズムを貫く。すなわち，ラガー協同体は「民族共同体」（＝ナチズムの最重要概念）を体現する　→ラガーは一箇の新生・非疎外の協同体であり，これは築き上げなければならぬものである。

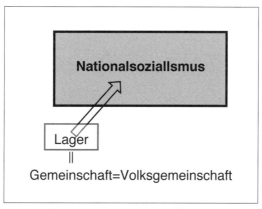

図7-1　ラガーとナチズム（小峰図）

・方法原理：体験教育

　　協同体を身につけること＝教育。

　　例外を除去する。体験教育。（Wolff, Lager,1935.）

・「『僕』（Ich）が考える」から「『我々』（Wir）が考える」に。これは教えられるものではない　⇔　世界観体験の中から生み出されるもの。
・だが，ナチス世界観，その内容物は語られない。

③ラガーの組織的方法的構造

1920年代教育学

↓

ラガー教育，協同体体験へ。

●ラガーの日課一例（晩秋）

表7-1　ラガーの日課一例（晩秋）

6:30	起床
6:45 - 7:15	森のジョギング，早朝スポーツ
7:15 - 8:30	整理整頓
8:30	旗掲揚
8:40 - 9:00	朝食
9:10 - 10:30	講演「土地と環境」
10:30 - 11:30	体操，スポーツ，遊び
12:00	昼食
2:00 - 4:00	戸外散策「古代の人間と自然」
4:00	コーヒータイム
5:00 - 6:00	講演「人種的基礎に基づく歴史」
6:00 - 6:45	歌唱
7:00	夕食
7:45 - 8:30	夕・夜の自然探索
8:30 - 9:00	自由交流
9:00	夕べの歌
10:00	消灯

（Kraas, S. 302-303.）

特徴

①身体，肉体活動＝中心要素。早朝スポーツ，国防スポーツ・ゲレンデスポーツ＋作業・労働奉仕

②「教育活動」内実＝ほとんどが講演とグループ学習（Arbeitsgemeinschaft）で2時間まで。ナチス的教育＞専門的・実践的内容。

「国家社会主義」（ナチズム）が形式と内容を貫く。

　理由

　・ラガー教育＝政治的教育，世界観的教育。

　・「企画・余暇造形（Fest- und Freizeitgestaltung）」のラガー。

　・それは2方面のラガー形姿となる。

　　A．**祝祭要素**（Feierelemente）――ラガー生活を**儀式化**（Ritualisierung），**美学化**（Ästhetisierung）へと導く。

B．余暇活動（Freizeitaktivitäten）——ほとんどが共同でとりくむ夕べ
　　　　　造形［夕べづくり］（Abendgestaltung）を念頭におく。

A．祝祭要素（Feierelemente）
　・朝晩の旗の掲揚，降下。音楽，シュプレヒコール唱和。
　・ナチス記念日祝う。→シンボル的：協同体服従。
B．余暇活動（Freizeitaktivitäten）
　「企画・余暇（Fest-und Freizeitgestaltung）」：ラガー教育の重要要素[5]。
　　　　　　　　　　　　　　　‖
・同志の夕べ（Kameradschaftsabend＝協同体育成）。近所の祭りへ繰り出し，先史時代遠足，日曜散策，行進（ラガーの通常生活とは対照的）。
　①参加者：ラガーに一体化　②ナチズム協同体化。管理化とは異なる。
C．ラガー指導（Lagerführung）
　臣従学校＝直接教育である。
　目から目へ。体験と協同体を通じて。
教化環境（pädagogische Atmosphäre）を創出。教育方法：24時間教育。非日常。
ラガー＝非日常「体験」
・体験，協同体→ナチズム（キー概念である）

(4) ラガー教育の諸機関（S. 305-309）

　ラガーの効果的教育には組織的教育学的態勢が不可欠。ラガーに明確な目標設定するのは次の三つの機関——党，国，非国家的機関である。
　ただ，第三の「非国立」のものであるが，例えば「**教員ラガー**」（Lehrerlager）

5）「余暇造形」（Freizeitgestaltung: 余暇設計；余暇づくり）——「ラガー休日」の取り組みもラガーの重要要素であった。例えば先史時代遠足（vorgeschichtliche Exkursion）や精神病院訪問（Besuch einer „Irrenanstalt"）が実施されたが，「先史時代」はナチス歴史観の重視するところであり，精神病院訪問は実施後に「遺伝学の必然性」を再認識するという，いずれもナチスイデオロギーの実地検証とでもいった性質のものだった。他に日曜散策，博物館見学，またモーターボート走，単なる「行進」もあった。Vgl. Kraas: Lehrerlager 1932-1945. S. 136.

は，〔党，国，半国家型あり。すなわち〕 ①党所管「ナチス教員連盟」運営のもの，②教育省と下部省庁所管で国家機関たるもの，③半国家的機関たる中央教育研究所所管のもの，である。
・三種の機関が，ラガーの名前・組織・ラガー教育に影響を及ぼす。しかし競合，確執あり。

①ナチ党
・ナチ党（NSDAP）→全ドイツ人をナチズムに不断に結合。その方策は二つ。
①全ドイツ人を各種組織に掌握 → 年齢，職業，機能をナチズムに定位。
②この形態内 → 成員の教化（Schulung） a．教育 b．行動変容
↓
・ナチス世界観教育 ・ナチズムの心情的確信 ・教育＝選抜
・出動可能力への錬成
→ 3 主要形態。A．総統代理，B．ローゼンベルク機関，C．帝国機構指導部
コンフリクト，権力闘争あり

A．総統代理——はじめルドルフ・ヘス指導。のちマルチン・ボルマン。純粋コントロール中心。1936独自ラガー設置（トゥルチング，バート・テルツ，フェルダヒング）。
B．ローゼンベルク機関——新聞へ影響力。権限は無し。
C．帝国機構指導部（Reichsorganisationsleitung：ROL）：最重要当局。
1941から，祝祭，教育が重要テーマ。ロベルト・ライ（Robert Rei）——帝国，ガウ，軍，地域グループの教錬指導。ネットワーク化。「帝国教育城エルヴィッテ（Erwitte）−47ガウ教育城−89郡教育城」のネットワーク形成。ガウ・郡教育城——党の短期教育機能。⇔オルデンブルク城：長期的教育。
・職業団体の教育を指導。なかでも**ナチス教員連盟**（Nationalsozialistischer Lehrerbund: NSLB）—— 1,300のラガーで合計350,000人の教員の再教育が行われた（1943年の解体まで）。

補論　ラガー（Lager）――ナチス「キャンプと隊列の教育」――

②ラガー教育の国家的諸制度

　○最重要組織――**帝国教育省**（1934.5から始動。1935.1.1までに建物統合）
　○1933年からラガー教育に熱心に取り組む。①学校田園寮　②人種科教員ラガー　③農村奉仕（Landjahr, 1934）
　・プロイセン諸州――この後さまざまなラガー教育取り組み

　　　　　　　　・ライン州：中等学校生への**民族政治科実習**（Nationalpolitische Lehrgänge）
　　　　　　　　・**教員再教育ラガー**（Lagerschulung der Lehrer）
　　　　　　　　　　　　　　‖
　　　　　　　　これらは，1936年には党機関との確執後，中止ないし党移管。
　　　　　　　　・他方農村奉仕は教育省（REM）で整備，法制化。
　　　　　　　　・教育省（REM）は，教員ラガーを，1943年の**ナチス教員連盟**解体後も独自のやり方で貫く。

　○ほかに司法省ラガー――ラガー宿泊6週間。このため1933.6ユーターボークに**教育ラガー「ハンス・ケルル」**（Schulungslager „Hans Kerrl"）を設立。
　○ほかにも国の最高当局――「労働奉仕」と「青少年指導」。とくに後者は，
　　・ヒトラー・ユーゲント（Hitlerjugend：HJ）
　　・ドイツ幼年団（Deutsches Jungvolk）
　　・ドイツ女子同盟（Bund Deutscher Mädel：BDM）
　　・少女団（Jungmädel）
　　の各団体に応じてラガー設立。（資料参照）
　○他に，学童疎開は，ヒトラー・ユーゲント（Hitlerjugend：HJ）とナチス福祉局（民政局：NS-Volkswohrfahrt），NSLB（ナチス教員連盟）との連携で実施される。

③**中央教育研究所**（Zentralinstitut für Erziehung und Unterricht）
　・中央研＝20世紀前半の最重要の教育機関の一つ。1915年，行政と実践とを繋ぐものとして設立，1945年までそれは変わらず。財団立ながら，国の

諸機関と協力，人的関係もゆたか。
○1933から——ラガー教育学の発展に寄与。
　①第1回農村奉仕準備任される——プロイセン教育省から
　②教員ラガー主導——主務機関として，教員の政治教育・知識継続教育を結合。
○1936年から——教育省より，個々の科目のナチス的継続教育も任される。

(5) ナチスラガー実践とラガー体験（S. 309-312）

・困難
　①典拠なし——ナチスのラガー実践・ラガー体験の日常反映の典拠なし。
　　　　　　→ラガー教育学・ラガー教育の効果を確かめられず。
　②内容多様——グループ多様（若者・成人，女子・男子，ナチ確信者・懐疑者）
　　　　　　　規模も多層（20-30人の参加者から数千人の規模まで）
　③ニーズ多様，具体物→効果の研究難しい。

○効果研究をめぐって
　①教員ラガー——困難
　組織，財政，教員不足。戦争開始で形骸化。1-2回のみの参加。また権限めぐり国と党との対立。
　「成功」——成功体験・成功部分＝参加者の教化，反対者の排除（＝入口制限＝踏み絵）

　②参加者の受け止め——宣伝と現実とのズレあり。例：学童疎開——HJと教員団との対立多し。また，「同志の夕べ」(Kameradschaft)——アルコール漬けあり。「行進」(Ausmärsche)——カフェ繰り出し，など。
　・受け止めにプラス評価・マイナス評価あり

　③ラガーの教育実践

補論　ラガー（Lager）――ナチス「キャンプと隊列の教育」――

- 規則（コルセット） vs. 好印象（人的部分）
- グループでの支え合い，安全実感――高評価
  これがない場合――マイナス評価
- 同志・連帯の「実感」――積極的
  　　　　⇓
  「小さな民族協同体」実感
- 効果――祝祭，旗，祭典

(6) まとめ（S. 312-313）
- 内面も含めてナチス人間化→非日常，例外状況 ――体験。協同体。直接性。作業活動を通して。良き思い出。兵営に似る。グループ。集団生活。同志意識。「ナチス体験」。
- 客観条件→主体的に感ずる

［付録］　ラガー諸形式一覧（S.314-317）

　以下に掲げたものは，最重要のラガー形式，また多様なナチス統合ラガーの一覧である。
　…これらは機能，目標，内部構成，担い手等々多岐にわたる。体系的な研究に至ってはおらず，ラガー形態をシステマティックに解明したとは言えない。

1．若者，生徒ラガー
　①教育ラガー（ドイツ女子同盟（BDM），そしてヒトラー・ユーゲントの）
　　余暇ラガー／休日ラガー（BDM，そしてヒトラー・ユーゲントの）
　　天幕ラガー／高地ラガー／原野ラガー／夏季ラガー（BDM，そしてヒトラー・ユーゲントの）
　②出動ラガー／収穫ラガー／農業奉仕ラガー／農村奉仕ラガー

東部地域におけるゲルマン人ラガー
③ドイツ・イギリス青年ラガー
④文化政策活動ラガー

(1) **生徒協同体ラガー**
　・協同体ラガー／民族政治科実習ラガー（Nationalpolitische Lehrgänge für Schüler）
　・学童疎開ラガー

(2) **学校エリート選抜ラガー**
　（帝国）ナチ後継者育成教育ラガー
　（帝国）指導者ラガー，ヒトラー・ユーゲント指導者用ガウ・帝国音楽教育ラガー
　・外国ヒトラー・ユーゲントの祖国ラガー（Deutschland-Lager）
　・民族政治教育舎（Nationalpolitische Erziehungsanstalt：Napolaナポラ）夏季ラガー
　入植青年ラガー
　徴兵検査ラガー／国防ラガー／（帝国）選抜ラガー，例えば教員養成大学（Lehrerbildungsanstalten：LBA）選抜，ないしはアドルフヒトラー校選抜におけるラガー

(3) 例えばヒトラー・ユーゲントないし親衛隊における国防ラガー／防衛力育成ラガー／防衛スポーツラガー
　青少年教育ラガー
　青少年福祉ラガー
　モリンゲンとウッカーマルクトにおける青少年保護ラガー（事実上の強制収容所）

補論　ラガー（Lager）——ナチス「キャンプと隊列の教育」——

2．大学生ラガー

例えば教員養成大学（HfL）準備ラガー

教員養成所（Lehrerbildungsanstalt（en）：LBA）または教員養成大学（HfL：Hochschule für Lehrerbildung）のテントラガー／ヨット帆走ラガー／国防スポーツラガー／同胞ラガー／教育ラガー

例えばゲッティンゲン近郊リトマルスハウゼンにおける諸大学教育ラガー

男女体操大学生散策ラガー（Wanderlager）

試験ラガー（Prüfungslager）

・帝国音楽ラガー／帝国大学生指導部学術活動ラガー

ユーターボークの法学者協同ラガー

ランゲマルク特進コース（Langemarck-Studium［小峰訳］）選抜ラガー

・独仏「学生スキーラガー」／国際学生ラガー

3．青年労働者／徒弟ラガー

職業準備ラガー／青年労働者・徒弟準備教育ラガー

職業教育ラガー

職業者（帝国）選抜ラガー（帝国職業コンクールの後身）

フォルクスワーゲン工場徒弟選抜／再教育ラガー

4．個々の（職業）グループラガー

帝国労働奉仕団（男女）ラガー

農業奉仕ならびに女子労働奉仕再教育ラガー

労働奉仕準備教育ラガー／特別ラガー

帝国アウトバーンラガー

救護見習生実習ラガー

社会福祉非受給者副業ラガー

従軍戦傷者ラガー

国内森林労働教育ラガー

- 「テューリンゲン国立指導者政治学院」（Thüringen Staatsschule für Führertum und Politik）教育ラガー
- 帝国パイロット学校（Reichsfliegerschule）のパイロットラガー
- 身体障害者発達障害者ヒトラー・ユーゲント教育ラガー
- 修学前ラガー
- 帝国選抜ラガー
- 建築労働者協同ラガー
- ドイツ帝国郵便ラガー
- アルト・レーゼ（Alt Rehse）のドイツ医師団指導者学校訓練ラガー
- ドイツ農業者団訓練ラガー
- ライプチヒのドイツ帝国書籍業者学校実習

5．ナチ党ラガー，ナチ党諸機関・党連携諸機関ラガー
　出版部ラガー
　大学私講師ラガー
　郡／ガウ／帝国ナチ党幹部政治指導者教育ラガー
　突撃隊（SA）学校および突撃隊（SA）メンバーラガー
　ナチス婦人団メンバーラガー
- ナチ党外交官ラガー
- ナチス厚生団（Nationalsozialistische Volkswohlfahrt：NSV）メンバーラガー
- ドイツ労働戦線（Deutsche Arbeitsfront：DAF）メンバーラガー
- クラウスタール－ツェラーフェルト（Clausthal-Zellerfeld：ニーダーザクセン）の親衛隊（SS）指導者学校ラガー

6．教員ラガー
　若手教員－研究ラガー
　国防ラガー／ゲレンデスポーツラガー
　レクリエーション・ラガー／「教員再教育」（Umschulung der Lehrerschaft）

補論　ラガー（Lager）——ナチス「キャンプと隊列の教育」——

ラガー

夏期教育ラガー／秋ラガー／テントラガー／協同ラガー

登山教育ラガー／臨海教育ラガー／スキーラガー

「退職教員」教育ラガー

「戦傷教員・身体障害教員」教育ラガー

NSLB（ナチス教員連盟）の郡／ガウ／帝国教育ラガー

ナチス教員連盟専門家（帝国）ラガー（例えば国民学校／中等学校）

個別教員グループ教育ラガー（例えば若手教員ラガー／職業学校教員ラガー）

学校監督者，校長教育ラガー

学校の教科別の教育ラガー（例えばドイツ語／英語／ラテン語／歴史／生物／地理）

ナチス教員連盟各専門分野別（帝国）教育ラガー（例えば小型カメラ写真／体育教育／ドイツ科／民族性教育学／模型飛行機訓練）

重点テーマ教育ラガー（例えば地政学／先史時代／民俗学／系譜学（Sippenkunde）／人種学／「東方建設」／音学／素人芝居／歌唱／自然保護，植物生態学，動物生態学）

民族性芸術教育／女子教育原理

留学ラガー

国境地方ラガー

（帝国）文化ラガー

国外教員祖国ラガー（Deutschlandlager）

留学教員・留学大学生ラガー

ドイツ・ブルガリア教育者協同ラガー

非ドイツ人教員のための教育ラガー／再教育ラガー（例えばアルザス人教員／オランダ人教員／ルクセンブルク人教員／チェコ人教員／民族ドイツ人教員（volksdeutsche Lehrer），バルトドイツ人教員）

3. 結　語

　以上がクラースによる「ラガー教育」研究の大要である。

　私は，この研究によって，ナチス第三帝国時代に「教育ラガー」・「訓練ラガー」が学校のみならず多くの国民，諸団体に網の目のように配置され，ここへの参加と教育訓練を通して人々が民族共同体に有機的に，かつ「自覚的」・「心情的」に結びつけられていったことを知らされた。ラガーは，「個人」を〈民族共同体〉に強固に緊縛する統合化装置だったのである。

(1) 対象者，領域

　ナチス「教育ラガー」・「訓練ラガー」は，青少年対象のものにとどまらず，①大学教員を含む教員ラガー，②国家エリートの医者・医療関係者，司法関係者対象のラガー，③文化・スポーツ・芸術・国際交流関係者対象のラガー，そして，④ナチ党関係者自体を対象とするラガー，と世代別，領域別に，そしてこれらが層的に多様に配備されていた（そこには「退職教員」教育ラガー，「戦傷教員・身体障害教員」教育ラガーなども編成され，すでに〈社会〉の第一線を退いた人々，あるいは社会福祉の対象者である人々も「漏れなく」組織されていた）。

　ラガーの代表的なものが，本章でも触れられている「**教員ラガー**」(Lehrerlager)である。それは，かつてのプロイセンの代表的教育研究所であった「**中央教育研究所**」(Zentralinstitut für Erziehung und Unterricht)を主務機関として，全ドイツの教員に「ナチス教育学」を宿泊講習，実地実習を通して教化した。「ナチス教員連盟」(Nationalsozialistischer Lehrerbund: NSLB)の主導で，全国に1,300のラガーを展開，これに参加して「ナチス教育学」の再教育を受けたものは350,000名に上る（1943年の連盟解体までに）[6]。これらの教員が，全ドイツの学校現場でナチズム教育を普及し，国民教化の実働部隊となったのである[7]。

---

6) Vgl. Kraas: „Den deutschen Menschen…", S. 308.

補論　ラガー（Lager）──ナチス「キャンプと隊列の教育」──

人種学深化の医学ラガー，ベルリンの北方メクレンブルク＝フォアポンメルン州アルト・レーゼの，「ドイツ医師指導者学校アルト・レーゼ」Führerschule der Deutschen Ärzteschaft Alt Rehse は1935年開設。人種学・人種衛生学・優生学・断種・安楽死の研究実践を主内容とする訓練ラガーで，ナチス第三帝国の中心的医学教育ラガーだった（http://www.ebb-alt-rehse.de/files/geschichte.htm 参照）。

また，「司法省教育ラガー《ハンス・ケルル》」(Schulungslager „Hans Kerrl") は，ナチス帝国教会大臣ハンス・ケルルの名を冠した法務教育ラガー（1933.6設立）。ベルリン南方ブランデンブルク州ユーターボーク在。1933-1939年の間に，裁判官候補生2万名余がナチズム法学研修を展開したのである。
（参考：Folker Schmerbach：Das „Gemeinschaftslager Hanns Kerrl" für Referendare in Jüterbog 1933-1939. (http://web.uni-frankfurt.de/fb01/imprs/)）
（ちなみに，ユーターボークにほど近いブランデンブルク州ツォッセンには，かつてワイマール時代にベルリン市立学校田園寮（Schullandheim）「ツォッセン若者村」が存在した。これは私には，若者の心と体の全体的発展をめざすベルリン新教育の象徴的な事例として記憶されている[8]。）

(2) 知性否定，身体・祝祭中心のラガー生活

ラガーは都会を離れた田園の孤立空間に設置された。そこではヒトラー・ユーゲント，突撃隊の指導下に，「非日常」の生活共同体が形成され，疑似軍隊生活が展開される[9]。

---

7) Vgl. Kraas: Lehrerlager 1932-1945. ここには教員ラガーの展開が詳細に記されている。中央教育研究所およびナチス教員連盟によって実施された教員ラガー一覧参照。Vgl. a. a. O., S. 339-355.
8) 小峰総一郎『ベルリン新教育の研究』，第9章参照。
9) H. W. コッホ（根本政信訳）『ヒトラー・ユーゲント──戦場に狩り出された少年たち』サンケイ出版，1981; Koch, H. W.: Hitler Youth: The Duped Generation. NY: Ballantine Books, 1972. 参照。

| 肉体訓練は自己改造の必須条件だった。大学教師たちの不満は、スポーツ訓練重視で、学業の時間がほとんど残らないことだった（コッホ，p.133.）。

大学教師の教育ラガー（同上）

　ラガーのカリキュラムは，身体訓練と，行事（特にこれの祝祭的造形，意義づけ）が中心である。知識・学問の深化は少なく（それも，ナチスイデオロギー注入の「講演」が中心をなす），多くの時間が身体訓練と，行事（これの一面的「聖化」）に当てられた。「朝晩の旗の掲揚，降納。音楽，シュプレヒコール唱和」，「ナチス記念日」の祝典。これらを通して「共同体服従」に至るのがラガーだった。まさに「祝祭要素（Feierelemente）…［が］，ラガー生活の儀式化（Ritualisierung），美学化（Ästhetisierung）へ導く」のであった[10]。

---

10) Vgl. A. a. O., S.304.「祝祭要素（Feierelemente）…［が］，ラガー生活の儀式化（Ritualisierung），美学化（Ästhetisierung）へ導く」——組織された教化環境（pädagogische Atmosphäre）はこの空間を神聖化させ，ナチズムを身体化させた。私はこの指摘から，戦前わが国の祝日大祭日儀式を思い浮かべるのである。戦前の学校において挙行された祝日大祭日儀式もまた厳粛な「宗教的雰囲気」の下で挙行された。四大節［紀元節，天長節，明治節，四方節］に，学校の教員生徒一同は講堂に集合して御真影（天皇，皇后写真）へ敬礼。これに続いて万歳奉祝，校長の教育勅語奉読・訓話，儀式の最後は時宜にかなった唱歌合唱。これらが一糸乱れず，厳かに執り行われたのである。最高度の緊張の中，式典の柱をなす「教育勅語」が奉読される。校長は勅語を恭しく取り出し，定められた荘厳な朗詠声調に基づき勅語の一語一語を読み上げ，やがて最後の一節「朕爾臣民ト倶ニ拳々服膺シテ咸其徳ヲ一ニセンコトヲ庶幾フ　明治二十三年十月三十日御名御璽」に言い及ぶ。この一連の「祭儀」と荘厳厳粛な雰囲気によって，子どもたちは「天皇制」を身体化，情念化したと言える（佐藤秀夫：「わが国小学校における祝日大祭日儀式の形成過程」『教育学研究』第30巻第3号，1963年，参照）。この儀式への服従と畏怖を当時の生徒は回想する。
　　「小学校の儀式で教育勅語が読まれるときは，本当にシーンと静まりかえったね。ところがそこで，ポケットからでかいビー玉を落としたやつがいた。講堂中にその音が響きわたったけど，誰も笑わなかった。そいつが後でどんな目に合うか，想像しただけで顔がひきつって固まっちゃったんだよ」。（山中恒「必要なのは自分を愛すること」『朝日新聞』，2017年6月28日夕刊）

補論　ラガー（Lager）──ナチス「キャンプと隊列の教育」──

　上掲コッホのヒトラー・ユーゲント研究から，学問から遠ざけられラガーで肉体訓練に明け暮れるのを一部の大学教員は耐えがたいと受け止めていたことが分かる。山本尤は，1935年ツオッセンで大学教授資格申請者に行われた第1回「共同キャンプ」の様子をこう描いている。

> 「権限は突撃隊の大学局とドイツ大学教官団体の体育振興局とが握り，キャンプ責任者は，突撃隊の上級指導者，かつては失業中のなめし革工で，ナチの街頭闘争時代からの古参党員 W. グルンディヒが務めている。すでに博士号を持っている少壮の学者たちの指導をこうした無教養のナチ党員が行うということの異常さもさることながら，参加者たちの苦痛は大変なものだったろう」[11]。

　ヒトラー・ユーゲント指導者，同団団員の出身家庭は，コッホによれば**表7-2, 7-3**の通りであった[12]。

表7-2　ヒトラー・ユーゲント指導者の出身家庭，職業（1937）

分類	割合（％）
商業	25.5
生徒	16.4
技術者	8.7
学生	5.9
教師	5.4
農業・林業	3.5
その他	13.8
[計]	79.2

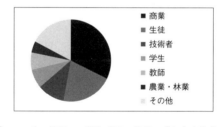

（出所：コッホ，1981，p.112．グラフ化はいずれも小峰．）

---

11) 山本尤『ナチズムと大学──国家権力と学問の自由』中公新書，1985，p.160．
12) コッホ『ヒトラー・ユーゲント』p.112．なお，ヒトラー・ユーゲント団員の出身家庭の総計が100％となっていない（79.2％）。記入漏れかどうか，理由は不明である。その後原著を取り寄せて確認したが，割合合計は原著も79.2％であった。また，榎本政信訳書は表7-2.と表7-3.のタイトルが入れ替わっていたので原著に基づきタイトルを正した。
13) 山口定『ナチ・エリート──第三帝国の権力構造』中公新書，1976，p.47より。表は同書の一部であり，グラフ比は小峰が行ったものである。

表7-3 ヒトラー・ユーゲントの出身家庭，職業（1939）

分類	割合（％）
工業・肉体労働者	42
農業・林業	23
生徒	21
商業	5
技術者	3
その他	6
［計］	100

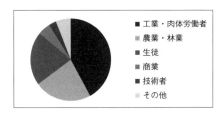

（出所：コッホ，1981，p.112.）

また，ナチス国家を支えたナチ党（NASDAP）党員の出自は，山口定によれば表7-4，7-5の通りである（1923/33年）[13]。

表7-4 ナチ党員の職業別構成の変遷（1923/33）　　（％）

	1923年	1933年
労働者	21.3	32.1
ホワイトカラー	｝［2者計 24.6］	20.6 ｝33.6
官吏		13
都市旧中間層	34.2	｝［2者計 20.2］
資本家層	7.8	
農業	10.4	10.7
その他（主婦，年金生活者）	4.9	3.4
［計］	100	100

（出所：山口定，1976，p.47.）

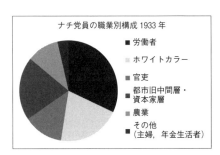

補論　ラガー（Lager）——ナチス「キャンプと隊列の教育」——

表7-5　[加工] ナチ党員の職業別構成の変遷（1923/33）

	1923年 (%)
労働者	21.3
ホワイトカラー・官吏	24.6
都市旧中間層・資本家層	42.0
農業	10.4
その他（主婦，年金生活者）	4.9
[計]	100

	1933年 (%)
労働者	32.1
ホワイトカラー・官吏	33.6
都市旧中間層・資本家層	20.2
農業	10.7
その他（主婦，年金生活者）	3.4
[計]	100

（出所：山口定，1976, p.47.）

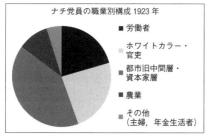
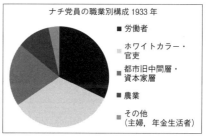

（表7-5は，表7-4を加工して職業分類を同一にしたものである——小峰）

　ナチ・エリート分析で山口は，党・行政方面のエリートは，その出身家庭が軍人か官吏，ホワイトカラーで，高学歴・都市出身の者が多いが，他方，「暴力装置の管理者」エリートは，これとは性質を大きく異にしていたと言う。

　「…それに対して，暴力装置の管理者になった人々は，世代的には前二者[党・行政エリート]よりもかなり若く，社会的出身も，下層労働者や農民など明らかに前二者よりも低い階層から出て，しかも青春期に，父親がいない（彼らの三分の一）とか，貧困（同じく三分の一）とか，恐慌による打撃など深刻な体験をしている。教育水準も低く宗教心も明確でない。イデオロギーにおいては，注目すべきことには，反ユダヤ主義がそれほどなく「ヒトラー崇拝」がもっとも多い。いいかえれば，彼らにおいては，イデオロギーの信奉自体がそもそも明確でなく，「ヒトラー崇拝」を除けば，あとはむしろ《闘争》そのものの自己目的化ならびに「同志的連帯へのあこがれ」と「運動との一体感」が目立つ」と[14]。

14）同上書，p.256.

このような管理者の指導するラガーでは，知性・芸術・理性の位置づけは低く，それらへの対抗文化としての体錬や祝祭要素がより一層支配的であったと言える。

　だが，知性や学問・合理性の対極にある情念や体錬，祝祭・「神話」がラガーを支配したのは，これら個人的要素にではなく，本質的には「ラガー」を貫く思想と組織論に依るものであることを見落としてはならない。フォンドゥングは，ナチズムの「祝祭」は，太陽・火（＝ゲルマン人）と暗黒（＝悪と死）との対立（＝二元論的世界像）がナチズムによって克服されることを象徴する；そのため「祭祀」プログラムは基本的に三部から構成され，これは形式的にはキリスト教典礼の「模倣」である——としている。ナチス祝祭は，「火と血」，「宇宙論的太陽神話」を継受するナチスが，混乱の現世を救済するというナチス「神話」の具象化であったが，それを演出する形式は，人々に親しまれたキリスト教——ナチスが否定するところの——の典礼に求められるのだった[15]。

　かかるラガーを，人々は今までの社会とは異なる「親密な空間」と高く位置づけ，彼らはここでナチズムを深く「体得」していったのである[16]。

(3) 小民族協同体から大民族共同体へ。心情の協同体

　ラガーにおいては，起居をともにしラガー活動に邁進する中で形成される〈同志的結合〉，心情の一体性が重視された。

　ラガーという小民族協同体は，〈ドイツ民族〉・〈ナチス第三帝国〉という大

---

[15] フォンドゥング（池田昭訳）『ナチズムと祝祭：国家社会主義のイデオロギー的祭儀と政治的宗教』未來社，1988，第5章，参照。
[16] それは日本の軍隊と軍隊生活（「内務班」）を想起させる。吉田裕は，日本の軍隊が民衆に支持されたのは「平等」と「能力主義」のゆえであるとする。軍隊では社会的地位や家柄，学歴でなく兵士としての能力，とくに戦闘能力たる体力と精神能力で進級が決まる。軍隊はまた個性や人格の独立性を否定し，軍紀という鋳型の中に人間を一元化する。この「服従と平等性が組み合わされた」軍隊は，とりわけ農村や貧しい社会層出身の者には愛着されるものであって，軍隊生活は苦しさよりも「楽しさ」「郷愁」を抱かせる場所なのであった。これはナチスラガーと通底すると言える。（吉田裕『日本の軍隊——兵士たちの近代史』岩波新書，2002，参照）

補論　ラガー（Lager）——ナチス「キャンプと隊列の教育」——

民族共同体に有機的に拡大・結合してゆく基本単位である。ラガーで育成される労働能力（職能形成）と，ラガー生活から導かれる〈心情の一体性〉は，大民族共同体にとり車の両輪をなしていた。

　帝政時代の末期から始まる青年運動，ワンダーフォーゲル運動，田園回帰運動はいずれも，このような情念の協同体めざした運動であった。それが，ドイツの第一次世界大戦敗北後，ワイマール時代のドイツ民族主義運動，失地回復運動と一体化してナチス時代に継承・増幅されてナチス「生存圏」建設へと連なっていく。国民をこのナチスイデオロギーに心情的に一体化させ，これに主体的に投企させる「教育ラガー」・「訓練ラガー」は，ファシズムへの組織化・国民動員の装置として機能したのである[17]。

　「教育ラガー」・「訓練ラガー」をナチズムの人間形成全体の中に位置づけたクラースの研究の意義はまことに大きく，今後，多くの分野の〈ラガー教育〉究明に道を開いたと言えるであろう。

---

[17] ちなみに，わが国の総力戦体制下の教育を究明した共同研究『総力戦体制と教育——皇国民「錬成」の理念と実践』（東京大学出版会，1987）は，錬成の原型を「道場型錬成」に求める。それは，①日常生活から遮断された特定の施設（道場）で行われている，②宗教的行事や身体活動，農耕作業など心身一体の行的活動が重視され，反知性主義，精神主義に裏付けられた実践至上主義である，③個人の修養というより，師弟一体となった宿泊生活の中での集団的修養がめざされている，④青年や成人が主たる対象であり，一種の人格改造機能をもつ，⑤前提として皇室中心主義が貫かれている，を特徴とするとしている（同書，p.29）。教師の再教育（2泊3日ほどの「錬成講習会」）や地域・職場・学校での「錬成」体制なども究明されており，ナチス・ラガー教育と重なる部分を見出せる。「錬成」とドイツとの関係については，明治中期（1885〈明治18〉年）に陸軍大学教官ドイツ人少将メッケルの軍制改革建議が「練成」（「錬成」でなく）の語を使ったとあり（同書，p.33），また1939〈昭和14〉年にはヒトラー・ユーゲントに倣う青少年団体一元化構想（「学徒隊構想」＝勅令団体の実現をめざすも流産）があったとする（同書，p.202）。だが，第二次世界大戦下の日本の教育に，「同盟国」ドイツの影響は大きいと思われる。ナチス・ドイツ教育との比較があってもよかったであろう。

文　献

第 1 章　上構学校

1. Bracht, Hans-Günther: Das höhere Schulwesen im Spannungsfeld von Demokratie und Nationalsozialismus: ein Beitrag zur Kontinuitätsdebatte am Beispiel der preußischen Aufbauschule. Bern: Peter Lang, 1998.
2. Die Reichsschulkonferenz 1920: ihre Vorgeschichte und Vorbereitung und ihre Verhandlungen Amtlicher Bericht, erstattet vom Reichsministerium des Innern. Leipzig: Quelle & Meyer, 1921.（Neudruck. Glashütten: Auvermann, 1972）
3. Eilers, Rolf: Die nationalsozialistische Schulpolitik. Köln/Opladen: Westdeutscher Verlag, 1963.
4. Lemm, Werner（Hrsg.）: Schulgeschichte in Berlin. Berlin（Ost）: Volk und Wissen, 1987.
5. Lexis, W.（Hrsg.）: Die Reform des höheren Schulwesens in Preussen［ママ］. Halle a. S.: Verlag der Buchhandlung des Waisenhauses, 1902.
6. Müller, Sebastian F.: „Zur Sozialisationsfunktion der höheren Schule. ≫Die Neuordnung des preußischen höheren Schulwesens≪ im Jahre 1924/1925". In: Heinemann, Manfred（Hrsg.）: Sozialisation und Bildungswesen in der Weimarer Republik. Stuttgart: Ernst Klett Verlag, 1976.
7. Richert, Hans（Hrsg.）: Richtlinien für einen Lehrplan der deutschen Oberschule und der Aufbauschulen. Berlin: Weidmann, 1928.
8. Schmoldt, Benno: Zur Theorie und Praxis des Gymnasialunterrichts（1900-1930）. Weinheim/Basel: Beltz Verlag, 1980.
9. 黒田多美子「ドイツにおける教育改革をめぐる論議と現状：ハンブルクの事例から」『獨協大学ドイツ学研究』62, 2009. 9.
10. 小峰総一郎「あるギムナジウム」『中京大学教養論叢』第47巻第 2 号, 2006. 10.
11. ── 「ハンス・リヒャートとプロイセン中等学校改革」日本教育学会『教育学研究』第63巻第 4 号, 1996. 12.
12. 長尾十三二［ほか］『中等教育史 2〈世界教育史大系25〉』講談社, 1976.
13. 二宮皓編『世界の学校』学事出版, 2006.
14. 『ニューズウィーク日本版』TBS ブリタニカ, 1991年12月 5 日号
15. ピエール・ブルデュー／ジャン＝クロード・パスロン（宮島喬訳）『再生産：教育・社会・文化』藤原書店, 1991.
16. 伏見猛彌「独逸の教育」『岩波講座教育科学』第一冊, 岩波書店, 1931.
17. プロイセン文部省編（小峰総一郎訳）「ドイツ高等学校・上構学校教則大綱」『中京大学教養論叢』第34巻第 1 号, 1993. 7.

18. プロイセン文部省編（小峰総一郎訳）「プロイセン中等学校制度の新秩序」『中京大学教養論叢』第35巻第1号，1994.9.
19. 望田幸男『ドイツ・エリート養成の社会史：ギムナジウムとアビトゥーアの世界』ミネルヴァ書房，1998.
20. 文部科学省「我が国及び諸外国の学制について」（第14回教育再生実行会議資料，2013年10月31日）http://www.kantei.go.jp/jp/singi/kyouikusaisei/dai14/gijisidai.pdf（最終閲覧：2014年6月20日）

第2章　カーレ姉弟（きょうだい）

1. Bracht, Hans-Günther: Das höhere Schulwesen im Spannungsfeld von Demokratie und Nationalsozialismus:ein Beitrag zur Kontinuitätsdebatte am Beispiel der preußischen Aufbauschule. Bern: Peter Lang, 1998.
2. Dithmar, Reinhard（Hrsg.）: Schule und Unterricht im Dritten Reich. Neuwied：Luchterhand, 1989.
3. Heinemann, Manfred［et al.］（Hrsg.）: Erziehung und Schulung im Dritten Reich.（Veröffentlichungen der Historischen Kommission der Deutschen Gesellschaft für Erziehungswissenschaft, Bd. 4）1. Aufl. T. 1/ T. 2. Stuttgart: Klett-Cotta, 1980.
4. Prominente ohne Maske NEU – 1000 Lebensläufe einflussreicher Zeitgenossen, München: FZ Verlag, 2001.
5. Scholtz, Harald: Erziehung und Unterricht unterm Hakenkreuz.（Kleine Vandenhoeck-Reihe, 1512），Göttingen: Vandenhoeck & Ruprecht, 1985.
6. Schot, Bastiaan: Nation oder Staat? Deutschland und der Minderheitenschutz zur Völkerbundspolitik der Stresemann-Ära. Marburg/Lahn: J. G. Herder-Institut, 1988.
7. 『岩波西洋人名辞典』岩波書店，2013.
8. 梅根悟『近代国家と民衆教育――プロイセン民衆教育政策史――』誠文堂新光社，1967.
9. 大澤武男『ローマ教皇とナチス』文藝春秋，2004.
10. 小峰総一郎『ポーランドの中の《ドイツ人》――第一次世界大戦後ポーランドにおけるドイツ系少数者教育――』学文社，2014.
11. 平井正『ヒトラー・ユーゲント：青年運動から戦闘組織へ』中央公論新社，2001.
12. ベリング，R.（望田幸男・対馬達雄・黒田多美子訳）『歴史のなかの教師たち：ドイツ教員社会史』ミネルヴァ書房，1987.
13. 増渕幸男『ナチズムと教育：ナチス教育政策の原風景』東信堂，2004.

URL
1. http://de.metapedia.org/wiki/Kahle,_Maria（最終閲覧：2014年8月19日）
2. http://de.wikipedia.org/wiki/Wolter_von_Plettenberg（最終閲覧：2014年9月3日）
3. http://en.wikipedia.org/wiki/Wolter_von_Plettenberg（最終閲覧：2014年9月3日）

4．http://www.jugend1918-1945.de/thema.aspx?s＝5102&m＝965&open＝5102（最終閲覧：2014年9月8日）
5．https://portal.dnb.de/opac.htm?method＝showFullRecord&currentResultId＝Maria+and+Kahle%26any&currentPosition＝92（最終閲覧：2014年12月25日）

第3章　民族政治科実習

1．Bracht, Hans-Günther: Das höhere Schulwesen im Spannungsfeld von Demokratie und Nationalsozialismus:ein Beitrag zur Kontinuitatsdebatte am Beispiel der preußischen Aufbauschule. Bern: Peter Lang, 1998.
2．Datenhandbuch Bd. II: Höhere und mittlere Schulen, 2. Teil, Göttingen, 2003.
3．Deutsche Wissenschaft, Erziehung und Volksbildung. 1.-11. Jg., 1935-1945, Berlin: Zentralverlag der NSDAP, 1935-1945.（『ライヒ教育省報』）
4．Dithmar, Reinhard（Hrsg.）: Schule und Unterricht im Dritten Reich. Neuwied: Luchterhand, 1989.
5．Eilers, Rolf: Die nationalsozialistische Schulpolitik: eine Studie zur Funktion der Erziehung im totalitaren Staat. Köln: Westdeutscher Verlag, 1963.（Staat und Politik, Bd. 4）
6．Gesetz über die Hitlerjugend（1. 12. 1936）（「ヒトラー・ユーゲント法」（1936. 12. 1），小峰訳，出所：http://www.documentarchiv.de/ns.html（最終閲覧：2015. 5. 30）
7．Gesetz zur Wiederherstellung des Berufsbeamtentums. Vom 7. April 1933.（「官吏任用法」（1933. 4. 7），小峰訳，出所：http://www.documentarchiv.de/ns/beamtenges.html（最終閲覧：2015. 3. 25）
8．Kraas, Andreas: Lehrerlager 1932-1945: politische Funktion und pädagogische Gestaltung. Bad Heilbrunn: J. Klinkhardt, 2004.
9．Nationalpolitische Lehrgänge für Schüler. Denkschrift des Oberpräsidenten der Rheinprovinz（Abteilung fur höheres Schulwesen）. Frankfurt am Main: M. Diesterweg, 1935.
10．Scholtz, Harald: Erziehung und Unterricht unterm Hakenkreuz. Göttingen: Vandenhoeck & Ruprecht, 1985.（Kleine Vandenhoeck-Reihe, 1512）
11．Wippermann, Wolfgang: „Das Berliner Schulwesen in der NS-Zeit". In: Schmoldt, Benno（Hrsg.）: Schule in Berlin. gestern und heute. Berlin: Colloquium Verlag, 1989.
12．Zentralblatt für die gesamte Unterrichts＝Verwaltung in Preußen. 75.-76. Jg., 1933-1934, Berlin: Weidmannsche Buchhandlung, 1933-1934.（『プロイセン文部省報』）
13．江頭智宏「ナチ時代における学校田園寮運動とヒトラー・ユーゲントの関係」『名古屋大学大学院教育発達科学研究科紀要 教育科学』60（1），2013. 9.
14．小峰総一郎：「ライン地方のあるギムナジウム(2)」『中京大学国際教養学部論叢』

7 (2), 2015. 3.
15. ——:「学校田園寮について」『ベルリン新教育の研究』第8章,風間書房,2002.
16. ——:「二,ベルリン中央教育研究所」『ベルリン新教育の研究』第6章,同.
17. 百々巳之助・景山哲夫『ヒットラー・ユーゲント』刀江書院,1938.
18. 平井正『ヒトラー・ユーゲント』中央公論新社,2001.

第4章　人種科

1. Bracht, Hans-Günther: Das höhere Schulwesen im Spannungsfeld von Demokratie und Nationalsozialismus: ein Beitrag zur Kontinuitätsdebatte am Beispiel der preußischen Aufbauschule. Bern: Peter Lang, 1998.
2. Dithmar, Reinhard (Hrsg.): Schule und Unterricht im Dritten Reich. Neuwied: Luchterhand, 1989.
3. Günther, Hans F. K.: The Racial Elements of European History. USA: Ostara Publications, 2012.
4. Harten, Hans-Christian/Neirich, Uwe/ Schwerendt, Matthias: Rassenhygiene als Erziehungsideologie des Dritten Reichs: Bio-bibliographisches Handbuch. Berlin: Akademie Verlag, 2006.(edition bildung und wissenschaft, Bd. 10).
5. Keim, Wolfgang (Hrsg.): Erziehungswissenschaft und Nationalsozialismus. Paderborn, Marburg, 1990.(Forum Wissenschaft Studienhefte, Nr. 9).
6. ——: Erziehung unter der Nazi-Diktatur. Bd. 1. Antidemokratische Potentiale. Machtantritt und Machtdurchsetzung. Darmstadt: Primus, 1995; Bd. 2. Kriegsvorbereitung, Krieg und Holocaust, Darmstadt: Primus, 1997.
7. Reichsministerialamtsblatt Deutsche Wissenschaft, Erziehung und Volksbildung.(『ライヒ教育省報』) 1. Jg., 1935. Berlin: Weidmann, 1935.
8. Scherf, Gertrud: „Vom deutschen Wald zum deutschen Volk. Biologieunterricht in der Volksschule im Dienste nationalsozialistischer Weltanschauung und Politik". In: Dithmar (1989), S. 217-234.
9. Scholtz, Harald: Erziehung und Unterricht unterm Hakenkreuz. Göttingen: Vandenhoeck & Ruprecht, 1985.(Kleine Vandenhoeck-Reihe, 1512)
10. Scholtz, Harald: „Schule unterm Hakenkreuz". In: Dithmar (1989), S. 2-3.
11. ——: NS-Ausleseschulen: Internatsschulen als Herrschaftsmittel des Führerstaates. Göttingen: Vandenhoeck & Ruprecht, 1973.
12. Tenorth: „Das Konzept der Erziehungspraxis nach 1933. In: Langewiesche/Tenorth (Hrsg.): Handbuch der deutschen Bildungsgeschichte", Bd. V. 1918-1945, München: Beck, 1989.
13. Zentralblatt für die gesamte Unterrichts-Verwaltung in Preußen.(『プロイセン文部省報』) 75. Jg. 1933. Berlin: Weidmann, 1933.

14. 稲垣忠彦『明治教授理論史研究：公教育教授定型の形成』評論社，1982.
15. 『岩波世界人名大辞典』岩波書店，2013.
16. 太田和敬『統一学校運動の研究』大空社，1992.
17. ギャラファー，ヒュー・G．（長瀬修訳）『ナチスドイツと障害者「安楽死」計画』現代書館，1996.
18. 小峰総一郎「ライン地方のあるギムナジウム（3）」『中京大学国際教養学部論叢』第8巻第1号，2015/9.
19. 對馬達雄『ナチズム・抵抗運動・戦後教育：「過去の克服」の原風景』昭和堂，2006.
20. 原田一美「「ナチズムと人種主義」考（1）：20世紀初頭までの系譜」『大阪産業大学人間環境論集』5，2006.
21. ──「「黒い汚辱」キャンペーン：「ナチズムと人種主義」考（2）」『大阪産業大学人間環境論集』6，2007.
22. ──「ハンス・F・K・ギュンターの人種論」『大阪産業大学人間環境論集』9，2010.
23. 「ハンス・シェム」，「ハンス・ギュンター」，「ヴィルヘルム・シュトゥッカート」ドイツ人名事典 http://www.deutsche-biographie.de/sfz111520.html, ドイツウィキペディア；https://de.wikipedia.org/wiki/Hans_Schemm https://de.wikipedia.org/wiki/Hans_F._K._G%C3%BCnther) https://de.wikipedia.org/wiki/Wilhelm_Stuckart ほか（最終閲覧：2015年9月15日）
24. ヒトラー，アドルフ（平野一郎・将積茂訳）『わが闘争』下，角川文庫，1973.
25. プロクター，ロバート・N（宮崎尊訳）『健康帝国ナチス』草思社，2003（文庫版，2015）．
26. ベッセル，リチャード（大山晶訳）『ナチスの戦争1918-1949 民族と人種の戦い』中公新書，2015.
27. 増井三夫「ファシズムと教育」古沢常雄・米田俊彦編『教育史』学文社，2009.
28. 増渕幸男『ナチズムと教育──ナチス教育政策の原風景』東信堂，2004.
29. 宮田光雄『ナチ・ドイツの精神構造』岩波書店，1991.

第5章　歴史，地政学

1. Bracht, Hans-Günther: Das höhere Schulwesen im Spannungsfeld von Demokratie und Nationalsozialismus: ein Beitrag zur Kontinuitätsdebatte am Beispiel der preußischen Aufbauschule. Bern: Peter Lang, 1998.
2. Bürger, Peter: Friedenslandschaft Sauerland.（edition Leutekirche 1），Norderstedt: Books on Demand, 2016.
3. Erziehung und Unterricht in der höheren Schule: amtliche Ausgabe des Reichs- und Preußischen Ministeriums für Wissenschaft, Erziehung und Volksbildung. Berlin: Weidmann, 1938.

文　　献

4．Eser, Ingo: ≫Volk, Staat, Gott!≪: Die deutsche Minderheit in Polen und ihr Schulwesen 1918-1939. Wiesbaden: Harrassowitz Verlag, 2010.（Veröffentlichungen des Nordost-Instituts ; Bd. 15）.
5．Heske, Henning: Und morgen die ganze Welt. Norderstedt: Books on Demand, 2015.
6．Keim, Wolfgang: Erziehung unter der Nazi-Diktatur. Bd. 2. Kriegsvorbereitung, Krieg und Holocaust, Darmstadt: Primus, 1997.
7．Mühl-Benninghaus, Sigrun: Das Beamtentum in der NS-Diktatur bis zum Ausbruch des Zweiten Weltkriegs. Droste Verlag, 1996.
8．Nagel, Anne C.: Hitlers Bildungsreformer: das Reichsministerium für Wissenschaft, Erziehung und Volksbildung 1934-1945. Frankfurt am Main: Fischer Taschenbuch Verlag, 2012.
9．Pöggeler, Franz: Aufgewachsen in zwei Reichen: Kindheit und Jugend 1926 bis 1945, Bern: Peter Lang, 2009.
10．„Richtlinien für die Geschichtslehrbuch 1933. 7. 20".（歴史教科書要綱）Bekanntmachung. UIIC 6301, In: Zentralblatt 1933, S. 197-199.
11．Scholtz, Harald: Erziehung und Unterricht unterm Hakenkreuz, Göttingen: Vandenhoeck & Ruprecht, 1985.
12．„Der Verein für das Deutschtum im Auslande in den Schulen. 1933.5.8".（各学校における「外地ドイツ人協会」）プロイセン文部省令 UIIC 383 UIIO, AIII. 1. In: Zentralblatt 1933, S. 139-140.
13．„Vererbungslehre und Rassenkunde in den Schulen." In: Zentralblatt für die gesamte Unterrichts-Verwaltung in Preußen. 1933. S. 244.
14．„Vererbungslehre und Rassenkunde im Unterricht." In: Reichsministerialamtsblatt Deutsche Wissenschaft, Erziehung und Volksbildung. 1935. S. 45.
15．青木健『アーリア人』講談社，2009.
16．小峰総一郎「ライン地方のあるギムナジウム（2）」『中京大学国際教養学部論叢』7（2），2015/3.
17．──「ライン地方のあるギムナジウム（4）」『中京大学国際教養学部論叢』8（2），2016/3.
18．──『ポーランドの中の《ドイツ人》──第一次世界大戦後ポーランドにおけるドイツ系少数者教育──』学文社，2014.
19．──『ベルリン新教育の研究』第6章，風間書房，2002.
20．曽村保信『地政学入門』中央公論新社，1984.
21．ハンス・グリム（星野愼一訳）『土地なき民』1-4，鱒書房，1940.
22．舩尾日出志「S. カヴェラウの社会科教育論序説──1924年の「歴史教授のための国際大会」から」『愛知教育大学教育実践総合センター紀要』第8号，2005/2.
23．マックス・ウェーバー（尾高邦雄訳）『職業としての学問』岩波文庫（原著1919，初訳1936，改訳1980）.

24. 文部省編『國體の本義』昭和12年［1937年］，文部省（出所：国会図書館 000000713777 http://dl.ndl.go.jp/info:ndljp/pid/1219377）（最終閲覧：2016年4月23日）
25. 山内昌之・佐藤優『新・地政学』中央公論新社，2016.
26. リヒテルズ直子『オランダの教育』平凡社，2004.
27. ロジェ・マルタン・デュ・ガール（山内義雄訳）『チボー家の人々』1-13，白水社，1984.

URL
1. 「albrecht-burchard」（ヴェストファーレン歴史協会ページ） 18 https://www.lwl.org/LWL/Kultur/HistorischeKommission/die-kommission/ehemalige-mitglieder/ehemalige-mitglieder-buchstabe-b/albrechtburchard（最終閲覧：2016年6月18日）
2. 「Ferdinand Hammerschmidt」（ノルトライン・ヴェストファーレン人名録）http://nwbib.de/HT012868162（最終閲覧：2016年6月7日）
3. 「Franz Pöggeler」ドイツ Wikipedia https://de.wikipedia.org/wiki/Franz_P%C3%B6ggeler（最終閲覧：2016日6月1日）
4. 「heimatrecht」（故郷権） https://heimatrecht.wordpress.com/2014/09/07/eugen-naumann/（最終閲覧：2016年6月21日）
5. 「Heinrich Schnee」（ヴェストファーレン史） http://www.lwl.org/westfaelische-geschichte/portal/Internet/finde/langDatensatz.php?urlID=5547&url_tabelle=tab_person（最終閲覧：2016年6月15日）
6. 「Kurt Graebe」ドイツ Wikipedia https://de.wikipedia.org/wiki/Kurt_Graebe（最終閲覧：2016年6月21日）
7. 「Rheinlandbastard」（ラインラントの雑種）ドイツ Wikipedia https://de.wikipedia.org/wiki/Rheinlandbastard（最終閲覧：2016年5月31日）「Rhineland Bastard」英 Wikipedia https://en.wikipedia.org/wiki/Rhineland_Bastard（最終閲覧：2016年5月31日）
8. 「Der Verein für das Deutschtum im Auslande」（外地ドイツ人協会）ドイツ Wikipedia https://de.wikipedia.org/wiki/Verein_f%C3%BCr_Deutsche_Kulturbeziehungen_im_Ausland（最終閲覧：2016年5月27日）
9. 「Wilhelm Frick」ドイツ Wikipedia, https://de.wikipedia.org/wiki/Wilhelm_Frick（最終閲覧：2016年3月12日）
10. 「Wilhelm Stuckart」ドイツ Wikipedia, https://de.wikipedia.org/wiki/Wilhelm_Stuckart（最終閲覧：2016年4月23日）

第6章　ナチス教育学

1. Bessling, Reiner: Schule der nationalen Ethik. Johann Georg Sprengel. Die Deutschkundebewegung und der deutsche Germanistenverband, Frankfurt am Main: Peter Lang, 1996.

2. Blömeke, Sigrid: „Buchbesprechungen". In: Vierteljahrsschrift für wissenschaftliche Pädagogik, Bd. 76, H. 1, 2000.
3. Böhm, Winfried: Wörterbuch der Pädagogik. 12. neuverfasste Aufl. Stuttgart: Kröner, 1982.
4. Bracht, Hans-Günther: Das höhere Schulwesen im Spannungsfeld von Demokratie und Nationalsozialismus:ein Beitrag zur Kontinuitätsdebatte am Beispiel der preußischen Aufbauschule. Bern: Peter Lang, 1998.
5. Bürger, Peter: Friedenslandschaft Sauerland. (edition Leutekirche 1), Norderstedt: Books on Demand, 2016.
6. Die Neuordnung des preußischen höheren Schulwesens. Denkschrift des Preußischen Ministeriums für Wissenschaft, Kunst und Volksbildung. 1924, Berlin: Weidmannsche Buchhandlung, 1924, S. 3-4.（プロイセン文部省編（小峰総一郎訳）「プロイセン中等学校制度の新秩序」『中京大学教養論叢』35 (1)，1994/9.）
7. Erziehung und Unterricht in der höheren Schule. 1938. 1. 29, Berlin: Weidmann, 1938.
8. Hehlmann, Wilhelm: Wörterbuch der Pädagogik. Stuttgart: Kröner, 1971.
9. H. G. H.: „Neuerscheinungen". In: Die Deutsche Schule, 91. Jg., 1999, H. 1.
10. Keim, Wolfgang: „Vorwort". In: Bracht, Hans-Günther: Das höhere Schulwesen im Spannungsfeld von Demokratie und Nationalsozialismus: ein Beitrag zur Kontinuitätsdebatte am Beispiel der preußischen Aufbauschule. Bern: Peter Lang, 1998.
11. Margies, Dieter: Das höhere Schulwesen zwischen Reform und Restauration: die Biographie Hans Richerts als Beitrag zur Bildungspolitik in der Weimarer Republik. Neuburgweier/Karlsruhe: Schindele, 1972.
12. Nagel, Anne C.: Hitlers Bildungsreformer: das Reichsministerium für Wissenschaft, Erziehung und Volksbildung 1934-1945. Frankfurt am Main: Fischer Taschenbuch Verlag, 2012.
13. P. D.: „Rezension". In: Annotierte Bibliographie für die politische Bildung, 1999.
14. Pöggeler, Franz: Aufgewachsen in zwei Reichen: Kindheit und Jugend 1926 bis 1945, Bern: Peter Lang, 2009.
15. Rüthner Hefte, Nr. 37, 2004/2005.
16. Schmitt, Hanno: „Am Ende stand das Wort ‚Umsonst'. Nationalsozialismus an Marburger Schulen". In: Magistrat der Universitätsstadt Marburg (Hrsg.): Kirche und Schule im nationalsozialistischen Marburg. Marburg, 1985.
17. Schmoldt, Benno: Zur Theorie und Praxis des Gymnasialunterrichts (1900-1930). Eine Studie zum Verhältnis von Bildungstheorie und Unterrichtspraxis zwischen Paulsen und Richert. Weinheim/Basel: Beltz Verlag, 1980.
18. Schwerhoff, Martina: „Rezension". In: Westfälische Forschungen, Bd. 49, 1999.
19. Weber, Rita: Die Neuordnung der preußischen Volksschullehrerbildung in der

Weimarer Republik: zur Entstehung und gesellschaftlichen Bedeutung der Pädagogischen Akademien. Köln; Wien: Böhlau, 1984.（Studien und Dokumentationen zur deutschen Bildungsgeschichte, Bd. 26）
20. Zymek, Bernd: „Expansion und Differenzierung des höheren Schulsystems". In: Langewiesche/Tenorth（Hrsg.）: Handbuch der deutschen Bildungsgeschichte. Bd. V. 1918-1945, München: Beck, 1989.
21. 浅野豊美『帝国日本の植民地法制──法域統合と帝国秩序』名古屋大学出版会，2008.
22. 阿部重孝「新しいドイツの高等学校」『阿部重孝著作集 第六巻』日本図書センター，1983（原著，1923）.
23. 勝田守一「学校の機能と役割」『教育と教育学』岩波書店，1970.
24. 川手圭一「マイノリティ問題とフォルクの思想」伊藤定良・平田雅博編『近代ヨーロッパを読み解く』ミネルヴァ書房，2008.
25. ──「第一次大戦後ドイツの東部国境と「マイノリティ問題」」『近現代史研究会会報』58，2006.
26. 小峰総一郎／フリッツ・カルゼン『現代ドイツの実験学校』明治図書，1986.
27. 小峰総一郎「ライン地方のあるギムナジウム（1）」『中京大学国際教養学部論叢』7（1），2014.
28. ──「ハンス・リヒャートとプロイセン中等学校改革」日本教育学会『教育学研究』63（4），1996.
29. ──「ライン地方のあるギムナジウム（3）」『中京大学国際教養学部論叢』8（1），2015.
30. ──『ドイツの中の《デンマーク人》──ニュダールとデンマーク系少数者教育』学文社，2007.
31. ──『ポーランドの中の《ドイツ人》──第一次世界大戦後ポーランドにおけるドイツ系少数者教育』学文社，2014.
32. 駒込武『植民地帝国日本の文化統合』岩波書店，1996.
33. 下松桂馬『平和の武装獨逸勞働奉仕制度：青年教育運動の再建』刀江書院，1937.
34. 朝鮮總督府編『ポーゼン州國語教育に關する調査報告』［朝鮮総督府］，1913.
35. 『ドイツ』11月上旬号（ナチス教育特集），日独出版協会，1942.
36. 百々巳之助・景山哲夫『ヒットラー・ユーゲント』刀江書院，1938.
37. 新見吉治『ナチス祖國愛の教育』三友社，1935.
38. プロイセン文部省編（小峰総一郎訳）「ドイツ高等学校・上構学校教則大綱」『中京大学教養論叢』第34巻第1号，1993/7.
39. 文部省教育調査部編『歐米に於ける中等教育制度改革問題』文部省教育調査部，1935.
40. 文部省教育調査部編『獨逸の高等學校』文部省教育調査部，1941.

URL
1. 国立公文書館　アジア歴史資料センター「国際連盟少数民族保護問題雑件 1. 上部「シレジア」ニ於ケル独逸系少数民族圧迫問題」ほか　https://www.jacar.archives.go.jp　（レファレンスコード B04014010500）（最終閲覧：2016年12月16日）
2. フリードリヒ・シュペー＝ギムナジウム HP http://www.fsg-uethen.de/fsg/index.php/unsere-schule/schulgeschichte-1（最終閲覧：2016年3月9日）
3. ベルンハルト・ルスト（Bernhard Rust）https://de.wikipedia.org/wiki/Bernhard_Rusthttps://de.wikipedia.org/wiki/Bernhard_Rust（最終閲覧：2017年8月4日）

補論　ラガー（Lager）

1. Böhme, Günther: Das Zentralinstitut für Erziehung und Unterricht und seine Leiter: Zur Pädagogik zwischen Kaiserreich und Nationalsozialismus. Neuburgweier: G. Schindele, 1971.
2. Kraas, Andreas: „Den deutschen Menschen in seinen inneren Lebensbezirken ergreifen － Das Lager als Erziehungsform, 2011." In: Klaus-Peter Horn/Jörg-W. Link (Hrsg.): Erziehungsverhältnisse im Nationalsozialismus. Bad Heilbrunn: Klinkhardt, 2011. S. 294-318.
3. ——: Lehrerlager 1932-1945: politische Funktion und pädagogische Gestaltung. Bad Heilbrunn: J. Klinkhardt, 2004.
4. Scholtz, Harald: Erziehung und Unterricht unterm Hakenkreuz.（Kleine Vandenhoeck-Reihe, 1512）, Göttingen: Vandenhoeck & Ruprecht, 1985, S. 50.
5. H. W. コッホ（根本政信訳）『ヒトラーユーゲント――戦場に狩り出された少年たち』サンケイ出版，1981.（Koch, H. W.: Hitler Youth: The Duped Generation. NY: Ballantine Books, 1972.）
6. 小峰総一郎「ライン地方のあるギムナジウム（3）」『中京大学国際教養学部論叢』第8巻第1号，2015/9.
7. ――『ベルリン新教育の研究』風間書房，2002.
8. 佐藤秀夫「わが国小学校における祝日大祭日儀式の形成過程」日本教育学会『教育学研究』第30巻第3号，1963.
9. 寺崎昌男・戦時下教育研究会編『総力戦体制と教育：皇国民「錬成」の理念と実践』東京大学出版会，1987.
10. フォンドゥング（池田昭訳）『ナチズムと祝祭：国家社会主義のイデオロギー的祭儀と政治的宗教』未來社，1988.
11. 山口定『ナチ・エリート――第三帝国の権力構造』中公新書，1976.
12. 山中恒「必要なのは自分を愛すること」『朝日新聞』，2017年6月28日夕刊.
13. 山本尤『ナチズムと大学――国家権力と学問の自由』中公新書，1985.
14. 吉田裕『日本の軍隊：兵士たちの近代史』岩波新書，2002.

URL
1．Das „Gemeinschaftslager Hanns Kerrl"
　http://web.uni-frankfurt.de/fb01/imprs/（最終閲覧：2017年6月24日）
2．》Führerschule der Deutschen Ärzteschaft Alt Rehse《
　http://www.ebb-alt-rehse.de/files/geschichte.htm（最終閲覧：2017年6月17日）

文献補遺

（以下の文献リストは，元原稿執筆後に参照したもの，および本書をまとめるに際して利用した文献，Web サイト等を記したものである。）

文　献

1．ナチス学術政策人名事典

　Grüttner, Michael: Biographisches Lexikon zur nationalsozialistischen Wissenschaftspolitik. Heidelberg: SYNCHRON, 2004.（Dainat, Holger/ Grüttner, Michael/ Hausmann, Frank-Rutger（Hrsg.）: Studien zur Wissenschafts- und Universitätsgeschichte, Bd. 6）

2．教育アカデミー／教員養成大学の教授たち

　Hesse, Alexander: Die Professoren und Dozenten der preußischen Pädagogischen Akademien（1926-1933）und Hochschulen für Lehrerbildung（1933-1941）. Weinheim: Deutscher Studienverlag, 1995.

3．中等学校歴史教科書研究

　Blänsdorf, Agnes: „Lehrwerke für Geschichtsunterricht an Höheren Schulen 1933-1945. Autoren und Verlage unter den Bedingungen des Nationalsozialismus". In: Lehmann, Hartmut/ Oexle, Otto Gerhard（Hrsg.）: Nationalsozialismus in den Kulturwissenschaften, Bd. I, Göttingen: Vandenhoeck & Ruprecht, 2004, S. 273-370.

4．中等学校歴史教本

　M. Edelmann / Dr. Karl Disch（Bearbeitet）: Volkswerden der Deutschen. Deutsche Geschichte von 1871 bis zur Gegenwart. Leipzig/Berlin: B. G. Teubner, 1939.
　（エーデルマン／デイシュ（編）『ドイツ人の民族生成──1871年から現代までのドイツ史』ライプチヒ／ベルリン：トイプナー社，1939）

5．人種学

　Günther, Hans F. K.: The Racial Elements of European History. USA: Ostara Publications, 2012.
　ウォルター・ラカー（望田幸男・井上茂子ほか訳）『ホロコースト大事典』柏書房，2003.

6．ナチス教員連盟研究

　Feiten, Willi: Der Nationalsozialistische Lehrerbund: Entwicklung und Organisation:

ein Beitrag zum Aufbau und zur Organisationsstruktur des nationalsozialistischen Herrschaftssystems. Weinheim/Basel: Beltz, 1981.（Studien und Dokumentationen zur deutschen Bildungsgeschichte, Bd. 19）.

7．学校田園寮史

König, Karlheinz: „Schullandheimbewegung und Schullandheimpädagogik im Griff des totalitären Staates（1933-1945）". In: Verband Deutscher Schullandheime（Hrsg.）: Schullandheimbewegung und Schullandheimpädagogik im Wandel der Zeiten. Hamburg: Verband Deutscher Schullandheime e. V., 2002. In: https://ns-in-ka.de/wp-content/uploads/2017/04/geschichte_1933-45_landschulheime.pdf

8．ユースホステル史

佐藤智『リヒャルト・シルマン伝——ユースホステルに託した夢』パレード（星雲社刊），2006．

9．ナチスと障害者

スザンヌ E・エヴァンス（黒田学／清水貞夫／監訳）『障害者の安楽死計画とホロコースト——ナチスの忘れ去られた犯罪』クリエイツかもがわ，2017．

10．学童集団疎開研究（日本）

一條三子『学童集団疎開——受入れ地域から考える』岩波書店 , 2017．

11．ナチズム研究

石田勇治『ヒトラーとナチ・ドイツ』講談社 , 2015．

12．ナチズムと子ども

リン・H・ニコラス（若林美佐知訳）『ナチズムに囚われた子どもたち——人種主義が踏みにじった欧州と家族』上・下 , 白水社 , 2018．

URL（索引・検索ページ）

1．Deutsche Biographie（ドイツ人名録）

https://www.deutsche-biographie.de/home

2．DEUTSCHE NATIONALBIBLIOTHEK（ドイツ国立図書館）

http://www.dnb.de/DE/Home/home_node.html

3．Bibliothek für Bildungsgeschichtliche Forschung（BBF）（ドイツ教育史研究文書館）

https://www.dipf.de/de/wissensressourcen/bibliotheken/bbf

あとがき

　いま,「ナチス教育」についての一書を出版する運びとなった。冒頭に記したように,これは私がこの間取り組んできた紹介研究をまとめたものであるが,これによって本書が多少なりとも日本のナチス教育研究の参考になれば幸いである。

　私はこれまでドイツのワイマール時代の新教育,とくにハンブルクやベルリンといった北ドイツ諸都市における新教育運動を研究してきたのであるが,子ども・若者のこころと体の全体的発展をめざすリベラルな新教育運動は,ナチ時代には突然「断絶」するという構図で捉えていた(『ベルリン新教育の研究』風間書房,2002)。これは大筋としては誤りではないだろうが,新教育のナチ時代との連続ないし継受という点を吟味する必要は感じていた。さらに,都市市民によって担われ推進された新教育に対し,農村部の,またカトリック地域の教育はどうであったのかの検討も必要だと自覚していた。

　それが2005年から2006年にかけての在外研究で,私は,新教育運動研究とはまったく異質の「少数民族教育問題」に遭会することとなった。だがそれらの展開や背景を調べていくと,これら少数民族の教育問題,なかでも「敗者」として第一次世界大戦後ポーランド等に残留したドイツ系少数民族の支援運動は,「反ワイマール共和国」の国民運動と結びついて展開されていること,それの一つの舞台が教育・学校の場であり,なかでも「ドイツ文化」重視の新校種「ドイツ高等学校」であったことに逢着するのであった。

　当時私は研究発展の必要からブラハトの研究書を繙き始めていたのであるが,次第に私の視点は「新教育の舞台としての上構学校・ドイツ高等学校」というものから「ドイツ民族主義運動の拠点としての『ドイツ高等学校』」にシフトしていった。その後ドイツの少数民族教育問題をまとめてみると(『ドイツ

の中の《デンマーク人》——ニュダールとデンマーク系少数者教育』学文社，2007，『ポーランドの中の《ドイツ人》——第一次世界大戦後ポーランドにおけるドイツ系少数者教育』学文社，2014)。この「反ワイマール共和国」のドイツ民族主義運動は，ナチズムの国民統合イデオロギー＝「民族共同体」(Volksgemeinschaft)論と接合していることが明らかとなった。特に，フランス・ベルギーと国境を接するドイツ西部のカトリック地域においては，第一次世界大戦後連合国のラインラント占領と，その後のフランス・ベルギーによるルール占領，経済混乱に晒され，戦争再発・「ドイツ民族」存亡の危機意識のなか，ナチス運動は住民の中に広く深く入り込んでいったのだった。ドイツの少数民族問題を知り，ライン地方の置かれた状況を振り返ると，私には，リューテン上構学校の教育は「ナチス教育」の視座から見る必要があると思えてきたのである。

　以上の経過から，ブラハトの研究をナチス運動の視点から読み直し，それを通して「ナチス教育」像を探ってみたのが本書である。当初学内誌にブラハトの研究を発表し始めたとき，私は数回で「紹介」を終える予定だった。だが「民族政治科実習 (Nationalpolitische Lehrgänge)」に入って帝国教育省と「ヒトラー・ユーゲント」との対立，「アビトゥーア修正事件」等に触れる中で，私は次第に，リューテン上構学校を軸として「ナチス教育」そのものに迫りたいと思うようになった。ブラハトの研究から人種科，歴史・地政学教育，またナチス学制改革，教員養成，青少年組織等の周辺情報に調べ及んで行くと，おぼろではあるが次第に「ナチス教育」像が浮かんで来るのであった。こうして本書は，ブラハトの研究を中心に置き，これに他の資史料，さらにはクラースの研究も加えて「ナチス教育」像をともかくもスケッチしてみたものである。まことにささやかであるが，私はこの研究によって，「ワイマール時代の教育」と「ナチス教育」とを繋いで考えることだけはできたように思っている。
　とは言え本書は「ナチス教育」の具体的現れ，論点をいくつか示したに過ぎない。私は，「ナチス教育」の究明はこれからの課題だと自覚している。

本書の出版をお引き受け下さった学文社と，丁寧な本づくりに当たって下さった編集部・落合絵理さん並びに印刷社の皆様に心より御礼申し上げます。また，これまで私の研究を支援してくれた妻幸子と多くの方々にも感謝とお礼を表したいと思います。

＊本書出版にあたり，ブラハト氏と連絡をとった。氏はご自身の研究が日本で紹介されることを喜ばれ，その後進めているマリア・カーレ研究の成果もお送り下さった。私は，校長時代の氏の教育努力を想起しながら，「学問的専門職としての教師」を貫かれている氏の姿に打たれたことであった。

　　2019年1月

　　　　　　　　　　　　　　　　　　　　　　　　　　　　小峰　総一郎

Eine Wirklichkeit der Pädagogik des Nationalsozialismus:
—Bildungspraxis unter dem Hakenkreuz an einer höheren Schule in Nordrhein-Westfalen—

Prof. Dr. Soichiro Komine

Es ist ein Ziel des Verfassers, eine Wirklichkeit der Pädagogik des Nationalsozialismus am Beispiel einer ehemaligen Aufbauschule in Nordrhein-Westfalen zu skizzieren.

Hans-Günther Bracht hat eine Menge Materialien von Abiturprüfungen (1933-1937) an dieser Schule, in der Stadt Rüthen, sorgfältig überprüft. Und er hat gefragt: „Erwies sich die Machtübergabe an den Nationalsozialismus subjektiv und objektiv eher als Zäsur oder als Kontinuum? " (Bracht, Hans-Günther: Das höhere Schulwesen im Spannungsfeld von Demokratie und Nationalsozialismus: ein Beitrag zur Kontinuitätsdebatte am Beispiel der preußischen Aufbauschule. Bern: Peter Lang, 1998, S. 38.) Daraufhin ist er zu dem Schluss gekommen, dass es keinen Bruch zwischen der Weimarer Republik und dem Dritten Reich gab, sondern eine Kontinuität verblieb.

Aufgrund seiner Forschung nach der authentischen Unterrichtspraxis der Aufbauschule in Rüthen möchte ich einige Rahmenbedingungen der Pädagogik des Nationalsozialismus ergänzen.

Inhaltsverzeichnis

Einleitung
Ⅰ. Die Aufbauschule in der Stadt Rüthen
Ⅱ. Maria Kahle und Wilhelm Kahle
Ⅲ. Nationalpolitische Lehrgänge
Ⅳ. Rassenhygiene: Rassenkunde
Ⅴ. Geschichte und Geopolitik
Ⅵ. Pädagogik des Nationalsozialismus
Ⅶ. „Lager und Kolonne ": die neue Erziehungsform des Nationalsozialismus
Nachwort

Literatur; Zeittafel; Verzeichnis

リューテン・ナチス年表

年	A. ナチス教育政策					B. リューテン上構学校	C. ドイツと世界
	①重要政治決定	②新規機構・重点	③学校機構、教育課程	④教員団体、教員養成	⑤青少年政策	事項	ドイツ、世界
1876						師範学校(Lehrerseminar)設立	
1914							7.28 第一次世界大戦(-1918.11.11)
1918							11.9 ベルリンに革命、共和国宣言(ワイマール革命)
1919							6.28 ヴェルサイユ条約 ポーランド条約 8.11 ワイマール憲法布告
1922							2.18 ドイツ高等学校・上構学校覚書[リヒャート起草] 5.15 上シュレジェンに関するジュネーブ協定
1924							3.13「ドイツ高等学校・上構学校教則大綱」[リヒャート起草]
1926						上構学校へ改組 初代校長シュニーダーチューンス(Philipp Schniedertuns, 1926-1930, 6年間)	
1928							4.26 常設国際司法裁判所判決(ドイツ敗訴、民族所属主観基準の部分的承認) 12.31 ポーランド系少数者令改正デンマーク系少数者令
1930						2代校長フルック(Hans Fluck, 1930-1932, 2年間)学校ミサ	
1931/32						上構学校完成、第1回アビトゥーア生輩出	
1932						フルック校長解任、3代校長シュタインリュッケ(Heinrich Steinricke, 1932-1945, 13年間在職) 1932/33冬学期 研究グループ[生物](専科教員Dr. S.)[優生学]	

リューテン・ナチス年表

1933	1.30 ナチ党政権掌握 4. 官吏任用法 7. 残気候継承者予防法 11. 敷労戦線をドイツ労働戦線内に設立	4. 国家政策教育舎 (NA-POLA：ナポラ) をプロイセン省に設立 5. 肉相プリック、ドイツ戦争継続をドイツの学校の関心争目標	2. 集合学校を解体、人種科授業停止 [プロイセン文部] 省令、学校とヒトラー・ユーゲントとの関係において 9. 最上級クラスにおける人種・遺伝学の顧慮 10. ルスト、プロイセン省令、民族政策科実習導入 12. 学校規定の根本思想	3. 教員諸団体の一元化開始 5. 地域密着教員養成大学	4. ドイツ青年運動全国委員会拒集 6. ヒトラー・ユーゲント編集 12. ヒトラー・ユーゲントに終身学級団入 10.4 [民族政治科実習] (Nationalpolitische Lehrgänge) 制定	アビトゥーア試験1933 (A. 筆記 B. 口述) 5.1 教員団のナチ教団入党 7.6 女生徒Bのアビトゥーア判定修正（合格） 1933/34 ドイツ科研究グループ (Dr. ハンマーシュミット)「ザクセン前史」(1933夏)、「ネカ欄争」(33/34冬) 1933/34 研究グループ [生物]（学科教員 Dr. S.）[民族開盟・人種開盟] 1933/34 [民族政治科実習] ドルムント、ベルリッヒ	1.30 ヒトラー政権獲得 2.27 国会議事堂火災 3.23 全権付与法 7.14 政党新設禁止 7.2 ヴァチカンとの和親条約（コンコルダート） 10.14 国際連盟脱退 12.1 党・国家一元化
1934	2. ナチス郷土団旗開始 (Or-densburg)建設開始 5.1 帝国教育省を設置（職業教育も下属）	3.「農村年」(Landjahr)（プロイセン） 6.7 [国家青年日 : 土曜授業」(Staatsjugendtag)導入（1936年まで） 5. - 10. 農村継続教育制度を規定 9. アルタマーネン (Ar-tamanen：農耕者) 移譲によるヒトラー・ユーゲントの農村移住設置	10. 父母評議会 (Elternbeiräte) を学校共同体 (Schulgemeinde) に置換	6. 中等教員試験局 (Philologisches Landes-Prüfungsamt) 設置 6. 教員再教育ラガー (Sc-hulungslager für Lehrer)	4. 帝国職業コンクールをヒトラー・ユーゲントとドイツ労働戦線により組織 6. 職場指導、教員仲介によりヒトラー・ユーゲント影響力確保	アビトゥーア試験1934 (A. 筆記 B. 口述) 6.21 フルック元校長「官吏任用法」により他校校長等任 1934年夏至頃 1934/35年度ドイツ手研究グループ（シュタインメッツ）エルンスト・ユンゲル「陣中日記」 1934/35 冬学期「現代のナチ精神の実践」 1934/35 冬学明研究グループ [生物] 「遺伝、人種教育、人種の純粋維持」 1934/35 [民族政治科実習] ベルリン行	8.2 ヒトラー、ドイツ国総統
1935	3. 国防法 (Wehrgesetz) 9. 帝国市民法 Reichs-bürgergesetz（ユダヤ人は「国籍者」Staa-tsangehörige） 9. ドイツ福音教会保全法	7. 学校ミサ Schulgottes-dienst 参加後自由化 9. ユダヤ人学校別設立		6. ライヒ教育会議「中等学校の生徒選抜」則（1942年までに有効） 7. 国民学校教員用帝国教科書を策定	5. 少年裁判訴訟にHJ参入 6. 帝国労働奉仕法 Reichsarbeitsdienstgesetz 7. 農村青年をHJに組み入れ 8. 職場青年代表制 Betriebsjugendwalter 導入 9. 帝国青少年指導 Reichsjugendführung に現象観察文化局 Kulturamt 設置	アビトゥーア試験1935 (A. 筆記 B. 口述) 1935年夏至祭 1935/36 夏学期ドイツ科研究グループ（ヴィルヘルム・カーン）民族学 1935/36 冬同体講、1935/36 冬学期インリュエッタ古代の文学（エッサーザ） 1935/36 研究グループ [生物] (専科教員 Dr. S.)「学校園植物の遺伝 ヒトラー・ユーゲント [ほか組織率96%] 1935/36 [民族政治科実習] ユース・ホステルキャンプ	3.16 一般兵役義務

235

1936	4. ヒトラー・ユーゲント年齢別組織化開始 8. ベルリンオリンピック 10. 4カ年計画開始	1. シュタルンベルク湖（バイエルン）のヒトラー・ユーゲント高等学校、ドイツ連盟に下属 12. [3] 国民政治的実習「民族政治的実習」(National-politische Lehrgänge) [4] [国家青年日] (Staatsjugendtag) 廃止	2. 中等学校の男女共学を原則廃止、ギムナジウムの英語を第一外国語とする (1939年まで) 11. 中等学校を短縮、O I 級廃止 = 8年制、(12 I 学年)	5. ナチス教員連盟による教員講習	7. ヒトラー・ユーゲントと帝国スポーツ指導者とヒトラー・ユーゲント協定 12.1 ヒトラー・ユーゲント法	アビトゥーア試験1936 (A. 筆記 B. 口述) 1936/37ドイツ科研究グループ「シュタインユングドイツ詩1の中の闘う魂」 教員 (Dr. S.) [生物 I] (専科廃止 =) [切開手術]。ヒトラー・ユーゲントは全組織率92%	3. ラインラント進駐 12. 1 ヒトラー・ユーゲント法 12. 3 民族政治科実習禁止
1937	3. 国家整備宣言 5. 官吏忠誠法	3. アドルフ・ヒトラー校、ヒトラー・ユーゲント (HJ) とドイツ労働戦線 (DAF) とが設立 3.SS監督、プロイセンのナポラ (NAPOLA) 民族政治教育監督となる (1940年まで校種は分化) 10. 職業教育規則	3. 男子高校、女子高校、ギムナジウム、上構学校 6. 基礎学校教則大綱 (1940.12まで) 11. 宗教授業は [聖職ではなく] 教師だけができる 12. なお存続していた教員組合 [連盟] 解体 9. 男子学校で体操 (Leibeserziehung)	6. 高校教員第一次試験、教員養成大学で中等学校教員養成開始 10. 国民学校教員試験規則	1. 新少年刑執行	アビトゥーア試験1937 (筆記のみ、口述なし) 〈ⅰ〉と〈ⅱ〉のアビトゥーア試験 〈ⅲ〉のアビトゥーア試験はヒトラー・ユーゲントは全組織率100% 男生徒119、女生徒92 (多くは町外から来て下宿)	7. 7日中戦争 5. 15 シュヌエレンに関するジュネーブ協定満了 11. 5 独少数民族宣言
1938	3. バイエルン学校監督法、帝国就学義務法 7. 教員、帝国宣誓化、公学人生排除 11. ユダヤ人生徒校から排除	4. 「プロイセン」基幹校命令令	1. 中等学校教育授業規定 (宗教授業教則大綱なし) 7. 帝国就学義務法 8. 中級成熟証明試験 9. 特別成熟試験、英才試験確立	3. 教員新聞の中央集権化 4. ナチス教員連盟 (NSLB)、宗派学校反対キャンペーン 10. 教員養成大学における国民学校教職者獲得規則	1.19 ドイツ少女団 (BDM) 下部機構「信念と美」 2. 女子アビトゥーア生徒の奉仕義務 3. 教員養成大学修了上構学修了コース (ブロイセンの教員不足のため)	中等学校教則大綱実施 7. シュタインユッタ校長、ナチ入党連盟支部長	3.13 オーストリア併合 11. 9 水晶の夜 (反ユダヤ主義暴動)
1939	2. ドイツ官吏養成規則 7. 教員の政治同等化 10. ヒトラー基幹学校 (アドルフ・ヒトラー校、ポーランド人絶滅人絶滅を希望	8. ドイツ諸邦アビトゥーア試験同等化 12. 国民学校教育教授規定 12. 中間学校教育教授規定 (1941年まで有効)	3. 中等学校上級の宗教授業を廃止、「戦時中は学校宗教教育廃止」 4. 帝国統一読本協定	2. 都市家庭教育規則 4. 帝国統一読本協定	11. 婦徳学修課程コース (プロイセンの教員不足のため)	ペイラー (後のProf. Dr. Pöggeler) 同校に学ぶ (9.3 〜) 第二次世界大戦開戦後、通常授業困難 (特に教員異動、高校学教員のため)	9.1 ポーランド侵攻 (9.3 第二次世界大戦開始)
1940	6. 世界観授業、戦時内容化、ポイマー、教科書をカ空に批判、ヒトラー演説、ナチ教育普及	10. ナポラ広大ヒトラー校 12. オーストリア基幹学校設置、教員基準を引き受け、帝国制度化	3. 中等学校上級の宗教授業を廃止、学校宗教教育編成 5. 教則大綱・農専門学校教則大綱・学校教材・草本採取開始	11. 国民学校教員一給料制度	6. 18歳の全青少年健康保査 9. 放大学童廃止 10. ヒトラー職務懲罰規定		5. 10 西部戦線総攻撃

リューテン・ナチス年表

1941	5.就学義務法変更（基幹学校、選択必修校となる）	1.アビトゥーア試験コメント制導入、成績証明書記載廃止。9.アンティファカ学体、標準学体となる；学年秋開始制	2.教員養成大学に代わって教員養成所(Lehrerbildungsanstalt)設置。8.教員の休暇を3週間に短縮	4.基幹学校指揮下のドイツ家庭学校(Deutsche Heimschule)。12.私立寄宿制学校、SS指揮となる	1.職業者選抜ラーガー(Ausleselager)開始をヒトラー・ユーゲント間要求権協定。ヒトラー・ユーゲントは国防教育、スポーツ選抜を引き受ける。9.1924-28年生まれ[13-17歳]、ヒトラーに召集。10.青少年保護ラーガー(Jugendschutzlager)内の対抗青年グループの「青少年福祉」ライヒ作業チーム設立	6.22 対ソ攻撃 12.8 日本、真珠湾攻撃（太平洋戦争）
1942		4.ランデスィルレ特認コースの拡大：ヒトラー・ユーゲント入営戦線訓練(3週間)。6.ユダヤ人児童就学締め出し。7.中等学校はこれ以上拡大せず「雑種」(Mischlinge)締め出し	2.党官房、生物教育を批判。5.AHS（アドルフ・ヒトラー学校）卒業と同等をトゥーレ特認コーと同格化。9.教育養成所規則	3.LBA（教員養成所）授業料を無料。4.助教養成。5.徴兵検査キャンプによる教員養成所選抜。8.産業教員養成規則	4.戦争収穫補助年奉仕。1.「ヨーロッパ青少年連盟」(Europaischer Jugendverband：ファシスム青年インターナショナル)、ウィーンで設立	1.20 ヴァンゼー会議（ユダヤ人絶滅計画）
1943	2.NPEA（国家教育ナポラ）授業料無料、生徒の防空補助者化 (9学年修了後)	3.教員新給与規則、防力訓練練：ヒトラー・ユーゲント		11.中等学校カリキュラムを7級に短縮(=7年制)(11学年)	3.ナチス教員連盟「停止」：教員新聞制限。11.国民学校教員用新試験規則	1.31 独軍、スターリングラード敗戦
1944	11.第8学年労働奉仕。12.ナチ寄宿制学校出身者のみによる士官供給			10.国民学校教員規則、隊入隊訓練規則	10.国民学校教員給与の国(Staat)移管	OII修了でアビトゥーア（緊急アビトゥーア）	6.6 米英軍、ノルマンディー上陸。7.20 ヒトラー暗殺未遂事件（フォン・シュタウフェンベルク）
1945	1.中等学生生4年修了生、5年修了生応召					男生徒92、女生徒105（多くは町外）から来て下宿。エリーザベト病院（ボッフム）収容。3.リューテン校閉校	1945.4.23 ソ連軍ベルリン攻撃。4.30 ヒトラー自殺。5.7 ドイツ降伏
1946						非ナチ化。3.26 フェアヘーフェンの下で学校再開	
1947						11.校長ポシュマン(Dr. Adolf Poschmann, 1947-1950)	

237

1950	校長タウビッツ (Dr. Felix Taubitz, 1950-1955)	
1955	校長クラーマー (Dr. Hans Cramer, 1955-1976)	
1961	ブラハト (Hans-Günther Bracht) 同校に学ぶ (1961-1966)	8.13「ベルリンの壁」建設
1966/67	近代語ギムナジウム (9年制ギムナジウム) の併設部に拡大	
1976	ブラハト、同校教員となる	
1989		11.9「ベルリンの壁」崩壊
1990/91	上構学校廃止。同校卒業生は10卒で本体のギムナジウムへ編入	10.3 ドイツ再統一
1994	フリードリヒ・シュペーギムナジウム (Friedrich-Spee-Gymnasium) と改称	
1995/96	最後のアビビ生がドビビトゥーアに至る	
2002	ブラハト (Dr. Hans-Günther Bracht) 同校校長となる (2002-2013)	
2017	現在、生徒・約770名、教員・64名	

A. ナチス教育政策 (ショルツ等による)
B. リューデン上構学校 (ブラハト、同校HP等による)
C. ドイツと世界 (マウノライ『ナチスの時代』岩波書店、等による)

人名索引

Dr. H.（一級教員）　145, 149
Dr. S.（二級教員）　97, 99, 104, 105, 107, 110, 111
H.（二級教員）　99, 110, 146, 149
T.（一級教員）　**107**

あ行

アイラース，ロルフ（Eilers, Rolf: 1929- ）53, 54, 69, 82
阿部　重孝（1890—1939）　165
稲垣　忠彦（1932- 2011）　82
ヴァイスマン，アウグスト（Weismann, August: 1834- 1914）　**101**, 103
ウィッパーマン，ヴォルフガング（Wippermann, Wolfgang: 1945-）　59
ウェーバー，マックス（Weber, Max: 1864- 1920）　155, 156
ウェーバー，リタ（Weber, Rita: 1943-）　165
ヴォルター，フリードリヒ（Wolter, Friedrich 1878- ?）　84
ウーラント，ルートヴィヒ（Uhland, Ludwig: 1787- 1862）　**103**
江頭　智宏（1975-）　51, 52
エールリヒャー，グスタフ（Ehrlicher, Gustav）　49
太田　和敬（1948-）　73
小野寺　信（1897- 1987）　144

か行

カイム，ヴォルフガング（Keim, Wolfgang, Prof. Dr.: 1940-)　6, 81, **82**, 125, 187
カヴェラウ，ジークフリート（Kawerau, Siegfried: 1886-1936）　126
勝田　守一（1908-1969）　190
カルゼン，フリッツ（Karsen, Fritz: 1885- 1951）　15, 18, 165
カーレ，ヴィルヘルム（Kahle, Wilhelm: 1893- ?）　21, 22, 29, **30**, 31, 32, 155
カーレ，マリア（Kahle, Maria: 1891-1975）　20, **21**, 34-38
川手　圭一（1960-）　177
ギュンター，ハンス（Günther, Hans Friedrich Karl: 1891- 1968）　72, 74, 83, **99**, 100, 108, 109
クラース，アンドレアス（Kraas, Andreas：1962- ）　193-195
グリム，ハンス（Grimm, Hans Emil Wilhelm: 1875-1959）　144
グルーペ，ハインリヒ（Grupe, Heinrich: 1878-1976）　109, 110
グレーベ，クルト（Graebe, Kurt: 1874-1952）　124
ゲオルゲ，シュテファン（George, Stefan Anton: 1868-1933）　13, **31**, 32
ケスター，カール・ハインリヒ・アドルフ（Köster, Carl Heinrich Adolf: 1883-1930）　74
ゲーリング，ヘルマン（Göring, Hermann: 1893- 1946）　118
ケルル，ハンス（Kerrl, Hanns: 1887-1941）　203, 211
コッホ，ハンスヨアヒム（Koch, Hansjoachim Wolfgang: 1933-）　211, 212
コンラッド，パウル（Conrad, Paul：?-?）　47

さ行

佐藤　秀夫（1934-2002）　212
佐藤　優（1960-）　141
シェーネラー，ゲオルグ・フォン（Schönerer, Georg von: 1842-1921）　139
シェーファー，ワルター・エーリヒ（Schäfer, Walter Erich：1901-1981）　**24**
シェム，ハンス（Schemm, Hans: 1891-1935）　91
シェルフ，ゲルトルート（Scherf, Gertrud: 1947-）　81, 84, 111
シュタインリュッケ，ハインリヒ（Steinrücke, Heinrich: 1884-?）　**23**, 25, 35, 38
シュトゥッカート，ヴィルヘルム（Stuckart, Wilhelm：1902-1953）　86, 87, 117, **118**, 174
シュトラスブルガー，アドルフ（Strasburger, Eduard Adolf: 1844-1912）　103
シュトレーゼマン，グスタフ（Stresemann, Gustav: 1878-1929）　138

239

シュニーダーテューンス，フィリップ
　　（Schniedertüns, Philipp: 1885-1964）
　　11, 12, 23
シュネー，ハインリヒ（Schnee, Heinrich:
　　1895-1968）　125, **126**, 127
シュプレンゲル，ヨハン（Sprengel, Johann
　　Georg 1863-1947）　13, 166
将積　茂（1926-2014）　73
ショルツ，ハラルド（Scholtz, Harald, Prof.
　　Dr.: 1930-2007）　54, 70, 71, **72**, 75, 82,
　　114
シーラッハ，バルドゥール・フォン（Schirach,
　　Baldur Benedikt von: 1907- 1974）　**38**,
　　42, 53, 55
シルマン，リヒャルト（Schirrmann, Richard:
　　1874-1961）　52, 53, 108
曽村　保信（1924-2006）　141

た 行

ダーウィン，チャールズ・ロバート（Darwin,
　　Charles Robert: 1809- 1882）　101
瀧口　潔（?-?）　173
ツィメク，ベルント（Zymek, Bernd: 1944-）
　　159, 160
對馬　達雄（1945-）　82
ツンケル，グスタフ（Zunkel, Gustav:
　　1886-1934）　48
ディトマー，ラインハルト（Dithmar,
　　Reinhard: 1934-）　70, 77-81
テノルト，ハインツ＝エルマー（Tenorth,
　　Heinz-Elmar: 1944-）　82
寺崎　昌男（1932-）　230

な 行

ナーゲル，アンネ（Nagel, Anne Chr.: 1962-）
　　113, 118

は 行

原田　一美（1951-）　74, 108
ハルテン，ハンス＝クリスチアン（Harten,
　　Hans-Christian: 1948-）　108, 110
ハンマーシュミット，フェルディナント
　　（Hammerschmidt, Ferdinand: 1893- 1948）
　　38, 105, 129, 131, 135, 138, 141, 151,
　　152-154, 167
ピウス12世（Pius PP. XII: 1876-1958）　26
ヒトラー，アドルフ（Hitler, Adolf: 1889-
　　1945）　42, 59, 94, 109, 111, 120, 128, 129,
　　133, 137, 153, 174, 177, 179, 198
平井　正（1929-）　36, 38, 53
平野　一郎（1929-2006）　73
フォルカース，ヨハン・ウルリヒ（Folkers,
　　Johann Ulrich: 1887-1960）　**143**
フォンドゥング，クラウス（Vondung, Klaus:
　　1941-）　216
舩尾　日出志（1951-）　126
ブラハト，ハンス＝ギュンター（Bracht,
　　Hans-Günther: 1946-）　1, **6**, 19, 40, 64,
　　82, 94, 96, 108, 125, 127, 128, 134-136, 162,
　　178, 184, 185, 190, 191
フリック，ヴィルヘルム（Frick, Wilhelm:
　　1877-1946）　117, **118**
ブリューニング，ハインリヒ（Brüning,
　　Heinrich Aloysius Maria Elisabeth: 1885-
　　1970）　28
フルック，ハンス（Fluck, Hans: 1890-?）
　　12, 27, 158, 168, 170, 189
ブルハルト，アルブレヒト（Burchard,
　　Albrecht: 1888-1939）　**143**
ブローマー，パウル（Brohmer, Paul: 1885-
　　1965）　83, 84
ペゲラー，フランツ（Pöggeler, Franz:
　　1926-2009）　113, **150**-152, 155, 161, 181
ヘス，ルドルフ（Heß, Rudolf Walter Richard:
　　1894-1987）　124, 202
ヘスケ，ヘニング（Heske, Henning: 1960-）
　　143, 144
ベッスリング，ライナー（Bessling, Reiner:
　　1954-）　166
ベリッツ，オットー（Boelitz, Otto: 1876-
　　1951）　35, 121, 123
ベンツェ，ルドルフ（Benze, Rudolf : 1888-
　　1966）　**46**, 86, 172, 174, 198
ボイムラー，アルフレート（Baeumler,
　　Alfred: 1887-1968）　198
保科　孝一（1872-1955）　172
ポシュマン，アドルフ（Poschmann, Adolf）
　　11
ホマイヤー，アルフレート（Homeyer, Alfred:
　　1888-1962）　67, 69
ホルフェルダー，アルベルト（Holfelder,
　　Albert: 1903-1968）　198
ボルマン，マルチン（Bormann, Martin
　　Ludwig: 1900-1945）　202

ま 行

増井 三夫（1946-）　82
増渕 幸男（1945-）　82
マルクス，カール（Marx, Karl Heinrich: 1818-1883）　129
マルタン・デュ・ガール，ロジェ（Martin du Gard, Roger: 1881-1958）　153
宮田 光雄（1928-）　82
ミュール＝ベニングハウス，ジーグルン（Mühl-Benninghaus, Sigrun: 1960-）　151
ミュンカー，ヴィルヘルム（Münker, Wilhelm: 1874-1970）　52
ムッカーマン，ヘルマン（Muckermann, Hermann: 1877-1962）　96, **111**
メンデル，グレゴール・ヨハン（Mendel, Gregor Johann : 1822[3]-1884）　96, 98, 102, 103

や 行

山内 昌之（1947-）　141

山口 定（1934-）　213, 214
山中 恒（1931-）　212
山本 尤（1930-）　213
吉田 裕（1954-）　216

ら 行

ラマース，ハンス（Lammers, Hans Heinrich: 1879-1962）　**59**
ラマルク，ジャン＝バティスト（Lamarck, Jean-Baptiste: 1744-1829）　101, 103
リヒャート，ハンス（Richert, Hans: 1869-1940）　7, 9, 10, **15**, 18, 76, 142, 159, 163, 166, 167, 182
ルエーガー，カール（Lueger, Karl: 1844-1910）　139
ルスト，ベルンハルト（Rust, Bernhard: 1883-1945）　42, 45, 46, 48, 57, 64, 67, 68, 89, 110, 122, 171, 178, 182
ローゼンベルク，アルフレート（Rosenberg, Alfred Ernst: 1893-1946）　109, 202

事項索引

あ 行

アドルフヒトラー校　46, 71, 72, 114, 206
アビトゥーア（Abitur, 卒業試験）　10, 22, 38, 63, 64, 159
アーリア（――人, ――民族, ――証）　13, 24, 72, 84, 111, 113, 120, 125, 151
アルザス人教員　209
アルタマーネン（Artmanen）　43
アンティカ字体　114
安楽死　90, 211
イエズス会　111
意思（Willen）　198
一元化（画一化，強制的同質化，グライヒシャルトゥング, Gleichschaltung）　25, 38, 42, 43, 46, 53, 66, 127, 193, 216, 217
一級教員（Studienrat）　27, 28-30
ヴェストファーレン郷土同盟（Westfälischer Heimatbund: WHB）　35
ヴェストファーレン州（Provinz Westfalen）　74, 67, 34, 147, 149, 153, 158, 184, 191
ヴェルサイユ条約（1919）　60, 124, 136, 146, 148
ウンター・デン・リンデン館（Das Haus Unter den Linden）　118
英雄的世界観（heldische Weltanschauung）　116, 119
演劇活動, 演劇的活動　196
オランダ人教員　209
オルデンブルク城　202
音楽　12, 14-16, 24, 27-29, 51, 78-81, 103, 170, 181, 196, 201, 206, 207, 212

か 行

外国ドイツ人, 在外――　35, 38, 124, 147, 177
外国語　2, 13, 15, 16, 75, 77-81, 85, 164, 189
カイザー・ヴィルヘルム（人間学）研究所　111
カイザー・フリードリヒ実科ギムナジウム（Kaiser-Friedrich-Realgymnasium）　165
外地ドイツ人（Auslandsdeutsche）, 外国ドイツ人, 在外――　38, 120, 121, 177
外地ドイツ人協会（Verein für das Deutschtum im Auslande）　35, 120, 123, **124**, 177
外地ドイツ人省令（各学校における「外地ドイツ人協会」）　121
外地ドイツ人民族同盟（Volksbund für das Deutschtum im Ausland, 1933）　123, 124
外地に住んでいる種属同胞（außerhalb wohnende Stammesbrüder）　115, 120
ガウ　47, 91, 202, 206, 208, 209
学童疎開（拡大――, Erweiterte Kinderlandverschickung: KLV）　196, 203, 206
獲得形質　98, 101
学校協会（Schulgemeinde）　**56**
学校共同体（Schulgemeinde）　43
学校田園寮（Schullandheim）　37, 41, 44, 51, 53, 58, 67, 193
学校ミサ　12, 22, 24, 30, 43, 181, 189
学校ユーゲント監（Schuljugendwalter）　56
合唱　4, 13, 196, 212
カトリック教会　18, 26, 65, 96, 158, 167, 181
カトリック国民学校　160
カトリック青年運動　31
カトリック中央党　12, 22, 24, 26, 65, 181
感情（Gefühl）　198
官吏任用法（職業官吏再建法, Gesetz zur Wiederherstellung des Berufsbeamtentums, 1933. 4. 7）　151
基幹学校　71, 114
儀式化（Ritualisierung）　200, 212
ギムナジウム（Gymnasium）　1, 2, 4, 13, 46, 64, **76**, 79, 164
キャンプと隊列（Lager und Kolonne）の教育　65, 192, 193
教育（Erziehung）　176
教育省, 全ドイツ――　42, 43, 48, 51, 53, 55, 57, 59, 66, 69, 75, 87, 113, 118, 142, 174, 189, 198, 202-204
教育ラガー（Schulungslager）, 訓練――　196

242

事項索引

教育ラガー「ハンス・ケルル」(Schulungslager „Hans Kerrl") 203, 211
教員組合(──連盟) 71
教員養成キャンプ 43
教員養成所(Lehrerbildungsanstalt: LBA) 114, 207
教員養成大学(Hochschule fur Lehrerbildung: HLB) 57, 71, 91, 109, 114, 143, 175, 207
教員ラガー(Lehrerlager: 教員キャンプ) 194, 201, 208, 210
教化環境(pädagogische Atmosphäre) 201
共産党 151, 183
教則大綱(中等学校教則大綱, ルスト教則(1938)) 142-144, 175, 176, 182
協同体教育(Gemeinschaftserziehung) 198
郷土科 36, 143, 144
郷土学習 193
教練 52, 176
キリスト教典礼 216
緊急改革1933 36, 74, 76, 77, 86, 107
クラス作文 33, 34, 36, 169
グループ学習(Arbeitsgemeinschaft) 167, 200
軍事的・儀式的要素(militärische und rituelle Elemente) 196
夏至祭 154
ケーゼン協定(Kösener Abkommen, 1933. 3. 12) 53
血液病 96
ゲレンデスポーツ 48, 51, 58, 196, 200, 208
研究グループ(Arbeitsgemeinschaft) 105, 151, 167
健全結婚法(民族遺伝健康法, 1935. 10. 18) 90
講演 20-22, 30, 34, 36, 77, 123, 124, 196, 200, 212
行進(Ausmärsche) 37, 50, 58, 62, 178, 179, 201, 204
高等実科学校(Oberrealschule) 164
后1918年東部割譲諸州困窮ドイツ人支援東方協会(Die Ostmarkhilfe für notleidende Deutschen in den nach 1918 geteilten Ostprovinzen) 21, **34**
戸外散策 200

国外教員 209
国防教育 114, 136, 172
国防スポーツ 200, 207
国防地理学 143, 144
国防力鍛錬キャンプ 114
国民学校[ドイツ] 4,[以下頻出。略]
国民的保守的自己理解 169
個人の教養(individualistische Bildung) 198
国家社会主義ドイツ労働者党(ナチ党, Nationalsozialistische Deutsche Arbeiterpartei: NSDAP) 22, 30, 62, 118, 198
国家政策教育舎(民族政治教育舎, ナポラ: NAPOLA) 43
国家青年日(Staatsjugendtag) 43, 55
国境地,──地帯,──地方 35, 47-49, 61, 67, 117, 145, 176, 177, 193, 209
国境地方ラガー 209

さ 行

在外ドイツ人協会(Verein für das Deutschtum im Ausland: VDA) 32, **35**
ザウアーラント(Sauerland) 34, 52, 152
作文テーマ 30, 32, 33, 169, 170, 188
雑種 74, 83, 84, 88, 89, 91, 114, 125, 177
三級教員 24, 31, 49, 68
三級教員論文 31
サン・ジェルマン条約 124, 149
視学 12, 23, 63, 64, 94, 109, 111, 149
自然科(Naturkundeunterricht) 109
自然淘汰 101
実科学校(Realschule) 4, 164
実科ギムナジウム(Realgymnasium) 4, 125, 163, 165
実戦ラガー(Einsatzlager) 196
失地 20, 121, 123, 126, 217
指導者思想(Führergedanke) 116, 119, 126
師範学校(Lehrerseminar), 教員ゼミナール 9, 10, 11, 23, 26, 28, 161, 163, 164
ジプシー 83
司法省教育ラガー »ハンス・ケルル« (Schulungslager „Hans Kerrl") 211
社会ダーウィニズム論 85
社会民主党 151, 183-184
州学務委員会(Provinzial Schulkollegium: P. S.

243

K.）　7, 23, 27, 63, 123, 170
宗教授業　24, 71
集合学校　43
自由大学　72, 77
集団入党　24, 62, 63, 65, 153, 181, 184
祝祭　216
祝祭要素（Feierelemente）　200, 201, 212
種属同胞（Stammesbrüder）　115, 119, 120
シュレスヴィヒ＝ホルシュタイン，——問題　68, 131
唱歌　14, 16, 75, 89, 212
障害者　**23**, 62, 90, 92, 208
上構学校（Aufbauschule）　4, 7, **10**, 11, 14, 22, 28, 32, 37, 76, 78, 81, 158, 159, 163, 175, 182, 185-187
上構学校アビトゥーア協定（「上構学校に関する協定」，1922.12.19）　10, 159
上昇学校　190
職業者選抜ラガー（Ausleselager）　114
植民地地理学　143, 144
女子科目　76, 80, 81
女子高校　12, 71
女子高等学校（Oberschule für Mädchen）　77, 79, 80
親衛隊（Schutzstaffel：SS）　36, 86, 114, 179, 206, 208
人格性　195
新教育（Reformpädagogik）　2, 5, 6, 18, 45, 53, 66, 73, 110, 126, 142, 145, 165, 174, 195, 211
人種衛生学（Rassenhygiene）　72, 73, 75, 86, 87, 108, 109-111, 211
人種学（人種科，Rassenkunde）　70-112，［以下頻出。略］
人種学省令（プロイセン文部省令「諸学校における遺伝学ならびに人種科」，1933.9.13, In: Zentralblatt 1933/09/20 Nr. 303）　85, **86**, 106
人種学省令（ライヒ教育省令「授業における遺伝学ならびに人種科」，1935.1.15 In: Amtsblatt 1935/02/05 Nr. 53）　**87**
人種グループ　98
人種政策（Rassenpolitik）　74, 108
人種生物学（Rassenbiologie）　85, 108
人種戦争（Rassenkampf）　116
人種保護法　101
心情要素　195

人生科授業　43
身体（Körper）　198
身体要素　195
信念と美　71
図画　14, 28, 29, 75
スポーツ　6, 41, 49, 50, 51, 55, 57, 68, 71, 100, 114, 179, 193, 196, 199
生育歴作文　177, 179
性格（Charakter）　198
生活協同体（Lebensgemeinschaft）　193
政教協約（Reichskonkordat コンコルダート, 1933.7.20）　26, 158
聖ゲオルク・ボーイスカウト団（St. Georgs Pfadfinderschaft）　61
生産戦（Erzeugungsschlacht）　97, 101
青少年保護ラガー（Jugendschutzlager）　114, 206
精神（Geist）　198
生存競争説　85
生存圏（Lebensraum）　73, 84, 99, 120, 139, 141, 144, 148, 177, 217
聖体祝日　24
青年運動　31, 34, 38, 42, 193, 217
青年監（Jugendwalter）　56
青年ドイツ同盟（Jungdeutschlandbund）　34
セイム（ポーランド国会）　124
世界観授業　71
世界恐慌（1929）　28, 162
世襲農地法　97, 99, 102, 134
全国学校会議　5
先史時代（Vorgeschichte）　115, 119, 201, 209
染色体理論　103
全ドイツ学校協会　35, 124
全ドイツ人学校委員会（Der Allgemeine Deutsche Schulausschuss: ADS, 1919.9.13）　124
全ドイツ連盟（Alldeutscher Verband）　140
早朝スポーツ　50, 199, 200
総統（Führer）　25,［以下頻出。略］
総力戦体制　217

た　行

体育　14, 33, 77, 78-81, 89, 105, 114, 209, 213

事項索引

大学への道　162, 163, 182, 190
体験教育　195, 199
第二次プロイセン緊縮令（1931. 12）　29
体錬（Leibeserziehung）　71, 90, 216
タルムード　98
男子高等学校（Oberschule für Jungen）　76, 78
断種　74, [以下頻出。略]
断種法（遺伝病者子孫断種法, 1933. 7. 14）　**90**
男女別学　43
チェコ人教員　209
地政学（Geopolitik）　113, 141, 144, 171, 175, 177
地政学教育　141, 143, 150
地政学研究委員会（Arbeitsgemeinschaft für Geopolitik）　**143**
血と土　48, 67, 72, 73, 143, 144
血の親近性（rassige Verwandtschaft）　116
中央教育研究所（Zentralinstitut für Erziehung und Unterricht）　46, 66, **195**, 203, 210
中間学校教員資格　23
中級［UII］成熟証　64
中等学校制度における緊急改革―学校問題諸提案　74, 107
中等学校における教育・教授（1938）, 中等学校　教則大綱（1938）, ナチス教則, ルスト教則　142-144, 175, 176, 182
地理　141, 171
地理教員連盟　143
ツォッセン若者村（ベルリン市立学校田園寮）　211
帝国科（Reichskunde）　111
帝国機構指導部　202
帝国教育城エルヴィッテ　202
帝国市民法（Reichsbürgergesetz）　43, 120
帝国就学義務法　71
帝国植民地同盟（Reichskolonialbund）　32
帝国青少年指導部（Reichsjugendführung）　43
帝国労働奉仕法（Reichsarbeitsdienstgesetz）　43
帝国労働奉仕　43, 196, 207
ディナール人種　100
徹底的学校改革者同盟（Bund entschiedener Schulreformer）　126

テューリンゲン国立指導者政治学院（Thüringen Staatsschule für Führertum und Politik）　208
田園回帰運動　217
田園教育　195
電撃戦　70, 71
ドイツ医師指導者学校アルト・レーゼ（Führerschule der Deutschen Ärzteschaft »Alt Rehse«）　208, 211
ドイツ医師団指導者学校訓練ラガー　208
ドイツ科（ドイツ学）　77-81, 85, 94, 105, 129, 143, 166, 209
ドイツ学カリキュラム　163, 167
ドイツ科諸科目　75, 76
ドイツ学校協会（Deutscher Schulverein）　124
ドイツ家庭学校（Deutsche Heimschule）　114
ドイツ系少数者　35, 124, 177
ドイツ系少数民族　123, 177
ドイツ語　7, [以下頻出。略]
ドイツ高等学校(Deutsche Oberschule)　4, 7, 10, 13, 15, 160, 164, 165, 182, 185, 187
ドイツ高等学校・上構学校教則大綱（1924）　10, 15, 168
ドイツ主義運動　13, 121
ドイツ女子同盟（Bund Deutscher Mädel）　61, 179, 203
ドイツ人民族同胞　122
ドイツ生物学者連盟　85
ドイツ的教養　160
ドイツ的教養協会（Gesellschaft für deutsche Bildung）　166
ドイツ的教養統一　18, 166, **167**
ドイツ・ユースホステル連盟　52, 53, 68
ドイツ幼年団（Deutsches Jungvolk）　61, 203
ドイツ理想主義　168, 170
ドイツ歴史教員連盟（Verband deutscher Geschichtslehrer）　126
ドイツ労働戦線（DAF）　208
統一学校（Einheitsschule）　3, 175
統合ラガー（Integrationslager）　196, 197
同志の夕べ（Kameradschaftsabend）　201, 204
東部国境　147, 177
東部植民　100

245

東部地域　　98, 206
東方民族〔アルプス人種〕　97, 101, 103
陶冶（Bildung）　176
ドーズ案　138
『土地なき民』　143, 144
突撃隊（Sturmabteilung：SA）　178, 179, 194, 208, 213

　　　　　な　行

ナチスイデオロギー　183
ナチスカリキュラム　75-77, 91, 171, 173, 174
ナチス教育学　158, 171, 173, **174**, 176
ナチス教員連盟（NSLB）　54, 58, **91**, 108, 110, 112, 143, 175, 202, 203, 209
ナチス厚生団（――福祉局，民生局，NSV）24, 30, 105, 153, 203, 208,
ナチス祝祭　216
ナチス少女団（Jungmädel）　179, 203
ナチス大学委員会　91
ナチスト青少年　175
ナチズム　6, 〔以下頻出。略〕
ナチズム思想学習　41, 193
ナチ党（NSDAP）　22, 30, 62, 118, 198
ナポラ（NAPOLA，民族政治教育舎）　43, 114, 174, 206
二級教員（Studienassessor）　28, 30, 32
日独防共協定（1936〈昭和11〉）　171
日曜散策　201
ニュールンベルク法（1935）　101
ネグロ化　74
農村年（Landjahr）　43
農村奉仕　43, 196, 203, 205
ノルトライン・ヴェストファーレン，――州　153, 191

　　　　　は　行

旗行進　50, 196
バルトドイツ人教員　209
反セム主義　31, 99, 140
美学化（Ästhetisierung）　200, 212
ヒトラー・ユーゲント（Hitlerjugend）　37, 42, 53, 57, 60, 61, 62, 66, 177, 189, 194, 203, 205, 213
ヒトラー・ユーゲント法（1936.12.1）　42, 58, **59**, 175
ヒトラー蜂起　118

非ナチ化　24, 25, 64, 82, 186, 187
フェーリッシュ人種　95, 116
付属小学校（Übungsschule）　9
父母評議会（Elternbeiräte）　43, 56
フランシスコ修道会　152
フリードリヒ・シュペー＝ギムナジウム　1, 6, 191
プロイセン文部省，――省報，――大臣　48, 64, 66, 67
文化科（Kulturfächer）　7, 18, 158, 189
文化自治　123, 177
法学者協同ラガー　207
北方民族　83, 95, 97, 101, 103, 116, 137
ポーランド，――人　35, 100, 124
ポーランド住民同化政策　172

　　　　　ま　行

マルクス主義　97, 98, 101, 117, 137, 145, 154
民族共同体（Volksgemeinschaft）　153
民族共同体教育　42
民族公民（Volksbürger）　120
民族公民思想（volksbürgerlicher Gedanke）　115, 119, 120
民族思想（völkischer Gedanke）　115, 119, 120
民族政治科実習（Nationalpolitische Lehrgänge, Nationalpolitischer Lehrgang）　20, 36, 37, 40, **44**-69, 72, 171, 174, 176, 189, 192, 193, 196, 206
民族的陶冶材（völkisches Bildungsgut）　198
民族ドイツ人教員（volksdeutsche Lehrer）　209
民族ドイツ人評議会（Volksdeutscher Rat, 1933）　124
メンデルの法則　83, 88
モサド（イスラエル諜報特務庁）　86
森のジョギング　199
モンゴル人種　95
文部省〔ドイツ〕　7, 〔以下頻出。略〕

　　　　　や　行

野外実習（Wanderung）　36, 41, 50
優生学　85, 87, 92, 106, 110, 111, 211
優生保護　103
夕べ造形〔夕べづくり〕（Abendgestaltung）

246

事項索引

201
ユースホステル（Jugendherberge）　37, 47, 52
ユダヤ人　26, 43, 71, 73, 83, 86, 89, 90, 92, 94, 98, 101, 102, 106, 114, 137, 142, 151, 179, 180, 186
余暇活動（Freizeitaktivitäten）　201
ヨーロッパ青年連盟（Europäischer Jugendverband）　114
4カ年計画　43, 70

　　　　ら　行

ライヒ教育省（帝国——），——省報，——大臣，——省令　59, 66-69, 87, 143
ライヒ地理学専門委員（Reichssachbearbeiter für Erdkunde, 1934）　143
ライン州（Rheinprovinz）　40, 44-47, 49, 51, 52, 54, 55, 60, 61, 66-68, 74, 203
ラインラントの雑種（Rheinlandbastard）　74, 125, 176, 189
ラガー（Lager, キャンプ, 露営）　192, 193, 195
ラガー教育　193-195, 197, **198**, 199, 201, 203, 204, 210, 217
ラテン語　2, 10, 12, 14, 16, 18, 22, 29, 78, 79, 152, 153, 164, 167, 181, 189, 209

ランゲマルク研究（——特進コース, Langemarck-Studium）　114, 207
理解（Verstand）　198
履行政策（Erfüllung）　138
リヒャート改革, ——覚書（1922），——教則大綱（1924）　9, 10, 12, 14-16, 76, 142, 165-167, 182
リューテン上構学校　11, [以下頻出。略]
リューテン町（Rüthen）　6, 8, 9, 13, 14, 18, 44, 60, 74, 105, 158, 159, 160, 182
ルクセンブルク人教員　209
歴史　113, 171, 175
歴史教科書要綱　115, 117, 125, 175
錬成　176-178, 181, 192, 193, 202, 217
労働教育　195, 207
労働奉仕　43, 50, 114, 172, 196, 200, 207
ロカルノ条約（1925. 10. 16）　60
ローゼンベルク機関　202

　　　　わ　行

ワイマール革命（1918. 11. 9），——共和国　3, 5, 7, 31, 121, 126, 129, 135, 137, 140, 141, 158, 174, 182-184, 187
ワイマール憲法（1919. 8. 11）　3, 129
『わが闘争』　73, 87, 105, 111, 139, 174, 175
ワンダーフォーゲル運動　217

247

［著者紹介］

小峰　総一郎（こみね　そういちろう）

1951年　埼玉県生まれ
　　　　東京大学大学院教育学研究科博士課程修了
　　　　博士（教育学）
現　在　中京大学国際教養学部教授
著訳書　『ベルリン新教育の研究』（風間書房）
　　　　『現代ドイツの実験学校』〈世界新教育運動選書15〉（明治図書）
　　　　シュプランガー『ドイツ教育史』（共訳，明治図書）
　　　　『ドイツの中の《デンマーク人》——ニュダールとデンマーク系少数者教育——』（学文社）
　　　　『ポーランドの中の《ドイツ人》——第一次世界大戦後ポーランドにおけるドイツ系少数者教育——』（学文社），ほか

ナチスの教育—ライン地方のあるギムナジウム—

2019年3月25日　第1版第1刷発行

著者　小峰　総一郎

発行者　田中　千津子

発行所　株式会社　学文社

〒153-0064東京都目黒区下目黒3-6-1
電話　03（3715）1501代
FAX　03（3715）2012
http://www.gakubunsha.com

©S. Komine 2019　Printed in Japan
印刷　シナノ印刷
乱丁・落丁の場合は本社でお取替します。
定価は売上カード，カバーに表示。

ISBN978-4-7620-2863-2